本书得到中央财政支持地方高校发展专项资金项目（财政［2012］140 号）和湛江师范学院学术著作出版基金资助。

# 国家级特色专业（汉语言文学）<br>建设点学术文丛

国家级特色专业（汉语言文学）
建设点学术文丛

郑军 著

# 留学生课外汉语使用情况及影响因素调查研究

暨南大学出版社
JINAN UNIVERSITY PRESS
中国·广州

图书在版编目（CIP）数据

留学生课外汉语使用情况及影响因素调查研究/郑军著. —广州：暨南大学出版社，2013.10
（国家级特色专业（汉语言文学）建设点学术文丛）
ISBN 978-7-5668-0627-7

Ⅰ.①留…　Ⅱ.①郑…　Ⅲ.①汉语—对外汉语教学—教学研究　Ⅳ.①H195

中国版本图书馆 CIP 数据核字（2013）第 124742 号

留学生课外汉语使用情况及影响因素调查研究
著　　者：郑　军

出 版 人：徐义雄
策 划 人：熊家良　杜小陆
责任编辑：杜小陆　李逸寒
责任校对：李　庆

地　　址：中国广州暨南大学
电　　话：总编室（8620）85221601
　　　　　营销部（8620）85225284　85228291　85228292（邮购）
传　　真：（8620）85221583（办公室）　85223774（营销部）
邮　　编：510630
网　　址：http://www.jnupress.com　http://press.jnu.edu.cn
排　　版：弓设计
印　　刷：佛山市浩文彩色印刷有限公司
开　　本：787mm×960mm　1/16
印　　张：15.25
字　　数：266 千
版　　次：2013 年 10 月第 1 版
印　　次：2013 年 10 月第 1 次
定　　价：35.00 元

# 总　序

湛江师范学院汉语言文学国家级特色专业建设点的“学术文丛”正式出版了，这是一件可喜可贺的事情。

作为湛江师范学院最早设立的专业之一，汉语言文学专业经过30多年的不懈努力，坚持以课程建设为基础，以学科建设为龙头，团队水平不断提高，实力不断增强，教学科研齐头并进，专业建设各个方面得到了健康、协调的发展。在汉语言文学专业基础上组建的中国语言文学学科是湛江师院学术知名度最高、学科门类最齐全的一级学科，也是最能体现湛江师院办学特色的学科之一。自20世纪90年代以来，中国语言文学学科已形成了一支高职称、高学历、高水平和充满活力的教学科研队伍。学术前辈劳承万教授继《审美中介论》（增订本，2001年）之后，近年又出版了《中国古代美学（乐学）形态论》（2010年）和《中国诗学道器论》（2010年）两部专著，发表了一批高质量的文章，形成了他的“美学三论”的宏伟构想，在学术界产生了较大反响。此外，刘周堂教授的中国传统文化研究及赵金钟教授的家族文化研究，刘海涛教授的小说学研究，张应斌教授的文学发生学研究，王阳教授的模态叙事学研究，李珺平教授的抒情学研究，李新灿教授的《红楼梦》研究，唐雪莹教授的地方戏曲研究，阎开振教授的京派文学研究，张德明教授的新世纪诗歌研究，王钦峰教授的后现代主义文艺思潮和法国文学研究，朱城教授的语文辞书释义研究，方平权教授的古汉语词义理论研究，葛佳才教授的全方位、多层次比较下的东汉特殊语法研究，陈云龙教授的粤西濒危方言调查研究，马显彬教授的普通话教学研究，以及杨泉良教授的语文职业技术教育研究和周立群教授的语文课程与教学论研究等，都具有一定的学术影响。学科的部分成果在国内学术界具有开拓性，有的成果地方特色鲜明，为地方文化建设发挥了指导、引领作用。

近年来，该学科团队共主持科研、教研项目50余项，其中国家社科基金项目8项，部级项目13项，省级项目20项，厅级项目13项，科研教研经费总额近600万元；获省级优秀教学成果奖3项，省级哲学社会科学优秀成果奖5项，市厅级优秀科研成果奖15项；在《中国语文》、《方言》、《文艺研究》、《文艺理论研究》、《文艺理论与批评》、《外国文学研究》、《国外文学》、《民族文学研究》、《中国现代文学研究丛刊》、《语言研究》、《古汉语研究》、《语文研究》、《课程·教材·教法》、《发展教育研究》等权威刊物发表论文90余篇，核心刊物发表论文330余篇；在人民出版社、人民教育出版社、中国社会科学出版社、北京大学出版社等出版学术专著和教材70多部；成立了“康德—牟宗三研究所”、“粤西方言与文化研究所”、“南方诗歌研究中心”、“粤西语文教育研究所”等研究机构，设立了“暨南大学汉语方言研究中心湛江师院分中心”、“上海高校比较语言学E－研究院湛江分院”、“中山大学中国非物质文化遗产研究中心湛江工作站”等；举办了“中国诗经学会第十届年会暨学术研讨会”、“第十届国际闽方言研讨会”、“21世纪中国现代诗第六届研讨会”、“第九届全国古代汉语学术研讨会”、“广东省第九届外国文学年会”、“广东省中国语言学会2010—2011学术年会”、“中法文学和文化关系暨纪念卢梭诞辰三百周年国际学术研讨会”等国际、全国及全省学术会议，产生了良好的反响。在“网大”大学排行榜中，湛江师范学院的文学类排名曾连续三年进入全国百强。

经过多年的建设与发展，中国语言文学学科现已建成6个比较成熟的二级学科，每个二级学科均有3～5名教授和2～4名博士，各自形成了2个以上稳定而鲜明的研究方向。学术研究的总体方法和特点是：借鉴文化学和比较研究视野，探讨中国语言文学的特征与规律。其中汉语言文字学学科的研究工作在理论、实践价值以及社会效应、地方意义上已形成一定特色，词义训释与辞书编纂有机结合、文献与方言相互参证以及从个人韵文入手研究方言史、从系统层面分析虚词、从禅宗切入讨论修辞等，视野开阔而角度新颖，方法科学而影响深远；语言学及应用语言学学科在普通话教学研究、现代汉字研究和对外汉语教学研究等方面成绩不菲，尤其普通话教学研究在全省乃至全国都有一定的影响；文艺学学科立足于学术前沿，研究文学理论的基本命题与范畴、中外文论和中外美学的关系、中国文论对西方现代和后现代主义文艺美学思想的选择与转换、中国文艺学学科发展的最新动态以及文艺学学科发展中其他具有学术价值和现实意义的课题；比较文学与世界文学学科以文化学的视野和方法，研究中西文学关系、外国文学与文化关系、比较文学理论和翻译理论等，在福楼拜研究和叙事学领域引起学术界较多的关注；中国古典文学学科在诸子百家研究、释家文化研究、六朝小说研究、明清小说研究、近代戏剧研究等领域形成了一定特色，突出哲学、宗教文化与文学、人生的交互影响与渗透，注重理论阐述与文本分析的有机统一，传统与现代的兼容，宏观、中观与微观研究的交互运用；中国现当代文学学科注重加强学术研究与现实生活和当下人文思潮的密切对话，保持研究的时代感和鲜活性，对地域文学与文化、京派海派作家、七月诗派、朦胧诗、第三代、中间代、“70 后”诗人群等都有较系统的研究。

近年来，中国语言文学一级学科认真凝练自身的教育特色和科研方向，认为本学科的基础理论研究已经取得比较扎实的成果，同时服务地方教育、文化建设的研究也渐渐崭露头角。因此，决心立足学科可持续发展和地方文化教育需求，依托教育部、财政部“第三批高等学校特色专业建设点”和校级重点学科，对属下的二级学科进行新的规划，对研究方向作出新的设计，对服务功能作出新的定位，对团队成员进行归并调整、优化组合，构建以学科形态建设为中心的基础理论研究、以粤西非物质文化遗产为中心的地方文化研究、以语文教师职业素养为中心的语文教育研究“三位一体”的科研创新团队，并已获得中央财政支持地方高校发展专项资金的资助。其中基础理论研究方向主要研究以学科形态建设为中心的美学、文学理论、中国文学、外国文学、语言文字学等各基础学科的本质规律和特点；地方文化研究方向主要研究粤西地区和雷州半岛的非物质文化遗产、方言、艺术、文化史、法国殖民史，以及粤西文化与岭南文化、中原文化乃至东南亚文化的关系等；语文教育研究方向主要研究大、中学语文教育的基本规律和特点，包括文学教育、语言教育、语文课程教学论研究，重点研究中学语文教师的职业素养、专业技能，以及粤西地区语文教育的现状、特点等。学科建设将以重大科研项目为纽带，以获取重要科研成果为标志，以锻炼、培育科研创新人才为核心，以成为国家级优秀创新团队为目标，从而彰显基础理论研究优势，形成应用研究特色品牌，增强服务地方社会文化和教育事业发展的功能，全面提升团队的科研实力、竞争优势和服务社会的贡献力，探索基础研究与应用研究和谐发展、教学科研与社会服务互补共赢的新路子，为地方高校的学科团队建设与发展提供经验和参考借鉴，促进高等学校文科科研模式的转型和师范院校教学模式及内容的变革，从而使学科专业建设水平迈上新的台阶。

正是基于这样的设想，我们在出版了“国家级特色专业（汉语言文学）建设点系列教材”（一套 10 本，含《古代汉语专题教程》、《近代汉语专题教程》、《现代汉语专题教程》、《中国古代文学专题教程》、《中国现代文学专题教程》、《中国当代文学专题教程》、《当代外国文学专题教程》、《高中语文教学专题教程》、《大学语文实用教程》和《新写作》，该套教材被列为21世纪中国语言文学通用教材和高校公共课精品教材，由中国人民大学出版社以及高等教育出版社出版）之后，计划再推出“国家级特色专业（汉语言文学）建设点学术文丛”。此次交由暨南大学出版社出版的7部著作即是“基础理论研究—地方文化研究—语文教育研究”之“三位一体”科研创新团队的部分成果：

陈云龙教授立足湛江，在粤西地区濒危方言的整理、分析上有重大拓展，他所主持的国家社科基金项目《粤西濒危方言调查研究》以及教育部项目子课题、中国社会科学院A类重大科研项目子课题等，有力地推动了地方方言的调查研究。此次出版的《马兰话研究》即是对汉语濒危方言“马兰话”的抢救性研究，具有特殊的重要意义。

侯昌硕博士的《新时期旧词新义现象研究》对新时期以来普通话词义的动态变化作了较为系统的研究，其中又重点对专用词语语义泛化和词义的渗入作了比较详细的分析与探讨。汉语词义最直接、最深刻地体现着汉民族的思维方式、汉文化的历史背景和内涵，因此，研究汉语词义系统受到外来语的影响、渗透而发生变化，无疑具有很高的语言学价值。

张应斌教授学养深厚，视野开阔，并且一向对民间文化和地方文化情有独钟，其《啸文学简史》以时间为线索，由古而今，由源及流，考察“啸”的发生及其作为音乐意境在中国文学中的发展演变历程，追寻“啸”在中国古代文学中形成的一个相对独立的特殊文学简史，从音乐与文学相结合的角度，从特殊的文学题材史的角度，补充和丰富了中国文学史。

鲁红平教授的《理想的追寻，尘世的超越——汉魏六朝文学研究》有感于人类因生存时间的局限而产生的对死亡的恐惧所带来的生命毁灭感和因生存空间的局限而产生的尘世束缚所带来的生命不自由感，认为中国人正是在儒家、道家、神仙家这三种文化交融碰撞之下，在理想与现实的矛盾纠葛中，形成了他们特有的解脱生命悲剧的方式，以求超越尘世，获得生命的永恒与自由。鉴古以观今，别具一番意味。

杨泉良教授的《语文教学的当下视野》正视转型期语文教育教学存在的制度与政策的矛盾、理论与实践的矛盾、观念与行为的矛盾，以语文新课程理念为依据，以语文新课程内容范畴为边界，以语文新课程及实施中存在的问题为线索，以解决具体问题为目的，构建起独具一格的语文教育教学研究体系，突出了其实用价值和可读性。

张德明教授的《新世纪诗歌研究》系在博士后出站报告基础上修改而成。该著对新世纪10年来的诗歌创作现象及文本进行全面考察，梳理其与当代文化思潮的关系，概述其思想内涵与美学特征，同时分析了存在的问题及相应对策，为新世纪诗歌的未来发展提供了某些可行性方案。这是学界从整体上研究新世纪诗歌的首部专著，对于了解中国新诗在新世纪以来的基本状况和发展走势、分析现代思想文化对新诗创作的影响等，均有重要的参考价值和指导意义。

郑军博士的《留学生课外汉语使用情况及影响因素调查研究》采用定性与定量相结合的方法研究了留学生课外汉语接触情况与影响因素，发现母语是学生交际的主要语言，汉语是学生交际的次要语言；从学生自身和学生外部即中国人的角度研究了影响留学生课外汉语交际的因素，通过个案分析展现了留学生课外语言接触及影响因素的复杂性与动态性，从汉语资源利用最大化的角度对教育者和学生提出了行之有效的积极建议。

2011年岁暮，湛江师范学院首次设立了“学术著作出版基金”，资助校内教师出版学术研究成果；2012年底，湛江师院的中国语言文学学科又获得中央财政支持地方高校发展专项资金（人才培养和创新团队建设项目）的资助，这都有力地推进了该院特色专业与学科建设的步伐。这套文丛以及前套系列教材的出版发行，倘能得到各高校和学术界的专家、学者们的关注、帮助和指教，那将是湛江师院汉语言文学专业和中国语言文学学科的荣幸！

熊家良<br>2013年5月

# 目　录

# 第一章　绪论

## 第一节　概说

### 一、研究缘由

（一）国外研究的启发

二语习得国外学习指在目的语国家或地区学习和习得某种语言。它包含两种情况，一是指在目的语国家不参加正规课堂教学指导和训练，完全沉浸在目的语环境中自然地学习第二语言；二是指在目的语国家既参加正规的课堂学习，有老师指导和训练，又沉浸在目的语环境中的学习。我们的研究是指第二种情况。长期以来，人们一般认为在目的语国家或地区学习目的语，学生一方面参加正规的课堂学习，一方面又能沉浸在目的语的语言环境中，是第二语言学习的最佳学习环境。许多管理者、老师、家长和学生对此也深信不疑，认为只要在目的语国家或地区学习第二语言，第二语言学习者的目的语水平和能力将会大幅度地提高。但国外最新研究表明（Norton，2000；Kinginger，2004；Whitworth，2006），在目的语国家或地区学习第二语言，目的语国家或地区的社会语言资源对第二语言学习者来讲并不总是既成的，其利用程度受到各种因素的影响。

（二）国家及学校发展的需要

据《外国留学生工作研究》统计，1991 年来华留学生人数为 1.1 万人，2000 年为 5 万人，2001 年为 6 万人，2002 年为 8 万人，2003 年为 7 万人，2004 年为 11 万人，2005 年为 14 万人，2006 年为 16 万人，2007 年为 19 万人，2008 年为 22 万人。除了 2003 年因“非典”原因来华留学生人数比上一年有所减少外，其他各年度都比上一年有所增加，并且 2008 年来华留学生的人数是 1991 年的20倍。另外，《江苏教育60年》指出，江苏省自改革开放以来，共接收154个国家的9万多名外国留学生，并且每年到江苏省留学的外国学生以15%的速度增长，其中2008年在江苏省的留学生已达1.1万人，居全国第四。《南京日报》(2008年3月27日第A03版）根据江苏省教育厅的统计报道，在江苏省50所有资格接收留学生的高校及科研机构中，南京占了半数以上；在2007年全省10 101名留学生中，南京就占了6 169名，这也是我们选取在宁留学生作为调查对象的主要原因。

### （三）研究成果进一步深化的需要

Freed（1995a）在回顾了目的语环境下的二语习得研究情况后指出，“仍有许多问题需要研究，仍有许多问题没有得到解决或者原来的结论需要修正。例如，学生在国外每天是如何打发他们时间的，他们平时和朋友、和当地的人们说什么语言，他们平时使用目的语的目的如何，总的时间如何？对此进行研究将会促进目的语环境下的二语习得研究，也将对完善在目的语国家的语言学习，进一步提高二语学习者的语言交际能力具有重要意义”（Freed，1995a：28）。刘珣(1996）指出，“我们是在使用汉语的语言环境里进行对外汉语教学，处于得天独厚的地位，但有这样的语言环境并不等于我们能真正地利用它”（刘珣，1996：154）。后来，刘珣（2002）进一步指出，“我国对外汉语教学界需要进一步重视社会环境在语言学习中的作用，需要对如何利用社会语言环境优势做专门的、深入的研究”（刘珣，2002：228）。但是就目前来讲，“对语言学习环境的研究目前成果较少，看来这一重要的课题尚未引起我们的重视”（刘珣，2002：114）。

## 二、研究意义

### （一）理论意义

研究表明，二语学习者在目的语国家或地区的交际意愿和交际频率与目的语国家或地区的社会文化密切相关。而社会文化是一个民族或者一个国家所特有的，某一个文化背景下所研究和测量的交际意愿结果不能简单地推广、应用到其他文化背景中，尤其是西方的文化与我国的文化差别迥异。因此，研究在宁留学生的汉语使用情况，有助于进一步认识影响留学生课外汉语交际的因素，进一步完善社会教育模式、交际意愿和社会距离的相关研究。

### （二）学科意义

建立与发展对外汉语教学学科既要重视教，也要重视学，不能单靠一条腿走路。吕必松先生（1990）指出，“在对外汉语教学中，我们过去研究的重点实际上只是‘怎样教’，而对‘怎样学’的研究重视不够，这就使‘怎样教’的研究受到了限制，并且缺少可靠的理论依据”（吕必松，1990：156）。而留学生汉语学习的目的显然不是为了“学”，而是为了“用”，“用得怎样”同“怎样学”和“怎样教”一样，理应成为对外汉语教学研究的对象。因此，对留学生使用汉语情况进行调查研究是对外汉语教学学科理论发展的需要，也是进一步完善教学的需要。运用定性和定量相结合的方法研究留学生的汉语使用情况，从态度动机、交际恐惧、自我感知交际能力、交际意愿和社会距离的角度考察在宁留学生的交际频率和影响因素，对对外汉语教学学科的发展将有重要的学科意义。

### （三）实践意义

在国外，加强对二语学习者如何充分利用目的语环境的指导日益受到学者和老师的重视，其中 Paige，R. M. 等人编写的《国外学习最大化》（*Maximizing Study Abroad*）（2002）特别受到师生的欢迎。我们了解和研究在宁留学生汉语使用情况及相关影响因素，将为教学管理者、教师和教材编写者科学地排除不利因素，促进留学生提高汉语的使用频率，增强留学生运用汉语进行交际的能力提供有力依据，同时也为留学生进行自我管理，充分利用汉语语言资源提供有效的指导。

### （四）战略意义

Freed（1995a）指出，在国外学习语言的人数日益增加，各国政府非常重视，并且积极研究、实施一些有效措施以增强本国语言的活力，从而吸引更多的外国人到本国学习，扩大本国的影响力。我们研究在宁留学生的汉语使用情况，有助于国家根据实际情况制定来华留学生政策，从而更加科学有效地开展汉语国际推广和汉语传播工作。

### （五）经济意义

语言教育以及相关的文化旅游产业已成为英国主要国民收入来源之一，汉语教育正在成为一个新的产业。我们对来华留学生汉语使用情况的研究，将会有力地提升汉语教育产业的运作，提高国家的经济收入。

## 三、研究问题

一是在华留学生每天是如何打发他们的时间的，他们平时和朋友、同学、中国人说什么语言，他们平时使用汉语的目的如何，总的时间如何？

二是在华留学生运用汉语进行交际的频率受到哪些因素影响？MacIntyre, Clémen, Dörnyei & Noels（1998）提出的影响二语使用频率的因素，如自我感知交际能力、交际恐惧、动机态度和二语交际意愿等，在留学生身上是如何表现的？如何从中国人的角度认识其对留学生课外汉语交际频率的影响？

三是如何从个案的角度认识在华留学生课外汉语交际的动态多变情况？

## 四、研究对象

在华留学生课外汉语语言接触情况的研究，主要调查了在南京大学海外教育学院、南京师范大学国际文化教育学院和南京中医药大学国际教育学院长期进修的语言学习类留学生；个体差异对在华留学生课外汉语接触影响的研究，主要调查了在南京大学海外教育学院、南京师范大学国际文化教育学院、南京中医药大学国际教育学院和南京理工大学国际教育学院长期进修的语言学习类留学生；中国人对在华留学生课外汉语接触影响的研究，主要调查了南京大学、南京信息工程大学、南京师范大学和南京理工大学四所高校的在校大学生。

## 五、研究方法

本书先是采用定量与定性相结合的方法研究、分析了留学生课外汉语接触情况及影响因素，然后通过个案分析研究了留学生课外汉语接触情况及影响因素的动态多变性。之所以采用这种方法，是因为定量研究与定性分析相结合，做到了既从共时的角度分析研究对象，又从历时的角度考察研究对象，在当前对外汉语教学研究中得到了广泛的应用（施家炜，1998；吴勇毅，2007）。

# 第二节　理论基础

## 一、Gardner 的社会教育模式（The Socio-education Model）

社会教育模式最早由 Gardner 于 1985 年提出。他认为，二语习得和学校里其他课程的学习不一样，数学、物理、化学、历史这类学科涉及的知识和技能只是学习者所属文化社团的一部分，而第二语言却明显带有另一社团的文化特征。因此，第二语言学习效果的好坏在一定程度上受到学习者对目的语社团的态度和学习信念的影响。最初，Gardner 的社会教育模式包括四个变量，即社会环境（social milieus）、个体差异（individual differences）、外语习得场合（contexts）以及成果（outcomes）。社会环境主要指人们在一定的文化环境下学习第二语言的条件；个体差异是指智力、语言能力倾向、动机和情境焦虑等；二语习得场合指是正规的语言学习环境还是非正规的语言学习环境；成果既包括语言成果，也包括非语言成果，指从学习体验中发展起来的态度、价值观等综合能力（杨连瑞，2007：90）。

Gardner 认为第二语言学习者的学习动机受到融合型态度以及对学习环境态度的影响。融合型态度是指学习者为了与目的语社团成员接触并交际而学习二语/外语的欲望。对学习环境的态度指学习者对任课老师、教材和课堂的评价等。融合型态度和对学习环境的态度构成了融合型动机，进而影响学习者在正式与非正式学习环境中的活跃程度，当然也影响学生的语言学习成果，例如用二语交谈（见图 1－1）。许多学者以社会教育模式为理论基础进行了一系列的研究，检验了动机在二语习得中的重要性，并且展示了它在个体差异方面影响学生语言学习成果的重要性，从而证明了 Gardner 的社会教育模式在第二语言习得中的有效性（章吟，2008：26）。

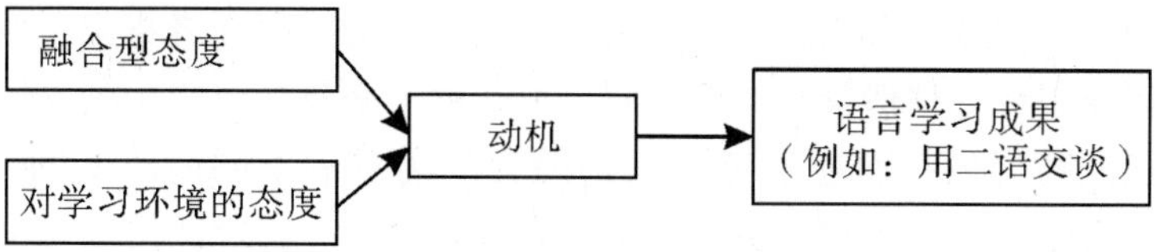


**图 1－1　Gardner（1985）社会教育模式局部图**

## 二、MacIntyre 等提出的影响二语交际意愿的启发式模型

(Heuristic Model of Variables Influencing WTC)

研究发现，母语交际恐惧对交际频率和交际质量有潜在的负面影响。第二语言研究也发现，除了态度和动机对二语学习效果有显著性影响外，交际恐惧也有显著的影响。Gardner & MacIntyre（1993）研究发现，在态度、动机、焦虑之中，对二语习得成果影响最大的因素是语言焦虑。

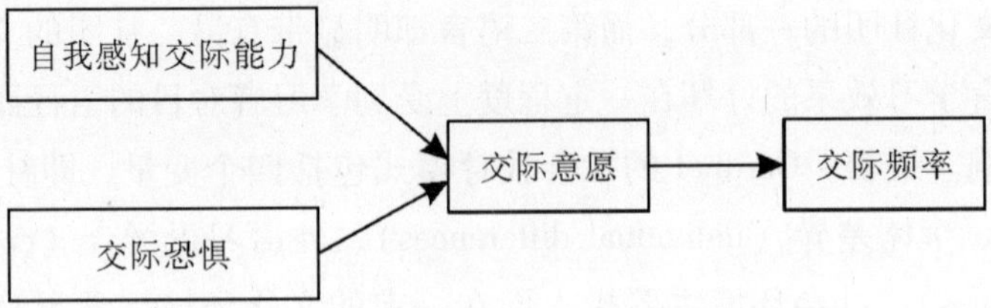


**图 1－2 MacIntyre（1994）交际意愿模式图**

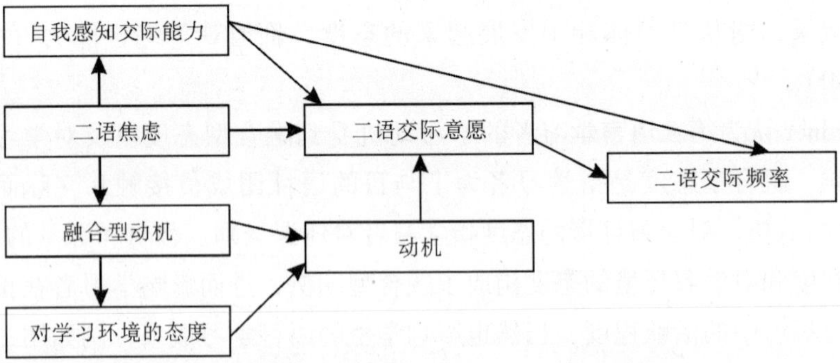


**图 1－3 MacIntyre & Charos（1996）交际意愿模式图**

交际恐惧使人们的交际欲望减少。后来，学者们提出了交际意愿这一概念，指人们在一定条件下可自由选择交谈时是否主动进行交流的意愿，也就是选择交际还是选择回避。交际意愿最早被用来研究母语交际，被认为是一种不随情境改变的稳定的个性特点。在交际意愿被引入二语研究后，研究者指出，既然学习者的第二语言使用在各种情景下有所不同，那么就不必将二语之中的交际意愿限定在个性特点范畴之内，而应该考虑它是随交际场景的不同而改变的。MacIntyre（1994）提出了最初的交际意愿模式图（见图 1－2），认为自我感知交际能力越高，交际恐惧越低，交际频率越高。MacIntyre & Charos（1996）把社会教育模式与母语交际意愿模式结合起来，修正了二语交际意愿模式图（见图 1－3），从而

使交际意愿模式研究更趋完善。许多研究证实，交际意愿可以预示交际频率，动机与二语交际意愿正相关，二语焦虑与交际意愿负相关，自我感知交际能力对交际意愿和交际频率都起作用。

MacIntyre，Clément，Dörnyei & Noels（1998）对二语交际意愿提出了一个金字塔式的理论模型（见图1－4），对影响二语使用和二语交际意愿的各种变量进行了层级排列。在这一模式中，学习者个性、群际氛围、群际态度、群际动机、二语自信心、交际能力和其他因素都相互关联并影响二语交际意愿和二语使用。这一模式展现了影响二语交际意愿的复杂性，前三层，即交际行为、行为意图和情境背景，对二语交际意愿的影响与特定的情境有关；后三层，即动机倾向、情感认知环境以及社会和个人环境，对二语交际意愿有稳定的影响。基于该模型，相关学者进行了大量的研究。研究发现，二语交际意愿与自我感知交际能力有正相关关系，与二语焦虑存在负相关关系，二语语言水平通过学习者的交际信心对交际意愿产生间接影响（Yashima，2002）。同时，交际意愿还与学习动机呈正相关关系，甚至存在直接影响的作用（Hashimoto，2002）。

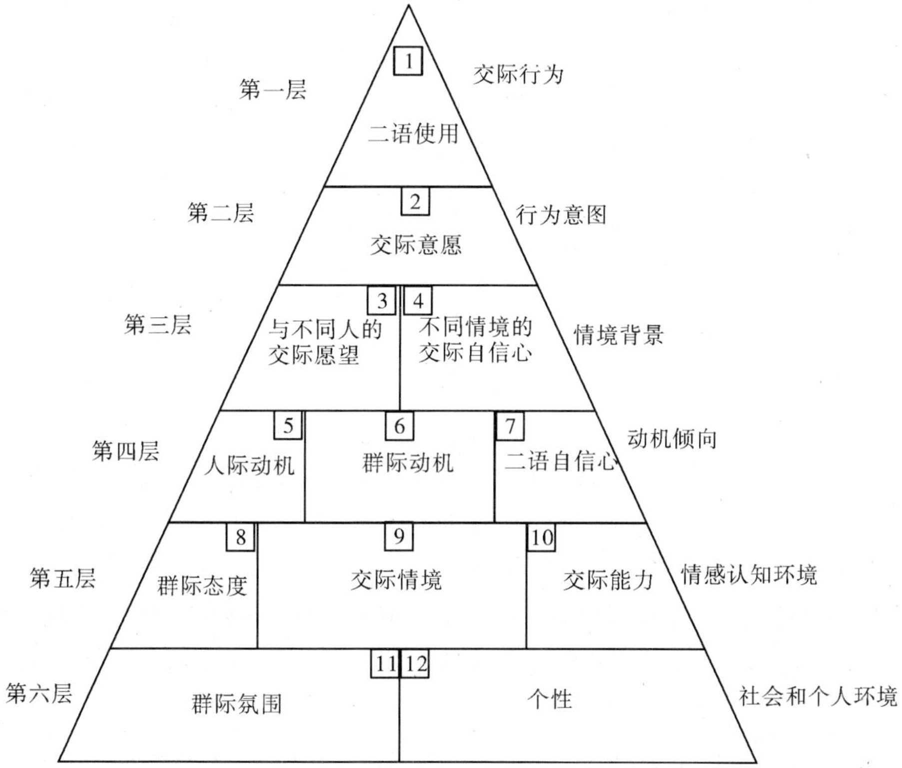


**图1－4　MacIntyre，Clément，Dörnyei & Noels（1998）二语交际意愿启发式模型**

# 第三节 文献回顾

## 一、国外研究

进入21世纪，随着在国外学习项目的越来越多，对在国外语言学习研究的范围越来越广。研究范围从语言获得扩大到学习过程、个体差异、社会语言能力、某一语言技能的发展和目的语环境对互动和学习提供的机会等。

研究发现，国外学习有利于学生目的语水平的提高，但并不能保证每位学生都可以提高目的语水平，其中与目的语国家人群的接触情况是决定目的语水平提高与否的关键因素，而与目的语国家人群接触受到诸多因素影响。

### （一）国外学习有利于学生目的语水平的提高

总体来讲，目前许多对国外语言学习的研究报告证明了这一事实：国外学习有利于学生二语水平的提高。

20世纪90年代以前，对二语学习者在国外学习情况的研究比较少。首先值得一提的是John Carroll在1967年的研究。他研究了2 782名高年级学生在国外的语言水平情况，这些学生的专业有法语、德语、意大利语和俄语，研究发现，那些在目的语国家环境下学习语言的学生，其语言水平的提高比在国内学习的学生要明显。1977年，Willis和他的同事对88名英国学生的听、说和读的能力进行了研究，这些学生在法国和德国或者工作或者学习，在国外的时间超过了一年，尽管测试采用自报的形式，但通过居住前/居住后测试（pre-residence/post-residence test）表明，学生的三项技能获得了提高，这说明在国外学习有利于二语水平的提高。1984年，Veguez对在西班牙学习的17名明德学院的学生进行了研究，发现他们的OPI（Oral Proficiency Interview）水平从原来的中中级或者中高级提高到了中高级或高级。Liskin-Gasparro（1984）对两组学习西班牙语的学生进行了对比研究，一组在国外学习，一组在国内学习，发现在国外学习的这一组学生的OPI得分比在国内学习的学生要高。1988年，Dyson对229名在法国、德国和西班牙学习一年时间的英国学生的听说能力情况进行了研究，居住前和居住后的测试得分表明，学生在国外学习期间听说能力有了显著性提高，尤其是到达目的语国家前语言水平较低的学生提高明显。Kline（1998）通过参与者观察、访谈、问卷调查和材料分析等方法，对 8 名在法国学习一年的大学生课外阅读情况进行了调查，发现他们并非一般人所宣称的在国外学习的学生不喜欢阅读，而实际上他们喜欢为别人朗读文章和展示自己作为文化人的身份，并且这些学生在独立阅读、寻找深层意义和与房东谈论课文中涉及的话题方面有了很大提高。

1998 年，O'Conner 对在法国学习一年的 30 名来自明德学院的学生进行了研究，发现在年底这些学生的法语水平从中中级或者中高级提高到了中高级或高级。Milleret（1990）对 11 名在巴西进行为期六周的暑期项目的西班牙学习者进行了研究，发现他们的 OPI 水平从中中级提高到了中高级。Foltz（1991）对在国内和在西班牙学习西班牙语的学生进行了对比研究，发现在西班牙学习西班牙语的学生 OPI 进步水平快。Freed（1995c）研究了 30 名第一语言为英语的学生，其中 15 名学生在本国学习法语，15 名学生在法国学习法语。研究者从词汇量的丰富程度、语法的准确性、语调、语音清晰度、句子的节奏、说话的信心和会话能力等方面对他们研究前和研究后的法语水平和法语能力进行了评价，研究发现，尽管在法国学习的学生法语学习时间比在国内学习的学生时间短，在国内学习法语的学生，在研究前平均学了八年多，而在法国学习的学生，法语学习时间平均为三年，但在法国学习的学生进步明显，这些学生说话比较多，讲话比较流利，语速比较快，并且很少有沉默和非词汇性停顿现象。

Hoffman-Hick（2000）对在法国的二语学习者进行了长期研究，这些学习者在法国生活了两个月或三个月后，已会用语法表达“再见”，到了十个月后，表达已近似法国人。Fraser（2002）对在德国的两组二语学习者进行了对比研究，一组学生在德国学习一个学期，一组学生在德国学习一年，发现这两组学生的阅读能力和写作能力都获得了提高，学习一年的学生比学习一个学期的学生进步要多。Allen（2002）调查了在法国进行为期六周的暑期项目的法语学习者，发现他们在 14 项听力技能测试方面获得了统计学上的显著性提高。在听力和口语任务自我评价方面，学习者宣称他们口语取得的成功大于听力。非常有趣的是，在他们刚到法国时，25 人中有 3 人宣称能较容易地听懂法语，但在他们即将离开法国回国前，他们宣称听懂法语比较困难。Allen 认为这一变化是二语学习者与当地人进行实际互动交谈遇到困难带来的结果，是学生困难意识不断增强的结果。

Dewey（2004a）发现美国的日语学习者在日本留学期间，在词汇认知、课文理解和阅读信心方面有很大的提高，认为这与学生经常在自然环境下的语言互动和经历有关。同时，Dewey（2004a，2004b）对在日本的美国日语学习者和在美国的日语学习者的读写能力进行了对比研究，发现在日本的美国日语学习者的学习信心比在美国的日语学习者要强，两者在词汇掌握和阅读材料的回忆方面没有统计学上的显著性差别，但是两者处理阅读任务的方法不同，在国外的学习者主要运用监控策略，在国内的学习者主要运用情感策略。并且 Dewey 认为，在国内的语言学习者能够获得和在国外的语言学习者一样的阅读技能。

除了对在目的语国家二语学习者的语言水平进行研究外，一些学者也对双语或多语的同一个国家省际交换项目对语言发展的影响进行了研究。如 1980 年，Hanna 等对加拿大参加在讲法语地区学习的 1 000 名学生进行了研究，这些学生来自 8 年级到 12 年级，研究发现 8 年级的学生在听力方面进步明显，并且一些学生在流利性测试方面成绩较高。

（二）国外学习并不能保证每位学生可以提高目的语水平

研究发现，并不是所有在目的语国家学习第二语言的学生的目的语水平和能力一定会提高。Isabelli-García（2006）采用定性与定量相结合的方法，通过问卷调查、日记和日志等研究了 4 名在美国学习的外国学生，发现 3 名学生的语言能力和语言水平有了提高，其中 Stan 的语言水平由研究前的中高级提高到研究后的高级，Tom 由研究前的中中级提高到研究后的中高级，Sam 由研究前的中中级提高到研究后的中高级，但第四位学生 Jennifer 的语言水平却没有提高，一直是中中级，也就是研究前和研究后的语言水平没有变化。Magnan（2007）研究了 20 名到法国巴黎或蒙特利尔学习法语的中西部大学的学生，发现 12 名学生取得了进步，其中 6 名学生提高了一个级别，另外 6 名学生提高了两个级别。但 8 名学生的语言能力和水平没有发生变化，与出国前相同。

（三）与目的语国家人群接触情况是影响二语学习者语言提高与否的关键因素

那么，在目的语国家学习语言的学生，为什么有的能够取得很大的进步，有的却不能取得进步呢？这有多方面的原因，与学生赴国外时的语言水平起点、在国外学习的时间、在国外居住的情况、学生学习的动机和态度、测量手段以及课程设置和项目设置有关。但其中最重要的因素是什么呢？Coleman（1997），Freed（1995b），Allen & Herron（2003），Regan（2003），Segalowitz & Freed（2004）通过对已有文献进行研究后指出：可以肯定的是与本族人的互动交谈情况促进语言习得。Meara（1994）也指出，根据学生与本族人互动交谈时间的多少可以预测学生语言技能进步的程度。Dufon , M. A. & Churchill, E. (2006) 指出，从目前的研究来看，语言使用的数量和质量在学生语言水平和语言能力是否提高上具有重要作用。另外，我们之所以认为在目的语国家学习第二语言，学生的语言水平和语言能力一定会提高，是因为我们认为，在目的语国家学习的学生，在课堂上和在课外用目的语进行交际的机会比在本国多，语言输入和语言输出比在本国多，并且这些交际是在真实环境下而非模拟环境下进行的。但是目的语国家丰富的语言资源对第二语言学习者来讲并不是既成的（available），并不是不需要努力就可以自然地成为学习者的一部分，从而提高学习者的语言水平和语言能力。这些丰富的语言资源只是为第二语言学习者提供了学习的“食谱”（recipe），要想使其成为自己口中的美餐，还需要亲自品尝。正如 Magnan（2007）在谈到他的文章的意义时指出，从本研究来看，在目的语国家学习第二语言，没有既成的“饭菜”可以保证语言水平和语言能力的提高，但语言接触和语言交际是语言水平和语言能力提高的关键。

我们在上文中说到，Isabelli-García（2006）研究了 4 名学生，其中 3 名学生的语言能力和语言水平有了进步，而剩下的 1 名学生却没有进步。那么原因是什么呢？作者指出，其中一个原因是，Jennifer 并不积极寻找机会与当地人讲话，不与当地人锻炼他的会话，例如不与人们谈论当前大家共同感兴趣的话题或者个人兴趣。而 Stan 之所以提高如此迅速，是因为他广泛地与当地人交往，与当地人用目的语进行交际。与当地人的社会互动越多，语言重构也就越多，语言的准确性和流利性也就越来越高，语言水平和语言能力自然也提高得越快。Milton & Meara（1995）从学生学习的时间是正式的还是非正式的，交往的朋友是本族人还是非本族人，居住是在家庭中、宿舍中还是在公寓中等几个方面考察了在国外的二语学习者，指出能够建立有意义的社会关系、参加有意义的社会交往对学生的目的语学习非常重要。Miller（1999）发现在澳大利亚学习的波斯利耶人，由于被澳大利亚人看作无能力的英语讲话人（incompetent speakers of English），从而使得这些波斯利耶人不能进入英语讲话人群。Talburt and Stewart（1999）等发现女性在国外往往受到性骚扰或性侵犯，为了保护自己，她们常常放弃参与目的语社区的活动，从而使得她们的目的语水平发展受到限制。如在西班牙学习的非裔美国女学生米什拉就是这种情况。Heller（1999）发现生活在 Ontario 的老年女性移民很难融入当地社区。Ball（2000）研究发现，与目的语人群互动花费较多时间的学生比那些互动花费较少时间的学生进步要快。Kinginger（2004）通过对法语学习者爱丽斯长达四年的研究，展示了融入当地社区网络的重要性和进入当地社区网络获得成员认同的艰难性。Lafford（2004）为我们展现了在国外的二语学习者为了获得有效的交际而艰辛努力的情况。通过研究认为，就学习者来讲，国外语言学习环境的利用并不是既成的，而是有挑战性的。

（四）二语学习者在目的语国家语言使用情况的研究

从目前来看，对二语学习者在目的语国家语言使用情况的研究主要有两类，一是自行设计问卷调查学生语言使用情况，二是在研究语言接触对二语水平提高的影响时，部分涉及了语言接触情况。

第一类研究以 Kaplan 的研究为代表。Kaplan（1989）对在法国留学的学生课外语言接触情况进行了调查，但他不是使用标准的语言接触量表，而是自行设计了一套调查问卷，这套调查问卷包括学生的背景信息、课外语言接触情况、列举对学习最有帮助的 5 项活动和因为语言问题而最困难的 5 项活动以及对课外语言接触活动的评价。其中课外语言接触情况包括听收音机、看电视、看电影、看戏剧、旅游等 30 项具体活动，每项活动后面有四个选项，即从来没有、项目期间有 1—2 次、每周一次、每周多于一次，要求学生根据实际情况进行选择。Kaplan 的调查对象是参加为期六周的暑期项目短期班的学生，调查对象共有 39 人，年龄在 18 岁到 22 岁之间，学生专业不同，2/3 的学生居住在当地家庭中，其他学生居住在学生宿舍。在文章的开头，Kaplan 指出，目前之所以没有人对二语学习者在目的语国家的课外语言使用情况进行系统研究，是因为和学生课堂语言接触相比较来讲，学生课外语言接触情况很难观察。然后，Kaplan 根据学生的语言水平和居住情况，通过图的形式对他们的语言接触情况进行了对比展示。Kaplan 的研究没有使用标准的语言接触量表，但他是最早集中关注二语学习者在目的语国家语言使用情况的学者，对学生在法国语言使用情况进行了比较详细的研究，同时也因为他没有使用标准的语言接触量表，所以他对学生语言使用情况的调查不全面，并且对其影响因素也未能深入分析。

第二类研究以 Freed，B. F，Segalowitz N. and Dewey，D. P. 、Mendelson、Cundick 和 Magnan，S. S. & Back，M. 为代表。Freed，B. F，Segalowitz N. and Dewey，D. P.（2004）把学生课外法语接触情况作为变量，对比分析了三种不同学习环境下学生的二语水平提高情况。在对美国学生课外法语语言接触情况进行调查时，他们采用了修改的 LCP 对 8 名学生在课外每周有几天，每天有几个小时花在听说读写以及这四种技能总的时间方面进行了考察。Mendelson 2004 年在其博士论文《国外环境下课外语言接触与口语能力关系的他评与自评》（*Assessment and student perceptions of out-of class contact and oral proficiency in a study abroad context*）一文中对课外语言接触与口语能力的关系进行了研究。虽然该文的研究重点是两者之间的关系，但他对学生的课外语言接触情况作了比较详细的叙述，并且学生的课外语言接触是通过 Freed（2001）版语言接触量表来获得的，所以可以说是我们目前为止所获得的比较详细的国外关于语言接触情况的研究。但可惜的是，他的研究对象均为参加项目的学习者，最长的只有一个学期，最短的是一个月，并且大多都是在项目提供的当地人家庭居住。Cundick（2007）在学期末对 61 名在美国学习时间为 31 周的来自不同国家学生的课外语言接触情况进行了调查。为了研究的方便，根据学生课外语言接触的情况把学生分成两组，一组为高使用者，一组为低使用者，凡是高于平均数每周每天 43.81 的为高使用者，低于平均数的为低使用者，并且通过直方图对两组学生每周每天的听说读写情况进行了对比。Magnan，S. S. & Back，M. （2007）研究在法国学习法语的美国学生时发现，学生课外语言接触情况比较丰富。交谈对象既有同胞，也有法国人、语言伙伴、居住家庭，讲话地点有在家里、在咖啡馆、在酒吧、在商店等，还有在参加运动时和在给法国人上英语课时等。另外，对于学生来讲比较困难的是读报纸和看小说。这些研究让我们看到了语言接触与二语水平提高之间的关系，但由于他们考察的重点是学生的语言接触与二语水平提高之间的关系，所以没对学生的语言接触情况进行详细的考察，也没有对影响学生语言接触的因素进行分析。

另外，Taguchi（2008）在考察语言接触和认知对学生国外语用能力发展的影响时，也涉及了语言接触。他利用修改的 LCP 分别在第 8 周和第 19 周对学生在美国留学期间使用英语的情况进行了调查，两次调查结果显示学生使用英语的情况是：听 > 说 > 写 > 读，并且指出，学生使用英语有两个明显的特点，一是不同学生之间使用英语情况变化很大；二是学生学习英语花费的时间随着留学时间的增加而减少。由于研究重点不是语言接触，所以该文也没有对学生语言接触的详细情况进行描写。

### （五）影响二语学习者与目的语人群接触的因素

近几年关于国外学习的研究开始关注个体差异的研究，尤其是关注二语学习者学习动机、交际焦虑和学习策略等对二语学习者课外语言接触影响的研究。

1. 动机和交际意愿对二语学习者与目的语人群接触的影响

动机一直受到二语习得研究者的关注。Freed（1990）发现在法国进行为期6周的暑期项目学习的38名美国学生，他们的动机、态度以及语言潜能等对学生的课外法语接触没有统计学上的显著影响。Yashima等（2004）发现在美国的日本学习者中，拥有较强交际意愿的学习者将会主动与当地人进行广泛地互动，从而促进了他们英语习得水平的提高。同样，Fraser（2002）发现在德国学习德语的学生中，积极主动参加当地交际互动活动的学生，如参加体育运动或文艺活动，他们的语言水平将有很大的提高。

人们一般认为，二语学习者在国外互动较少是因为他们懒惰和缺乏训练。然而，这种解释是不充分的。学习者拒绝用目的语互动的机会，原因是多方面的，可能是社会原因，也可能是文化原因，也可能是心理原因。Wilkinson（2000）举例说明，两个美国的法语学习者，他们把大量的课外时间花在两人的交往上，而不是与目的语人群的互动上，使用的语言当然是英语。他们之所以这么做，是因为他们认为“能够自由舒畅地表达自己的感情是重要的，而二语水平的提高是次要的”（Wilkinson，2000：40）。Wilkinson进一步讲到，在国外的二语学习中，这种有意识选择其他行动，而不是与目的语人群进行互动的行为是常见的。Tim Hassall（2006）认为，情感因素，尤其是动机对自己的二语学习影响很大。他讲到，自己有一定的学习动机。他在2002年1月11日的日记中写道：“我非常清楚地认识到，我进一步提高语用能力有两个原因，一是自己在回国后能更好地从事印尼语的教学工作，二是可以进一步提高和印尼人交谈会话的能力”（Hassall，2006：55）。虽然Tim Hassall与印尼人互动学习的动机较强，但他同时讲到，在印尼生活期间，他一直处于矛盾和斗争之中，处于讨厌与印尼人互动和需要与印尼人互动的斗争之中。他在日记中写道：“我非常清楚地认识到，自己有点懈怠，与印尼人的互动有点少，为了提高自己印尼语的语用水平，我应当尽力营建一个广泛的社交网络，应当走出去与更多的印尼人交谈，应当生活在一个繁华的地方。但是，我又不喜欢那种生活，我宁愿牺牲语言水平的提高而获得心灵的安静”（Hassall，2006：55）。从上面可以看出，Tim Hassall有时选择回避的方式，不愿与印尼人交谈，不愿把时间花在与印尼人的互动之中，在他看来，这时获得心灵的安静比语言习得更重要，更有意义。那么，他们这种行为是动机较低的结果吗？Pellegrino（1998）和Wilkinson（2000）都直接反对这种看法，认为这种观点与认为他们懒惰没有区别。但是，动机仍然是关键的因素，他们与目的语人群互动较少，虽然不能认为动机较低，但动机不够强烈仍然是其主要原因。用Schumann（1997）的话来说，他们没有强烈的为了学习进行互动的动机，没有正确认识和评价实现这一目标而带来的成果。

在交际意愿方面，Yashima 等（2004）发现，那些在到美国前交际意愿较强的学生，在刚到美国的几周内花费更多的时间与当地家庭互动。非常有趣的是，学生的交际意愿不受学生语言水平高低的影响，而是受他们自我感知交际能力的影响。换句话说，学生不愿主动发起与当地人互动是因为他们认为自己英语水平太低。由此我们可以看出，不是学生的学习经历和学习水平影响学生的学习动机，而是学生在目的语国家的自我感知交际能力在起作用。

2. 焦虑对二语学习者与目的语人群接触的影响

与自我感知交际能力相关的是交际焦虑。和传统外语课堂不同的是，在国外学习的学生，他们与说话人没有共同的文化背景，交际失败也是在真实跨文化交际中发生的。两项包含在国外交际焦虑研究的结果发现（Allen，2002；Tanaka & Ellis，2003），二语学习者在国外学习中交际焦虑逐渐降低。然而，Allen（2002）发现，刚到目的语国家的学生交际焦虑降低很少，在为期 6 周的海外学习项目中，前两周的交际焦虑仍然较高。同时，Allen 发现，交际焦虑与场合密切相关。在较短可控的互动中，如与服务员的互动中，学生交际焦虑明显降低，而在更加复杂、较难控制的互动中，交际焦虑仍然较高，原因有文化差异、语言水平较低无法表达自己的观点等。结果表明，学习者调整自己，从而适应目的语进行交际需要经过一段时间。这种调整，以及由调整带来的动机和焦虑变化，对学习者与目的语人群进行接触和融入当地社区都有很大的影响。

3. 学习策略对二语学习者与目的语人群接触的影响

Seliger（1977）根据测量结果把学生分成高互动者和低互动者，他发现高互动者倾向于场独立性，低互动者倾向于场依存性。这个发现与一般认识不同，一般来讲，场独立性强的学生关注个体，关注语言形式，场依存性强的学生关注整体，关注语言意义，对形式关注较多的学生一般交际频率比较低，而对意义关注较多的学生一般交际频率比较高。Paige 等（2004）结合定性材料，对学生训练前与训练后进行了测试，发现实验组和控制组的学生，总体上在语言和文化学习策略的使用方面没有统计学上的显著性差异，但是在一些项目上两者之间有显著性的差异。我们认为最重要的是，他在研究中使用比较科学的测量工具发现，接受策略训练在国外学习的学生民族中心主义观念大大降低，而民族相对主义观念有所提高，跨文化适应能力有所增强，并且具有统计学上显著的意义。当然，学生跨文化适应能力的提高，与策略训练提高学生与目的语人群的接触密切相关。

4. 性别对二语学习者与目的语人群接触的影响

尽管一些研究发现了女性学习者与当地人互动的便利性，但更多的研究发现的是不利方面，以及这些不利如何影响她们学习态度的。在 Polanyi（1995）之后，多篇文章和论文再次揭示了女性学习者在国外环境中处理当地男性挑逗性语言的困难。Talburt and Stewart（1999）用真实材料描述了一位在西班牙的非裔美国女性每天被当地男性直呼姓名、性挑逗和侮辱的事实，从而导致了这位女性学习者对西班牙的负面看法。同样，在 Twombly（1995）采访调查中，她发现在 Costa Rica 参加国外学习项目的女性，由于经常遭到当地人的尖叫，她们的学习动机和与当地人互动的意愿受到了负面影响。在 Isabelli-García（2003）的研究中，Jennifer 是唯一的女性。Jennifer 同样遭遇了不友好的经历，并且感觉到自己被当地人拒绝。对此，她选择了减少与当地人互动的回避方式，从而限制了她语言发展的机会，她的成绩也不如男性那么高。Kinginger and Whitworth（2005）描述了法语的二语学习者对目的语文化的不同认识对取得成功的影响，相应地又影响他们的互动意愿和法语学习精力投入的事实。由于主要观察点放在性别上，所以研究对象不仅仅局限于女性，也包括男性。当二语学习者遭遇性别烦恼时，他们对此的反应和处理方法各不相同，由此而带来的结果是，他们继续进行二语学习时花费的时间和努力的程度也各不相同。在被调查的三个对象中，仅仅 Jada 一人在目的语国家能很好地看待和处理性别问题，成绩取得最小的 Dierdre，就像 Isabelli-García 研究中的 Jennifer 一样，在遭受了性别困扰后选择了回避方式，放弃了法语的继续学习。

这些研究表明，在国外学习的二语学习者感觉到自己被当地文化所排斥，或者至少感觉到与当地人的交往是肤浅、表面的，这种感觉导致了他们不愿或者回避与当地人的交往，从而减少了二语习得成功的机会。同时我们也看到，二语学习者本人在观念形成中起到关键作用。跨文化交际的失败，或者不能、不愿遵守当地的衣着打扮、讲话方式和性别角色标准，以及家庭谈话和公共交谈的标准，会使他们受到排斥的感觉增强，从而减少交际互动，最终导致他们对国外的学习感到失望。但是一些人在遭受了排斥后，仍然努力去提高他们的语言水平、语用能力和非语言的能力，从而使自己更加受到当地人的欢迎，也减少了被当地人拒绝的几率。

5. 居住和上课方式对二语学习者与目的语人群接触的影响

由于国外项目自身的特性，使得这些学生集中在一起居住、上课和旅行，从而减少了他们与目的语人群互动的机会。例如，Tanaka and Ellis（2003）在解释日本的二语学习者成绩进步不明显时，把日本的海外教学项目称作“日本大学式海外项目”（Japanese College Overseas’），因为这些学生在同一班级上课，居住也在一起。那么，这样安排就会引起人们的质疑：这些日本学生在国外学习和在日本本国学习有什么实质区别。在这样的情况下与目的语人群进行互动，对学习动机较强和语言水平较高的学生也是一种极大的挑战。来自同一个项目和同一个国家的学生居住、学习、生活在一起，无形之中就会鼓励他们之间使用母语进行交际，那么与目的语人群进行互动的时间就会相应地减少，这就会对他们的二语水平发展起到阻碍和迟滞作用。Ingram（2005）讲到，以国家为方向的语言学习项目中，这些学生聚集在一起，互相交朋友，从而习惯于生活在一起，使他们的关系进一步紧密化。当然这也有有利的一面，那就是在母语文化和目的语文化之间起到了缓冲作用，但是对语言发展和语言习得来说是起到阻碍作用。

学习者与目的语家庭进行互动，一方面有利于学生与当地人互动，同时另一方面也使他们的互动范围受到了限制。Knight and Schmidt-Rinehart（2002）研究发现，接受二语学习者家庭的母亲认为，在起始生活调整适应方面，性格开放和成熟比语言潜能更重要。需要特别指出的是，这些家庭的母亲认为，二语学习者与这些家庭建立了密切的关系，从学校返家后把大量的时间花在与家庭的交际之中，这样就限制了他们与其他目的语人群进行交际的机会。在家庭外，二语学习者对目的语文化保持开放的态度，尽管在交往的过程中会遇到一些不愉快的事情，但仍能与当地人建立密切的关系和广泛的社会关系网，这样会增加他们接触各种情景和语域的机会，从而提高他们的语言水平。Law（2003）的研究也发现，在墨西哥的二语学习者每天花费几个小时与居住家庭的母亲谈话，获得了充足的语言输入、练习和反馈的机会。相反，在一些研究中，二语学习者把自己居住家庭的母亲看作房东，一些有二语学习者的家庭既把自己看作房东，也把自己看作父母，把二语学习者既看作租房人，也看作孩子，这对二语学习者与家庭成员建立良好的关系不利（Kinoshita，2001）。另外，二语学习者在家庭中居住能否提高二语水平，也与居住家庭的成员是否工作繁忙，是否有时间、有耐心与二语学习者交谈有关。例如，一些研究发现，二语学习者与居住家庭成员的谈话很少，尤其是在家庭成员没有耐心与非流利的二语学习者交谈时（Wilkinson，

1998)，或者家庭成员工作繁忙，职业是司机时（Churchill，2003a）。Frank（Rivers 论文中引用，1998）研究发现，居住在俄国家庭的二语学习者，如果他们大部分时间用在与居住家庭日常会话或看电视上，将不利于他们的协商性输入。在居住安排上，Allen（2002）和 Churchill（2003a，2003b）研究发现，如果在一个家庭安排两个二语学习者，那么他们之间交谈的时间要比与居住家庭成员多，然而那些拥有自己家庭的学生对这样的安排和生活非常满意。Churchill 还讲到，这样的安排会产生竞争，会让其中一方认为，在与居住家庭成员谈话中另外一方处于支配位置。Churchill（2003a，2003b）认为，这样安排将会影响他们融入家庭之外的社会。尽管在家庭居住有诸多不利，但是需要指出的是，居住家庭仍然为二语学习者提供了一定的互动练习机会。Allen（2002）指出，90% 的参与者仍然认为，在家庭中居住有利于文化和语言的获得，并且近半数的参与者认为，与居住家庭成员互动是他们语言得以发展和提高的重要途径之一。

就项目实施来讲，比较成功的项目大多具有如下特点：介绍居住家庭的生活情况、广泛联系认真负责的家庭和经常监控所在家庭的情况等（Law，2003），不太成功的项目大多不具有这些特点（Kinoshita，2001）。另外，在学生出发前需要向他们说明在国外能够取得的语言成绩、他们适宜的语言项目和居住家庭（Kinoshita，2001；Wilkinson，2000），向他们介绍融入居住家庭的策略（Knight & Schmidt-Rinehart，2002；Rivers，1998）；同时，应当经常与居住家庭交换他们的角色和定位（Knight & Schmidt-Rinehart，2002），与居住家庭和学生签署协议，明确双方的责任和义务（Kinoshita，2001）。当然，协议应当具有灵活性，要适应突然性的变化，例如学生想从居住家庭搬出或者改变课程学习等。总之，增加二语学习者的学习机会，促进他们二语水平的提高是所有项目安排和设置的宗旨和目标。

6. 目的语国家人群或文化对二语学习者与目的语人群接触的影响

Tim Hassall（2006）讲到了印尼人主动与他接触和谈话的情况。他讲到，为了有一个安静的地方阅读和写作，为了学习印尼的语用语言，从 2001 年底到 2002 年初的三个月时间里，他从自己的国家澳大利亚来到了印尼。在印尼生活期间，当他在自己房屋的走廊坐着休息时，过路的印尼人会停下来与他主动谈论社会问题；当他在邮局邮寄东西时，坐在同一板凳等候的印尼人会主动和他随意谈话；在旅馆居住时，服务员会与他友好地谈话；在路上行走时，在后边行走的印尼人会主动喊他与他谈话；在旅行社工作时，会有印尼人突然提出要与他闲谈；在书店买书时，服务员会与他长谈；在咖啡店喝咖啡时，服务员会坐在他的身边主动与他谈话；在房屋居住时，房东会经常与他闲谈，帮他晾晒衣服；在他收衣服时，其他房客会主动过来和他谈话；等等。

在 Trosset（1986）所研究的威尔士地区，英语被当作他们外部族群的标志，这就使得在这一地区学习威尔士语的二语学习者付出更多的努力，他们必须在交谈对象使用英语的情况下坚持使用威尔士语，交谈对象才开始使用威尔士语。有时，为了练习威尔士语，他们要努力选择交谈对象，如当地的极端民族主义者、孩子和威尔士语的老师等。Siegal（1995）的研究也发现，如果日本人被外国人接近，他们往往表示自己不会讲英语，也不想与他们交谈。但是，如果他们认识到对方能讲一些日语，他们就会和对方用标准的日语对话，而不是非标准的日语。Cook（2006）研究发现，在日本，当地人认为他们的语言是很难学习的，外国人是很难学会的。因此，如果感觉自己的英语不好，他们就不愿与外国人交谈。相反，在西班牙、墨西哥（Knight & Schmidt-Rinehart，2002）和印度尼西亚，西班牙语和印尼语分别是这些地方族群交际的语言，当地人非常愿意与外国人交谈，即使外国人的二语水平较低往往也会主动和他们交谈。

7. 二语水平对二语学习者与目的语人群接触的影响

Allen（2002）对研究对象的学习历史进行了考察，发现在到达目的语国家前有两年大学法语学习经历的学生，他们的融合性动机比较高，相反，较少学习经历的学生融合性动机也较低。Allen 认为较高水平的学生为他们与目的语人群进行互动在语言和文化上提供了准备，因此也在与当地人互动中获益较多。

8. 国外学习经历对二语学习者与目的语人群接触的影响

Yashima（1999）在研究外向性格和适应能力对学生的影响时，发现美国家庭的美国人认为那些有国外学习经历和较高英语水平的日本学生能较容易地适应当地的文化环境。

9. 语言学习观念对二语学习者与目的语人群接触的影响

Miller & Ginsberg（1995）研究发现，在俄国的美国学习者，由于他们对语言学习理解有偏颇，认为语言学习就是词汇和句法的学习，而不是语言交际的学习，因而错过了与目的语人群进行互动的大好机会。

Campbell（1996）强调了在课外与老师互动的重要性，她努力使自己进入老师这个圈子里，这使得她与其他同学不同。通过与老师的交往，她获得了标准的目的语输入，从而提高了她的听力水平。Calvin（1999）在对威尔士英语语言学校的研究中，也强调了标准语输入的重要性。她指出，当学习者能与当地人用目的语进行交际时，这些当地人一般不使用外国人语言（foreigner talk），这样提高了二语学习者的信心和动机，他们学习英语的态度也会朝着好的方向发展。

这些研究表明，二语水平的提高，以及流利性和准确性的获得与学生接触的语言输入和交谈方式有关。语言输入是标准的还是非标准的，交谈方式是一对一的还是一对多的，还是两种方式都有，这些都是影响因素。Mathews（2001）研究发现俄语的二语学习者中，女性的二语学习者如果既采用一对一的交谈方式，又采用一对多的交谈方式，那么她们的口语表达能力和听力水平就比较高，并且混合式交谈方式与学习成绩之间正相关，但是男性学习者无此相关性。

当然，已有研究结果表明，有的二语学习者喜欢一对一的互动，有的喜欢一对多的互动，一对一的互动可以使交谈对象的谈话更适合自己的水平。喜欢一对多的互动，不同的学习者看法不同。例如，在 Warden et al.（1995）的研究中，一个学习者认为如果不想参加谈话可以随时调整，相反，两位学生 Schmidt and Campbell 在小组活动中即使语言输入超过了他们的水平也积极参与，因为他们相信这既可以提高他们的语言习得，也有助于他们融入目的语社区。

从上面可以看出，与目的语人群进行互动意义重大，与他们建立广泛的社会网络关系也显得非常重要。而有的人比较容易，有的人比较困难，成功的学习者大多拥有这些特点：性格开放、社交能力强、具有坚持不懈的精神、对非标准的输入具有容忍性和二语水平较高等。

## 二、国内研究

### （一）汉语使用研究

高彦德等（1993）对外国人学习与使用汉语情况进行了调查研究，主要调查对象是正在使用汉语工作的外国人，通过调查，了解使用汉语工作的外国人所从事的职业类型及各类工作人员的大体比例、他们的汉语水平何时能够满足工作的需要、在工作中使用汉语听说读写等语言技能掌握的情况与困难所在以及对汉语教学的具体建议与设想。调查对象也包括正在学习汉语的中高年级的留学生，调查留学生的学习情况以及对汉语教学的意见与看法。由于使用汉语工作的外国人不是我们调查研究的对象，因此在这我们对其不再进行介绍。在对留学生调查时，发现留学生听的内容包括广播、电视新闻、电影、电视剧、电话、讲课和讲座等，其中能听懂讲课所占比例最大，而能听懂新闻的人所占的比例最小。口语表达方面，主要用于日常用语、谈论时事、课堂回答问题和讨论问题，其中能较好地说日常用语的人最多，而能较好地讨论时事的人最少。口语表达方面的主要困难按从大到小顺序为：专业词汇少 > 语法不熟悉 > 日常生活词汇少 > 语音不准确 > 没机会练习 > 怕说错。阅读内容包括报纸杂志、文学作品、课本及辅导材料和专业论文及理论书籍，存在的主要困难有专业词汇少、句子结构不清楚、内容不熟悉、日常生活词汇少、缺乏背景知识和汉字认读有困难等。写作方面，学生主要写一般信件、作业及论文和报刊稿件，存在的主要困难是词汇量少、不熟悉复杂的句子结构和汉字书写。然后又分别介绍了理工农医科和文科专业留学生掌握与运用几项语言技能的情况与困难。高彦德等的调查，由于研究目的与我们有较大的差距，所以他们在调查汉语使用及影响因素方面与我们的着眼点不同，他们的着眼点是在汉语听、说、读、写四项技能方面，而我们主要从语言接触和交际意愿等影响因素进行分析。

郭茜（1999）对 33 名 CIEE 和杨伯翰学生课外汉语使用情况进行了调查。调查发现，学生与同屋的中国人交流最为频繁，经常交流的人数达 78.3%；其次为与中国朋友的交流，经常交流的占 51.5%，有时交流的占 33.3%；再次为与同学的交流，经常交流的占 42.4%，有时交流的占 45.5%；最后为与陌生人的交流，经常交流的占 39.4%，有时交流的占 45.5%。学生有课外辅导的情况极少，只有 3 人，占 9%，但学生大多有语言交换，占总人数的 75.8%。郭茜不仅对学生课外汉语使用情况进行了调查，还从利用语言学习环境的角度提出了具体教学指导方案，如针对不同学生布置不同课外作业，对水平比较高的学生建议多看中文电影、电视及报纸等。但郭茜的调查对象人数较少，使用的也不是标准的调查问卷，并且主要是对交谈对象进行了调查，没有涉及其他关于语言使用方面的问题。

高海洋（2000）在其硕士论文《第二语言习得态度动机研究》一文中，研究了态度和动机与学习策略和学习成绩的关系、性格和焦虑与学习策略和学习成绩的关系、不同文化距离下的习得水平与态度和动机的关系等，他的研究重点虽然不是留学生的课外汉语使用，但其许多研究结果与留学生课外汉语使用相关。高海洋运用辨语配对（matched-guise）语装实验测量留学生对说汉语人的态度，运用国际上使用较多、信度较高的学习动机量表和学习策略量表分别考察留学生的学习动机和学习策略，然后运用 SPSS 软件对收集的数据进行了统计分析。研究发现，共聚量与社交策略相关显著，并且指出，那些认为说目的语者共聚量大（更亲切、更有趣等）的学习者愿意接触说目的语者，与他们交流，向他们学习。同时发现，共聚量与听力理解显著相关，共聚量越大，听力成绩越高。另外还发现，具有融合型动机的学习者比工具型动机的学习者更愿意与说目的语者交往，向他们学习，这是因为融合型动机的学习者对目的语社团的文化、历史等有兴趣。在研究性格与焦虑的关系时发现，焦虑与性格成反比。也就是说，性格外向的学习者更容易焦虑，而性格内向的学习者不易焦虑。我们不明白为什么会这样，虽然他在研究时是从课堂焦虑的角度进行的分析，但根据 MacIntyre & Charos（1996）交际意愿模式图可以得知，二语焦虑与二语交际意愿负相关，二语交际意愿与二语交际频率正相关，也就是说，二语焦虑间接影响二语交际频率，它们之间是负相关。那么根据高海洋的研究结果，我们就可以推测出，性格外向的学习者交际频率较少，性格内向的学习者交际频率较多，而这与我们的一般认识是不同的，需要作进一步的研究。在研究不同文化距离下的习得水平与态度和动机关系时发现，在国籍与态度的关系上，欧美、日本、韩国在对待中国人的态度，对待中国政治、经济、文化等方面的态度及对待中国的总体态度上存在显著差异，欧美优于韩国，韩国优于日本。然后运用归因理论从社会文化环境、民族性格、价值观、地缘政治和国际关系的角度解释了态度差异的原因。他的这一研究，有利于我们从留学生的角度认识留学生与中国人的社会距离。总之，他的研究是迄今为止国内第一个最全面、最系统、最科学地研究留学生的个体差异与学习策略和学习成绩关系的成果。

王学松（2001）对来华日本留学生汉语学习情况进行了调查，调查力图反映 2000—2001 学年第二学期在华日本留学生的汉语学习情况，同时与日本国内的汉语学习者进行对比。调查问卷共设计了 20 个调查项目，项目 1—9 是有关留学生活的调查，10－20 基本采用了保坂律子（1998）设计的调查项目。其中涉及汉语使用和汉语运用的是第 2 题、第 12 题和第 14 题。第 12 题和第 14 题分别是“除课本以外使用什么”和“除课本外上课时想学的教材是什么”，调查结果和保坂律子的相同。第 2 个问题是“你觉得现在的语言环境对你的汉语学习帮助很大吗?”，有 61.5% 的同学认为语言环境对自己学习汉语帮助一般或很小，而只有 38.5% 的学生认为帮助很大。因此，作者指出“吸引留学生来华学习汉语的最大优势——语言环境还没有充分地发挥作用”（王学松，2001：28）。但作者并没有对其原因和实际情况进行分析，而这正是我们要探讨的。这也充分说明在中国学习汉语，中国丰富的语言资源对这些留学生来说并不是既成的，需要他们付出努力才可以成为自身的一部分，才可以转化为真正的财富从而促进自己汉语水平的提高。

郝红艳、张念（2005）对在广州的印尼留学生汉语学习情况进行了调查研究。调查问卷一共设计了25个项目，包括三个方面的内容：一是个人背景情况，主要了解学生的汉语背景、到广州学习汉语的动因及动机；二是在广州的留学生活情况，主要了解学生对留学生活的评价；三是具体汉语学习情况，主要了解留学生对目前对外汉语教学情况的反映及期望。研究发现印尼学生普遍对口语感兴趣，对汉字轻视甚至畏惧；不少学生认为在中国留学值得，但其中认为生活单调的仍占有一定比例；30%的学生对教学方式不够满意等。因此作者提出了加强汉字学习、丰富留学生活、改进教学方式等方面的建议。但对于问题10、问题11和问题12与汉语使用有关的三个项目，作者并没有进行分析，只是在综合数据上进行了反映，由此可以看出作者的兴趣不是在汉语使用，而这恰恰是我们研究的兴趣所在。这三个项目分别是“Q10 你在中国留学的朋友：a 都是本国人；b 很多中国人；c 除了本国和中国外，没有其他国家的同学；d 有其他国家的同学”、“Q11 在中国，和你本国的同学在一起：a 很少说汉语；b 常常说汉语；c 上课时才说汉语；d 上课时也不说汉语”、“Q12 在中国，你和其他国家的留学生交谈时：a 用汉语；b 用英语；c 对方能听懂就用汉语”。从调查的数据可以看出，有很多中国朋友的仅占9%，与本国同学在一起很少说汉语的占61%，与其他国家留学生交谈时用汉语和对方能听懂就用汉语的占91%。这里我们先不讲与本国同学说汉语或与其他国家留学生说汉语是否有利于学生汉语水平的提高，而与中国人说汉语的情况却没有反映，并且我们知道留学生汉语学习的目标是达到一般中国人汉语交际的水平，并且与中国人说汉语是留学生在中国汉语提高的重要方法之一。

李玉军（2006）对暨南大学17个班级135名留学生课外语言实践情况进行了调查。李玉军的发现与郭茜很不同，他发现，留学生课外汉语经常交际的对象是两类，一是本国同学、朋友和家里人，占总调查对象的70.4%，二是别国的同学或朋友，占总调查对象的23.7%，跟中国同学或朋友在一起的仅占5.2%，并且还有11.1%的学生把自己与外界隔离起来。另外，在语言的使用上，李玉军发现，选择使用母语量在80%以上的学生有98人，占76.5%，能坚持尽量不使用母语跟本国人交流的仅占0.16%，这说明留学生在课外使用汉语的比率非常低。

李玉军还对造成留学生课外汉语交际对象范围过于狭窄的原因进行了分析，他认为留学生大多都认识到其交际的对象会在一定程度上影响自身汉语水平的提高，而之所以与中国人交际较少，主要原因有四：一是课堂集中教学带来的弊端，很容易使留学生集结成群，失去在实际生活中“不得不”使用汉语的机会，最终难以摆脱对母语的依赖；二是方言和方音的影响，留学生走出去所面对的是操着各种方言的人；三是文化和环境适应问题；四是留学生自控能力和独立生活能力较差。最后，李玉军提出了解决措施：一是积极创造交际环境，帮助留学生扩展交际对象和交际范围；二是帮助留学生转变思想，改进学习方法，培养其利用语言环境的能力；三是加强对留学生的心理辅导，提高文化与环境的适应能力，避免文化休克。李玉军的研究是目前国内对留学生课外汉语使用情况比较全面的研究，但其使用的调查问卷并非标准问卷，因此不可能对留学生课外汉语使用的情况进行全面的研究，另外也没有对影响留学生课外汉语交际的因素进行分析。

陈晓桦（2007）根据语言习得理论具体分析了目的语环境中课堂教学环境的优势和局限性，并就留学生个人课外自学情况、与互助伙伴课外学习情况和课外使用媒体情况展开问卷调查，了解他们课外汉语学习的现状。重点探讨了目的语环境的独特性对课外汉语学习的影响，指出自然习得对有意识学习语言的不足具有较大的弥补作用，并提出了引导学习者走出课堂，培养自学能力和充分利用环境优势获得交际能力的学习策略。他认为教育者和管理者要为学生指定可供学习的电视节目或栏目，确定报纸和杂志的名称；要消除学习者的错误认识，提供适合不同水平学习者的学习策略，如初学者可以看电视剧，中高级学习者可以看电视、报纸和杂志。我们认为陈晓桦的研究初衷是好的，想要探讨如何提高留学生课外汉语语言资源利用的问题，但由于他对国际上二语学习者在目的语语言资源利用问题的研究结果了解不足，所以提出的建议和学习策略有失偏颇，是当前研究所证实不提倡的非互动式接触。

吴勇毅（2008）为了探讨意大利学生汉语口语学习的策略，采用访谈等手段进行了定性的个案研究，发现了一些规律，例如优秀的学习者大都会采用一种寻找和建立固定的语言伙伴的学习策略。但该项研究是在汉语作为外语的环境下，并且主要采用定性研究，研究目的是为了探寻学习策略。

曾妙芬（2008）为了探讨海外暑期中文项目（指在中国学习汉语）学习者学习时间与信心程度之间的关系，对美国学生在中国学习期间的汉语听说读写课内课外所花时间进行了调查。她发现，学生课外每天说话练习的时间为 4.158 小时，听力练习的时间为2.252小时，阅读练习的时间为0.752小时，写作练习的时间为0.402小时，并且发现学生在课外与中国朋友练习说汉语的时间多于与本国朋友练习的时间。由于她所调查的主要对象是短期项目的美国学习者，并且这几个项目皆鼓励学生遵守语言誓约，为学生安排语言伙伴或在中国人家庭居住，所以与中国人讲汉语的时间多于与本国朋友讲汉语的时间，并且说话的时间多于听力的时间，听说多于读写。

（二）交际意愿研究

交际意愿在对外汉语方面的研究较少，只有章吟（2008）进行了研究。章吟以Gardner的二语/外语学习社会教育模式（1985）与MacIntyre等人的交际意愿模式（1998）为理论框架基础，探讨了美国本科生在北京留学期间的中文交际。研究对象为2006年春季在美国各大学联合汉语中心（Associated Colleges in China）留学的55位美国学生，研究采用问卷调查的方式收集数据，研究变量包括中文情感变量和交际相关变量。研究发现美国学生在留学背景下的中文交际在课内与课外截然不同，学习者在课内的交际意愿更强，自我感知交际能力也更高，他们的交际恐惧在课内远低于课外，另外，学习动机与课内外交际意愿和课内交际恐惧无关联。但该文仍有一定的局限性。正如作者本人指出的那样，“本文的研究对象均来自同一个海外留学项目，在样本选择方面具有局限性……本研究没有把学生的个性特征纳入研究范围……”（章吟，2008：29）。另外，在研究方法方面主要采用了问卷调查，而定性的材料则没有。

国内外语界对我国学生英语使用的交际意愿进行了一定的研究。研究中主要采用两种方法，一是采用反省的方法进行定性的研究，其中以刘圣明（2002）为代表，作者在众多动机理论研究的基础上，结合中国文化的特征，对影响中国学生英语交际意愿的多种因素进行了探讨，但没有相关的数据支持，缺乏一定的信度。二是采用定量与定性研究相结合的方法，这些人有唐蕾等（2006）、陈莹（2007）、巴迪迪等（2007）、彭剑娥（2007a，b），发现融合型动机对英语水平和英语交际信心有直接影响，英语课堂焦虑与英语交际意愿存在统计意义上的显著的负相关关系。但这些研究的研究对象均为外语环境下的学习者，不是目的语学习环境下的学习者，同时没有对学习者课外英语使用的情况进行探讨。

### 三、相关研究总结

一是国外学习有利于二语水平的提高，但并不是所有在目的语国家学习第二语言的学生，他们的目的语水平和能力一定会提高，其中决定因素是二语学习者与目的语人群的语言接触情况。

二是国内外对国外学习语言的二语学习者在目的语使用的研究，要么是自行设计问卷进行调查，调查的信度和效度难以保证，要么是把语言接触与二语水平提高结合起来进行研究，而没有把学生语言接触情况作为重点进行研究，因此对学生在国外学习语言接触情况的研究广度和深度不够。

三是国内外学者从二语水平、居住情况、交际意愿等角度探讨了影响二语学习者在目的语环境下语言资源利用的因素，展示了影响因素的多样性和效果的复杂性。最主要的是，大部分的研究是以西方文化为背景，而某一个文化背景下所研究和测量的结果不能简单地推广应用到其他文化背景中，更何况我国文化与西方文化差别迥异。

## 第四节 本章小结

对在宁留学生课外汉语使用情况及相关因素进行研究，有助于进一步提升对二语学习者在目的语国家语言学习中语言资源利用情况的研究，深化社会教育模式与交际意愿理论；有利于进一步完善对外汉语教学学科的发展，做到“怎样教”、“怎样学”与“怎样用”有机地结合；有利于各级管理者、教师进一步提高留学生汉语语言资源的利用水平，实现在我国留学期间汉语习得最大化。Gardener 的社会教育模式和 MacIntyre 等提出的二语交际意愿启发式模型，展示了社会环境与个体差异对二语交际频率的复杂性影响，为本研究提供了理论基础。国内外的研究表明，二语学习者与目的语国家人群接触情况是影响二语学习者二语水平提高与否的关键因素，但对二语学习者在目的语国家语言资源利用情况研究的广度和深度仍然不够，对影响因素的研究也都是以西方文化为背景，需要进一步探讨影响因素在东方文化大国——中国对留学生课外汉语语言资源利用的实际作用。

# 第二章　留学生课外汉语使用情况

长期以来，人们一般认为在目的语国家学习目的语，学生一方面可以参加正规的课堂学习，一方面又能沉浸在目的语语言环境中，是第二语言学习的最佳学习环境。许多管理者、老师、家长和学生对此也深信不疑，认为只要在目的语国家学习第二语言，第二语言学习者的目的语水平和能力将会大幅度地提高。但国外研究表明（Norton，2000；Kinginger，2004；Whitworth，2006），在目的语国家学习第二语言，目的语国家的社会语言资源对第二语言学习者来讲，并不总是既成的，利用程度受到各种因素的影响。学者们（Coleman，1997；Freed，1995；Allen & Herron，2003；Regan，2003；Segalowitz & Freed，2004）通过对已有文献研究后发现，“二语学习者与当地人的互动交谈情况是关键因素”，也就是说，与二语学习者在目的语国家实际运用当地社会语言资源的程度密切相关。二语学习者实际运用当地的社会语言资源越多，二语水平和能力提高得越多，否则提高得就少或不提高。

在我国，1978 年在华留学生人数为 1 236 人，2005 年来华留学人数为 14 万人，2006 年为 16 万人，2007 年来华留学人数为 19 万人，2008 年来华留学人数突破 22 万人，比 1978 年增加了近 180 倍。在不受到特殊事件的影响下，几乎每四五年来华留学的总人数就翻一番，形象一点来说，几乎每年都增加一个中等规模的高等学校的总人数。那么，他们在我国实际运用汉语语言资源的情况如何？王学松（2001）对来华日本留学生汉语学习情况进行了调查，发现有 61.5% 的学生认为语言环境对自己学习汉语帮助一般或很小，而只有 38.5% 的学生认为帮助很大。随后，王学松指出“吸引留学生来华学习汉语的最大优势——语言环境还没有充分地发挥作用”（王学松，2001：28）。但王学松并未对他们实际使用汉语情况进行调查，只是对留学生的生活情况和学习情况进行了调查。因此，本章将对留学生课外汉语使用情况进行调查分析。

## 第一节　从语言接触量表看留学生课外汉语使用

### 一、调查对象、调查方式及研究方法

（一）调查对象

调查对象为在南京大学海外教育学院、南京师范大学国际文化教育学院和南京中医药大学国际教育学院长期进修学习的留学生。调查对象共 43 人，平均年龄 23 岁，最小的 18 岁，最大的 38 岁，其中男性 19 人，女性 24 人；来自东方国家的 28 人，西方国家的 15 人；来南京前曾去过说汉语的地方有 16 人，没去过的 26 人，缺失值 1 人；除汉语外，还学过其他外语的 14 人，没学过其他外语的 25 人，缺失值 4 人；汉语水平自评差 6 人，好 23 人，很好 4 人，非常好 10 人；高中开始学习汉语 5 人，大学开始学习汉语 38 人；来中国的时间“一至六个月”的 5 人，“六个月至十二个月”的 14 人，“十二个月至二十四个月”的 22 人，超过二十四个月的 2 人；学生文化程度为大学生 36 人，研究生 5 人，博士生 1 人，其他 1 人；上学经费来源奖学金的 22 人，自费 20 人，缺失值 1 人；华裔 4 人，非华裔 38 人，缺失值 1 人；在校内居住 29 人，校外居住 13 人，缺失值 1 人；汉语水平初级 10 人，中级 29 人，高级 3 人，缺失值为 1 人；性格外向 7 人，有点外向 21 人，有点内向 14 人，缺失值 1 人；学生在中国上课每周课时均超过 20 课时。

之所以选择这三所高校的留学生进行研究，一方面是因为这三所高校是在宁接收留学生的主要学校。南京大学是中国最早接收外国留学生的学校之一，至今已接收 70 多个国家和地区的各类留学生一万多人。2003 年，南京师范大学有长期留学生 970 人次，短期留学生 650 人次，在校留学生人数在江苏省外国留学生招收院校中排名第一。南京中医药大学国际教育学院至今已为 90 多个国家和地区培养了 8 000 多名专业人员。另一方面是因为这三所院校分别代表了综合性、师范性和理工科三类院校，使得学生的专业类型和国家类型比较合理，从而更加真实地反映在宁留学生课外汉语使用的情况。

### （二）调查方式

2008年12月，以问卷调查的方式进行，共发放问卷85份，回收有效问卷43份。同时，对南京大学海外教育学院的部分留学生进行了定性研究，定性研究包括学生作文和访谈录音，用来说明和验证问卷调查的结果。作文的设计是为了全面了解和揭示留学生的汉语使用情况，包括《我的汉语学习》、《我的中国朋友》和《我与中国人的交往》。访谈录音是为了揭示留学生汉语交际的经历和感受，主要就学生平时课外使用汉语的情况及原因进行访谈，因为调查问卷不可能完全展示学习者的情感和经历情况。

### （三）研究方法

采用定量研究与定性研究相结合的方法。定量研究用来统计和测量留学生课外语言使用的情况，定性研究用来说明问卷收集的数据。

## 二、语言接触量表

语言接触/语言使用频率（The Language Contact Profile/LCP）量表是一种自报性测量手段，它用来测量学生每周、每天用目的语与本族人讲话的场合和大概时间。

### （一）语言接触量表的发展概况

这一量表用于第二语言习得研究已经10多年了，并且在二语习得目的语环境中得到了广泛使用和认可，但国内对这一量表的介绍和使用仍是空白。我们认为这主要是两方面的原因，一方面这一量表对从事英语等外语教学的教师吸引力不大，因为这一量表主要适用于在目的语环境中语言使用情况的测量；另一方面一些从事对外汉语教学工作的老师虽然有意识研究留学生汉语语言资源的使用情况，也对留学生在我国汉语语言资源使用情况进行了一些调查，但使用国际标准化量表的意识仍不强。

1977年，Seliger首先把该量表命名为“语言接触”，是第一个使用语言接触量表对学生课外语言接触情况进行研究的学者。他在学期末对学生的语言接触情况进行了测量，然后根据测量结果把学生分成两组，一组为高互动者，一组为低互动者。他认为高互动者是积极的英语使用者，低互动者是消极的英语使用者，在这两种之间是一个过渡体。积极的英语使用者课外英语交际频率高，能主动发起交谈，积极利用课内课外语言资源与他人运用目的语进行交际；消极的英语使用者不愿或逃避使用目的语，被动地接受谈话，主要依赖课堂环境练习目的语，课外英语交际频率低。并且发现，高互动者在认知方式上多表现为场独立性，低互动者在认知方式上多表现为场依存性。一年后，Bialystok（1978）对它进行适当地修改以用于自己的研究，随后 Day（1985），Spada（1986）对该量表进行适当修改后用于自己的研究。Day（1985）的主要贡献是对语言接触量表（LCP）进行了改进，使问卷包括了询问学生课外在一些活动中花费的时间，如听收音机和读报等。这是非常重要的，因为在以后对学生课外语言接触情况进行调查时，不仅包括课外语言的使用情况，还包括课外语言使用的种类。Freed（1990，1995）经过修改后，首先把该量表用于测量在国外学生目的语使用情况的研究。Freed（1990）为了测量学生课外法语的使用，他设计了四种方法，一是运用语言接触量表进行测量，二是通过学生双周日记进行测量，三是通过采访进行测量，四是通过课堂内外非正式的观察进行测量。他经过研究发现，只有 LCP 的结果是可信的，其他三种方法测量的结果都有瑕疵，是不可取的。另外值得关注的是，他把学生的课外语言接触情况分为两大类，一大类是互动式语言接触，指与法国人或法国家庭互动交谈的情况等；另一大类是非互动式语言接触，指看法语电视、法语报纸或者杂志等。随后 Yager（1998），Kohro（2001），Paige，Cohen，Kappler，Chi & Lassegard（2002），Dewey（2002）等把该量表用于自己的研究。

由于不断有研究人员向 Freed 他们索要语言接触量表，2004 年，Freed，Dewey & Segalowitz 在《二语习得研究》杂志（*Studies in second language acquisition*）第 26 期正式发表了《语言接触量表》一文，对语言接触量表的发展进行了介绍，同时附有语言接触量表。语言接触量表总体来说包括两个部分，第一部分是对学生刚到目的语国家前的语言接触情况进行测量，第二部分是对学生在离开目的语国家前的语言接触情况进行测量。第一部分中除了包括学生语言接触情况的测量外，还包括学生的背景信息调查，第二部分对学生语言接触情况的测量比第一部分要详细。第一部分主要考察学生在到达目的语国家前语言接触的总体情况，与谁接触和看电视、读报、看小说、听歌、看杂志和看录像等的情况，每种情况有五个等级供选择：从来没有、一年有几次、每月都有、每周都有和每天都有。第二部分对学生语言接触情况的测量更为详细，除了包括以上内容外，还包括目的语使用目的和母语使用情况等，并且在测量等级上也作了调整，每种情况先让学生选择每周多少天，然后选择每天多少个小时，其中每天多少个小时共有 6 个选项，即 0—1、1—2、2—3、3—4、4—5、多于 5 小时。语言接触量表的公开发表，使得该领域的研究更加方便可靠。但遗憾的是，由于学者们研究兴趣的不同，原封不动地使用语言接触量表对学生课外语言接触情况进行调查研究的至今未能看到。

2007 年，美国杨百翰大学（Brigham Young University）的 Cundick 在其硕士论文中，使用语言接触量表对 61 名学习时间为 31 周的学生课外英语使用的情况进行了调查。他使用标准的语言接触量表可谓费尽周折，他第一次使用的是经过改进的 1977 年 Seliger 版的 LCP，除了 Seliger 使用的 LCP 中的一些问题外，还增加了居住问题、室友问题、居住家庭问题、与目的语家庭使用目的语问题、工作问题、朋友问题和其他活动等。问卷调查由各班级老师组织实施，从反馈的情况来看，学生对该问卷调查非常厌烦，因为问卷需要 30 多分钟才能完成，时间太长，因此学生在填写问卷时不认真。在第二次调查时，他吸取第一次调查的经验，根据学生母语的情况把 LCP 翻译成五种主要语言，有西班牙语、韩语、日语、汉语和蒙古语，这样学生在阅读和理解问卷调查时就比较容易，学生填写问卷调查的时间也缩短了，由原来的 30 多分钟完成缩短为 25 分钟。后来在进一步搜索相关文献后才发现 Freed 语言接触量表，然后用语言接触量表第三次对学生的课外语言使用情况进行了调查。由于学生已经参加了两次问卷调查，对再次参加问卷调查比较反感，这次他采用了网上在线调查学生的语言接触情况的方式，并且对语言接触量表进行了简单化处理，省略了一些不重要的测试问题，如与服务员说话的情况、阅读时刻表的情况和用英语写作的情况等。除了采用语言接触量表获得学生课外语言接触情况外，他还采用了学生记日记和日志的形式观察学生的课外语言接触情况。因为学生的日记和日志中反映出来的语言接触情况无法通过量化的形式统一，不便科学计算，所以他在论文中就没有对此情况进行介绍。

### （二）我们采用的量表及计算方法

我们在这里使用的量表是将 Freed，Dewey，Segalowitz & Halter（2004）使用的“后期语言接触版本”（Posttest version of the language contact profile）进行修正后用以测量留学生在课外汉语接触的情况。我们之所以使用该量表，一是因为 Freed 他们是国际上学生课外语言使用调查研究的领军人物，并且他们多次把该量表用于自己的研究；二是使用该量表可以把我们的研究结果与使用量表的其他人的研究结果进行对比；三是该量表已经进行了无数次测量，证明是有效的。我们对量表进行了修正，一是因为原来的量表是用来测量美国学生在西班牙课外语言接触情况的，我们把它修正为测量留学生在中国课外汉语接触情况；二是该量表的前测部分主要用来测量二语学习者在本国的目的语课外语言接触情况，由于我们研究的重点是留学生在我国的课外语言接触情况，所以把这部分内容省略了；三是对第二部分运用汉语交谈对象的2f进行了改动，原来的问卷调查对象是服务人员，因为我们在实际教学和与学生接触中发现，大多留学生有语言伙伴，并且与语言伙伴交流频繁，所以我们把它改为“语言伙伴/老师”。

为了方便留学生完成问卷调查，根据留学生的母语情况和汉语水平，我们提供了汉语、英语和韩语三种版本的调查问卷。为了提高三种版本调查问卷的语言等值性，我们在问卷设计阶段采用了回译法（back translation），先是请一位英语非常好的学生帮助把英语调查问卷翻译成汉语，然后再请一位在中国生活多年的母语为英语的留学生帮助把汉语翻译成英语，然后我们对照其中的差别，把一些容易产生误解的词语用另一个更加贴切的方式表达。韩文版的译稿是请一位在英国生活多年的韩国学生的母亲帮助翻译的，在她的帮助下把英文版翻译成韩文版，然后我们又请了一位韩语非常好的英国学生帮助翻译成英语，并根据他的意见进行了修正。

现在我们实际采用的量表主要包括两个部分：一般信息和语言接触情况。一般信息包括个人基本信息、课程学习情况和居住情况。语言接触情况包括在课外与中国人交谈使用汉语的情况，与老师、朋友、同学、陌生人、中国家庭、语言伙伴等使用汉语的情况，每天看汉语的电视、报纸、小说、杂志、电影、录像或听歌曲等的情况，汉语使用目的、母语使用情况等，共八大项三十八个子项。总体来讲，该问卷主要考察留学生在什么情况下为了什么目的，采用什么方式对什么人说什么话并且花费了多少时间。

语言接触情况的调查按照说、读、听、写的顺序进行调查。在问卷调查前叙述了总体的调查要求，即“在以下交际场景中，请您根据自己的实际情况，选择合适的数字回答：（i）通常，您一周内有多少天在此场景中用汉语进行交流，（ii）通常，您一天有多少小时在此场景中用汉语进行交流，请在合适的数字上画圈。通常，每周多少天？0、1、2、3、4、5、6、7；每天是多少小时？0—1、1—2、2—3、3—4、4—5、超过5小时”。例如表2－1：

**表 2-1**

| | | | | | | | | | | | | | | | | |
|---|---|---|---|---|---|---|---|---|---|---|---|---|---|---|---|---|
| 2 | | 本学期在课外，我和________用汉语进行交流 | | | | | | | | | | | | | | |
| | 2a | 我的老师 | 0 | 1 | 2 | 3 | 4 | 5 | 6 | 7 | 0—1 | 1—2 | 2—3 | 3—4 | 4—5 | 超过<br>5 小时 |

对于说的调查内容最多，包括 5 个部分 19 个具体问题，第一部分要求留学生写出“本学期在课外，您有多少时间和说汉语的中国人交流”。第二部分包括 7 个具体问题，要求留学生分别写出与交谈对象“我的老师、说流利汉语的朋友、同学、我认为能说汉语的陌生人、和我居住的中国家庭，我的中国室友，或宿舍里其他说汉语的室友、语言伙伴/老师、其他”等的交谈时间。第三部分调查留学生的使用目的，包括四个具体问题：为完成课堂作业；问路或获取信息（例如：“邮局在哪?”；“火车何时到达?”；“邮票多少钱一张?”等）；和居住的家庭、中国室友或熟人进行简单交谈或交流（例如：打招呼；“请把盐递给我”；“我要走了”；在饭店点菜等）；和居住的家庭、中国室友或熟人，说流利汉语的人进行广泛交谈。第四部分对留学生课内与课外的互动情况进行了调查，包括两个具体问题，一是“您是否经常特意用课堂所学的汉语（包括语法、词汇和短语）在课外和说流利汉语的人进行交谈?”，二是“您是否经常把课外学到的汉语（包括语法、词汇和短语）带到课堂上进行提问和讨论?”。第五部分是对留学生与不同人讲什么语言进行调查，包括五个具体问题，“和其他国家的学生说他们的语言、和中国人说汉语、和中国人说英语、和非中国人说汉语、和非中国人说英语”。从第六部分开始，是对留学生每周的课外阅读、听力和写作情况进行调查。阅读的调查包括六个具体问题，分别是用于汉语阅读的时间，课外阅读汉语报纸，课外阅读汉语小说，课外阅读汉语杂志，课外阅读汉语时刻表、通知和菜单等，课外阅读汉语电子邮件或网页等六个具体问题。听的调查包括五个具体问题，分别是用于汉语听力的时间、课外看汉语电视听汉语广播、看汉语电影或碟片、听汉语歌曲和听其他人用汉语对话五个问题。写的调查包括五个具体问题，一是写的总时间调查，二是包括写汉语作业、写私人汉语信件、写汉语电子邮件和汉语问卷调查四个问题。第七部分是对留学生用汉语交谈的总时间进行调查，最后一部分是对留学生母语使用情况进行调查，包括四个具体问题。

每个问题的具体计算方法是每周的天数乘以每天的小时数，然后除以 7，表示每周每天所用的时间数。每周的天数乘以每天的小时数时，由于每天的小时数是以约数形式表示的，即0—1、1—2、2—3、3—4、4—5、多于5小时，每一范围分别取最大值1、2、3、4、5、多于5取6。例如，第一部分问留学生在课外有多少时间和说汉语的中国人交流，如果留学生选择每周7天，每天1—2小时，那么留学生平均每周每天花费的时间计算公式是“（7×2）÷7”，即留学生每周每天在课外和说汉语的中国人交流的时间为2小时。如果留学生在此项中选择每周4天，每天多于5小时，那么留学生平均每周每天花费的时间计算公式是“4×6÷7”，即留学生平均每周每天在课外和说汉语的中国人交流的时间为3.43小时。

## 三、调查结果

### （一）使用汉语交谈对象

留学生每天与中国人交流的时间是1.51小时，与老师、中国朋友、同学、陌生人、说汉语的室友和语言伙伴的时间分别是0.99小时、1.14小时、1.52小时、0.48小时、0.66小时、0.75小时。其中与同学花费的时间最多，与陌生人花费的时间最少。但留学生之间差异性较大，尤其是与中国人的交流，标准差为1.2，全距为4.15，最小值为0.14，最大值为4.29。

### （二）汉语使用目的

留学生为了完成课堂作业、问路或获取信息，和居住的家庭、中国室友或熟人进行简单交谈或交流以及和他们进行深入交谈，每天的时间分别为0.99小时、0.75小时、0.9小时、0.69小时，其中完成作业花费的时间最多，深入交谈的时间最少。

### （三）课内课外互动

留学生用课堂所学的汉语（包括语法、词汇和短语）在课外与中国人进行交谈的时间每天为1.11小时，留学生把课外学到的汉语带到课堂上进行提问和讨论的时间每天为1.06小时。

### （四）语言运用情况

留学生在中国一般与不同的人说什么语言呢？一般来讲，留学生与同胞说母语，平均每天 2. 52 小时，和中国人说英语的时间最少，平均每天 0. 67 小时，其他和中国人说汉语、和非中国人说汉语、和非中国人说英语分别为 1. 63 小时、1. 72 小时和 1. 73 小时。和非中国人说英语主要存在于英语国家学生之间，和非中国人说汉语，即同学之间说汉语，主要存在于英语国家学生和非英语国家学生之间，以及非英语国家学生之间。

### （五）使用汉语活动情况

使用汉语活动情况包括运用汉语阅读、听力和写作的情况，留学生课外用于汉语听力的时间最多，平均每天 2. 45 小时，用于汉语写作的时间最少，平均每天 1. 14 小时，用于汉语阅读的时间平均每天 1. 6 小时。

具体来讲，阅读方面，用于阅读汉语时刻表、通知和菜单等的最多，最少的是阅读小说。汉语阅读情况按照花费时间多少依次为：阅读通知（1. 3）>阅读电子邮件（0. 44）>阅读报纸（0. 26）>阅读杂志（0. 18）>阅读小说（0. 14）。听力方面，用于看电视和听他人说汉语最多，用于看电影最少。留学生课外用于汉语听力按照花费时间多少依次为：听他人说汉语（1. 78）>看电视（1. 76）>听歌曲（1. 54）>看电影（0. 88）。写作方面，用于汉语作业的时间最多，用于问卷调查的时间最少。留学生课外用于汉语写作按照花费时间多少依次为：汉语作业（2. 22）>私人信件（0. 5）>写电子邮件（0. 24）>问卷调查（0. 2）。

### （六）母语运用情况

留学生用母语看报最多，平均每天 2. 32 小时，用母语写私人信件最少，平均每天 1. 57 小时，母语上网和用母语写电子邮件的时间分别为 2. 27 小时和 2 小时。

## 四、分析与讨论

### （一）使用汉语交谈对象

在课外，留学生的交谈对象非常广泛，有老师、中国朋友、同学、说汉语的陌生人、中国家庭、中国室友和语言伙伴等，也有在表中未反映出来的商店服务员、餐厅服务员、出租汽车司机和邻居等。有点出乎意料的是，留学生在课外与老师、说流利汉语的朋友交谈的时间比同学少，这可能与中国老师大多具有“师道威严”，习惯于以教师为中心的课堂教学方式和与留学生年龄相差较大，从而使留学生较难接近有关。而同学之间，年龄相差不大，又大多朝夕相处，在同一间教室学习，在同一栋宿舍楼居住，在同一个食堂用餐，再加上大多数学校采用的是混合编班，“联合国制”，不同国家的留学生根据汉语水平程度的相似情况被编在同一个班级学习，从某种程度上说，汉语是他们相互交流的“共同语”，尤其是在非英语国家留学生之间，或者英语国家留学生与非英语国家留学生之间。如留学生被问到在课外与谁说汉语最多时，有的留学生回答：“跟我们的朋友，我们的不会说英语的朋友们。”“我有几位很喜欢的韩国朋友，都是同学。为什么这么喜欢他们呢？因为他们都不会说英语！我们去吃饭，出去玩儿的时候，无可奈何用汉语。”（为了保持材料的真实性，书中凡引用留学生的话或作文的内容均没做任何改动。）另外一个原因是不理解课文或练习，需要同学帮助解决，这就自然增加了与同学说汉语的时间。这一情况在我们的研究中没有反映，而在Ball（2000）的研究中得到了反映。Ball研究发现，因为外语教学要求太高，学生有时需要依靠和自己一样说英语的同学帮助才能理解教学内容。

与中国室友和说汉语的陌生人说汉语比较少，主要原因是留学生大多居住在一起，而不是与中国学生居住在一起，另外一方面，留学生由于性格等原因不愿主动与说汉语的陌生人交往。如有的留学生讲道：“很多不同的事情影响我的汉语水平。一个方面是我住的地方。我住在一个外国学生的宿舍，所以不常跟中国人打交道。另外一个方面是我的性格，我在路上很内向，因此不太要跟不认识的人说话。”“因为我的性格比较内向，因此我在不认识的人面前不爱说话。”“陌生的人，不经常说，迷路的时候常常说，这个怎么走，那个怎么走。”

由于与中国朋友和语言伙伴交流是留学生提高汉语的重要渠道之一，对留学生汉语水平的发展起着重要影响作用，对此我们在下文中进行专节分析。

（二）汉语使用目的

留学生课外使用汉语的目的主要是完成课堂作业和简单交流。留学生在课外花大量时间完成课堂作业，主要原因是我们的教材课后练习非常丰富，教师也非常重视通过练习强化留学生对所学知识的掌握和巩固，同时说明留学生大多比较认真，能积极完成作业。由于留学生汉语水平有限，在用汉语交谈时，大多限于简单交流，无法进行深入广泛地交流，正如一位留学生所讲：“和中国人交往还有很多问题，我觉得，我学了汉语一年半，但是还有很多问题。跟中国人简单交流还可以，如果有很难的问题，如果有国家、经济、历史这样的时候（不行）。”这样，就会出现留学生想表达自己的思想但不知怎么说，使得他们心里憋得慌，这就为同胞之间使用母语、英语国家留学生之间使用英语提供了便利。一位德国留学生这样描述自己：“有的时候我觉得我的中文水平太差，因为我不会表达自己的想法，所以有的时候我自己觉得可能无聊，我不会说我真喜欢的句子，比较难，没有跟我们德国的朋友那么好的关系。”与中国人交谈虽然比较困难，但优秀的汉语学习者大多具有乐观和自信的品质，一位英国留学生这样讲道：“我跟我的邻居也用汉语。有的时候，她们的口音很大，所以我听不清楚他们说的话。但是，我非常喜欢跟她们聊天，因为这个情况增加我的自信：我跟中国人聊天了！她们听得懂我说的话，我也听得懂她们说的话！这样的情况让我很开心。”

（三）课内课外互动

留学生用课堂所学的汉语在课外和说流利汉语的人进行交谈与把课外学到的汉语带到课堂上进行提问和讨论基本相等，留学生用课堂所学的汉语在课外和说流利汉语的人进行交谈的时间为每天 1.11 小时，把课外学到的汉语带到课堂上进行提问和讨论的时间为每天 1.06 小时。但据笔者观察，留学生用课堂所学的汉语在课外和说流利汉语的人进行交谈远远多于把课外学到的汉语带到课堂上进行提问和讨论的情况，很少发现留学生把课外学到的汉语带到课堂上进行提问和讨论，即使有也大多是与 HSK 考试相关的内容。相反，留学生特意用课堂所学的汉语进行交谈比较普遍，比如一些留学生讲道：“课外我每天都有许多机会跟某些中国人闲谈。在我们学校附近有很多地方我经常去，比如学校对面的一个咖啡馆、我宿舍对面的小商店、附近的一个报摊等。由于我日常跟这些商店的职员接触，我很习惯了跟他们说话。跟他们聊天不需要特别的内容。按照我的印象，这可以算一个比较好使用刚刚学会的生词的机会。这样一来，我也可以发现汉语水平自从来到中国提高得很快。”“除了教室以外，除了跟老师以外，在别的地方，跟别的中国人说汉语的时候，我常常试一试我们课文里的句子。我说课文里的句子的时候，我发现中国人听得懂我要说的是什么，我的意思是什么。这样的事儿我觉得真有意思，真神奇啊！好像我是一般的中国老百姓。还有这样复习课文的说法以后记得很长时间，比较清楚。”“跟他们说话的时候，我可以用我刚学过的词，看我用的对不对。如果不对，他们可以教我怎么用是对的。”“在跟中国朋友聊天的时候，我就尽量用自己刚刚学会的新词。”

（四）语言运用情况

同胞之间用母语交流，这是最方便最轻松的。和非中国人说英语主要存在于英语国家学生之间，根据笔者观察，可以扩大为西方国家学生之间，包括德国、法国、意大利、俄罗斯等国家。和中国人说英语是一件比较困难的事情，因为大部分中国人不会讲英语，即使是中国的大学生，能用英语会话的也比较少，因此和中国人说英语所花时间最少也是情理之中的事情了。和非中国人说汉语，即同学之间说汉语，主要存在于英语国家学生和非英语国家学生之间，以及非英语国家学生之间，对此上文已有交待。

大多数留学生认为，同学之间互相使用汉语，这样做在一定程度上能提高自己的汉语水平。正如一位英国留学生在被问到“和你的同学在一起说汉语，汉语水平能提高吗?”，她答道：“对，我觉得我的汉语水平能提高，如果他们不会说英语，我们应该说汉语，所以我们应该找到我们应该用什么字。”Magnan，S. S. & Back，M.（2007）研究在法国学习法语的美国学生也发现，学生认为与同胞之间说目的语，有利于目的语水平的提高。他们讲到一个学生这样描述：“我更多与同胞一起，我们一起讲法语，这样对我学习法语是有帮助的，我可以学习更多的法语，并能相互之间进行反馈。”（Magnan，S. S. & Back，M. 2007：51）。在分析为什么学生喜欢与同胞说目的语时，Magnan，S. S. & Back，M. 认为，同学之间互相说目的语比较舒服，没有什么焦虑，而与不认识的目的语人群讲话，焦虑比较大。那么同学之间互相说目的语真的能提高他们的语言水平吗?研究表明，同学之间说目的语与目的语水平提高负相关，即同学之间说目的语越多，目的语提高越慢。如Magnan，S. S. & Back，M. 研究发现，美国学生之间讲法语越多的学生，法语水平提高得越少。对此，我们应告诫留学生，多与中国人说汉语，少与同学说汉语。

（五）使用汉语活动情况

总体来看，有以下几个特点或几个方面需要说明。

1. 听多于读，读多于写

即留学生在课外用于听汉语的时间比读的时间多，用于读的时间比写的时间多。原因主要有两个方面，一方面与留学生对各项技能的重视程度有关。一般来说，留学生重视听的情况多于读的情况，重视读的情况多于写的情况。这一发现与高彦德的发现相同。高彦德（1993）研究学习汉语的留学生对于各项言语技能侧重情况发现，也是听（56.7%）多于读（26.4%），读（26.4%）多于写（18.7%）。另一方面与各项技能的难易程度有关。一般说来，写比读难，读又比听难。在写的时候，既涉及汉字，又涉及汉语的语法、词汇、句子以及汉语的篇章结构和汉语的思维表达方式等，是一个再创造的过程；而读相对较容易，只需要认识汉字和知道词汇的意思即可，同时又有上下文可以帮助理解；而听相对最容易，在听的时候，大部分是口语词汇，句式较短，又有一定的语言环境和手势语、面部语言等副语言帮助理解。

2. 音像材料多于纸质材料

这一调查结果与王学松的相同。王学松（2001）在调查来华日本留学生汉语学习情况时，发现日本留学生对"中国电影"、"介绍中国的录像、电视"的兴趣远远高于对"中文报纸"的兴趣。在访谈中，我们也发现留学生课外看中国电视和电影，但大多不看中国报纸和杂志等。如一位留学生这样讲道："有的时候看报纸，但很少看，有的时候觉得看报纸太难，大部分看不懂，我认识那个字，可是不知道它的用法。"

对于看电视，有的人持赞成态度，有的人持反对态度。如 River（1998）反对学生把时间花在看电视上，认为这样会减少学生与目的语人群的交谈。我们认为，虽然说看电视会减少学生与目的语人群互动的时间，但电视形象生动，故事情节吸引人，容易激起学生的兴趣，有利于学生对目的语文化的理解和语言水平的提高。有的留学生讲道："有的时候看中国电视，主要是连续剧，宿舍有电视，中文节目，可以练习听力，也可以了解中国的文化。""第三是听力不太好。针对自己听力不太好的情况，我采取了这样的措施，多听录音，多看电视，多跟中国人聊天儿。每次看电视遇到不懂的词我就马上记下来，然后查词典弄懂它的意思。"

3. 与留学生生活、学习紧密相关的活动多于非紧密相关的活动

留学生生活在中国，置身于汉语的语言环境中，所以用于汉语听力和课外听其他人用汉语对话的时间最多。阅读汉语时刻表、通知、菜单等，虽然是纸质材料，但所花时间多于音像材料，主要是该项与留学生生活密切相关，留学生需要出行，需要知道与自己相关的学校学院的活动，需要吃饭等，那么这方面所花的时间自然就多了。而阅读报纸、小说和杂志，与留学生生活、学习不太相关，在

中国，即使留学生不读报纸、小说和杂志也能正常生活学习，这也可能是留学生在这方面所花时间较少的原因。

4. 关于课外作业

留学生用于课外作业的时间较多，这与留学生课外使用汉语的目的是相符合的，与王学松（2001）调查的结果也一致。王学松调查发现，来华日本留学生中“希望留作业”和希望“留作业但别太多”的学生占77%，认为原因是“来华留学生学习主动性更强一些，思考方式和行为方式也较为理智成熟一些”（王学松，2001：30），对此我们也有同感。

5. 关于汉语阅读

为什么留学生课外用于汉语阅读的时间较多呢？我们分析主要原因是，在中国，高级班、中级班和初级班一般开设的课程是汉语阅读和汉语听力，除此之外是报刊阅读，读报的时间安排一般是每周一次 2 课时，而汉语阅读课程的时间比较多，和汉语听力课程的时间差不多，占总学时的一半，有的还更多，并且阅读的内容又比较多，词汇和语法又较集中，所以留学生课外用于汉语阅读的时间较多。

6. 关于汉语写作

高彦德（1993），王学松（2001）和郝红艳、张念（2005）的调查都发现，留学生不喜欢汉语写作，而在我们的调查中发现，留学生课外用于汉语写作的时间较多，原因可能是两个方面，一方面是喜欢不喜欢可能不能代表留学生的实际行动，另一方面是与老师的要求有关，许多中国老师在强调留学生积极运用汉语进行口头交际训练的同时，鼓励留学生通过汉语写作提高书面交际的能力，尤其是结合学习和生活进行写作训练，同时把留学生的作文作为发现并改正留学生错误的主要途径和手段，对留学生作文中反映的问题进行讲解，从而激发了留学生汉语写作的热情。

（六）母语与汉语对比情况

为了对学生母语与汉语使用情况进行对比，后来我们对同批学生进行了专门的再调查，调查得知，为了对学生母语与汉语使用情况进行对比，后来我们对同批学生进行了专门的再调查，调查得知，留学生每天使用母语的时间平均为 2. 02 小时，用于汉语的时间为 1. 81 小时，也就是说，留学生每天运用母语的时间比使用汉语的时间稍多，因此我们可以说，母语虽然是留学生的主要媒介语言，但汉语的使用得到了留学生的重视，吸引留学生来华学习汉语的最大优势——语言环境基本上发挥了作用。这一方面说明留学生非常重视汉语环境的运用，一位美国留学生这样描述：“跟本地人交谈那么严重的原因也是多方面的，因为这个办法会让留学生提高听力水平，说话水平，还有改善不熟悉文化的理解。”为此，大多数留学生能较好地利用在中国的有利时机锻炼提高汉语水平，如有的留学生写道：“来到了中国，在这里我几乎利用每个机会跟中国人聊天儿：跟陌生人在路上，在超市里，在商店里，在饭馆里，在公园，在公共汽车上……”“在南京每天我都有非常多机会用汉语。因为我知道我是学生，我觉得无所谓我说错了，所以跟我的同学和老师，以及中国人，我用普通话。我喜欢中国人改正我的说话，因为这是最好的方法说标准汉语。我吃饭的时候，出去玩儿的时候，等等，我最喜欢用汉语。我努力利用每个机会讲汉语。”“我现在跟朋友、邻居、坐在外面的人，其他同学说汉语，在家里、餐厅、超市、酒吧等也说汉语。如果我说错，现在我也再觉得不好意思，只让别人帮我纠正以提高汉语水平。”另一方面说明在中国，运用汉语成为留学生生活的必需品，正如一位留学生所讲：“在中国说汉语，就是你的命。我常常用汉语交流，比如说我去餐厅的时候点菜，或者去商店买东西，或者坐出租汽车到一个比较远的地方，得用汉语，没有别的办法。”

在中国留学，留学生的主要目的是学习汉语，按说应当多说汉语，少说母语，但是我们看到留学生使用母语的时间仍多于汉语，那么他们为什么频繁地使用母语呢？从表 2 - 2 可以看出，选择文化认同的有 2 人，占 4. 8%；选择社交需要的 10 人，占 24. 1%；选择发泄情绪的有 4 人，占 9. 6%；选择无法用汉语准确地表情达意的有 24 人，占 55. 4%。由此我们可以看出，社交需要和留学生汉语水平较低，无法运用汉语准确表情达意是留学生在中国留学期间经常使用母语的主要原因。对此，我们应当理解，因为人是社会的人，人需要交往，需要互相交流思想，否则就会严重影响人的身体和心理的健康成长。只要留学生能够认识到说汉语的重要性，合理地分配汉语和母语使用的时间就行，至于多少为合理，还需要进一步研究。牧之筠（2008）对“美国联合大学项目（ACC）”，“杜克大学在华项目（Duke Study in China）”以及“普林斯顿在北京（PIB：Princeton in Beijing）”三个项目“语言誓约”执行情况进行了调查，发现只有 5. 17% 的留学生声称从来没有违反过语言誓约，在中国留学期间只讲中文，而 72. 99% 的留学生承认偶尔违反，18. 39% 的留学生承认经常违反，4. 6% 的留学生承认总是违反。然后对留学生使用母语的原因进行了分析，最后指出，让留学生在项目实行期间“只讲中文”是不可能的，也是不切实际的。

表 2-2 学生母语使用原因

| | | 频数 | 百分比 | 有效百分比 | 累积百分比 |
|---|---|---|---|---|---|
| 有效值 | 文化认同 | 2 | 4.8 | 5.1 | 5.1 |
| | 社交需要 | 10 | 24.1 | 25.6 | 30.7 |
| | 发泄情绪 | 4 | 9.6 | 10.3 | 41.0 |
| | 表达不尽 | 24 | 55.4 | 59.0 | 100.0 |
| | 总计 | 40 | 93.9 | 100.0 | |
| 缺失值 | | 3 | 6.2 | | |

## 五、与国外语言接触研究的比较

（一）Kaplan（1989）的研究

Kaplan（1989）自行设计一套调查问卷对在法国留学的学生课外语言接触情况进行了研究，调查对象为参加六周暑期短期项目班的 39 名学生。虽然 Kaplan 没有采用标准的语言接触量表，没有对学生的语言接触情况进行概括性描述，但我们从其图中仍然可以看出学生课外语言接触的大致情况，那就是与学生紧密相关的活动参加的多，而非紧密相关的较少，如阅读手册、通知和看菜单等比较多，而看杂志、报纸等较少，这一调查结果与我们调查的结果相同，即与学生生活学习紧密相关的活动多于非紧密相关的活动。

（二）Mendelson（2004）的研究

Mendelson 在 2004 年写作了他的博士论文《在国外环境下课外语言接触与口语能力关系的他评与自评》。虽然该文的研究重点是课外语言接触与口语能力提高之间的关系，但他对学生的课外语言接触情况作了比较详细的叙述，并且由于学生的课外语言接触是通过语言接触量表来获得的，所以可以说这是我们目前为止所获得的比较详细的国外关于语言接触情况的研究。在其论文中，他对参加在西班牙 Salamanca、Granada 和 Oviedo 三个地方项目学习的美国学生课外西班牙语接触情况进行了调查。由于在 Salamanca 项目学习的学生学习时间仅为一个月，与我们调查的对象大多在中国生活半年以上相差较大，在 Oviedo 项目学习的学生只有 5 个人，这 5 个人是原来参加上面两个项目学习的学生，并且 Mendelson 只是通过访谈形式对这 5 个人的后续学习情况进行调查，所以我们对这两个项目的调查情况不作介绍。

参加西班牙 Granada 项目学习的学生有 14 人，学习时间从 2002 年 8 月 25 日至 12 月 7 日。其中男女各 7 人。他们一般每天 4 节课，所有学生均由项目组安排居住在当地人家庭里。除 1 人没在高中学习过西班牙语，其他人都从高中开始学习西班牙语，一半以上学生在高中学习西班牙语的时间超过两年。虽然 14 人全部参加了课题研究，但只有 10 人参加了语言接触调查。Mendelson 研究发现，学生课外西班牙语接触对象按照花费时间多少依次为：居住家庭 > 老师 > 同学 > 朋友 > 陌生人 > 服务人员 > 其他，使用目的按照花费时间多少依次为：广泛交谈 > 简单交谈 > 获取信息 > 完成作业，课内与课外互动情况是把课堂内所学西班牙语带入课外运用较多，阅读情况按照花费时间多少依次为：阅读通知 > 西班牙语阅读 > 阅读报纸 > 阅读杂志 > 阅读电子邮件 > 阅读小说，听力情况按照花费时间多少依次为：西班牙语听力 > 看电视 > 听歌曲 > 听他人说西班牙语 > 看电影，写作情况按照花费时间多少依次为：西班牙语作业 > 西班牙语写作 > 写电子邮件 > 私人信件 > 问卷调查，听读写按照花费时间多少依次为：听 > 读 > 写。与我们的最大区别之一是在使用目的上，Mendelson 的研究对象使用目的最多的是广泛交谈，而我们的研究对象使用目的最多的是简单交谈。差别的主要原因是 Mendelson 的研究对象西班牙语水平较高，大多从高中开始学习西班牙语，而我们的研究对象汉语水平较低，大多从大学开始学习汉语。Mendelson（2004）的研究结果与我们的另一最大区别是在交谈对象上，Mendelson 研究发现，学生交谈对象最多的是室友，而我们的研究对象的交谈对象最多的是同学，差别的主要原因是 Mendelson 的研究对象都安排居住在当地人家庭，而我们的研究对象大多居住在学生宿舍。

### （三）Cundick 的研究

Cundick（2007）在其硕士论文《课外英语使用与英语成绩之间的关系》（*The relationship between reported out-of-class English use and proficiency gains in English*）一文中部分涉及了二语学习者的课外语言接触。他的研究对象共 61 名学生，学生在美国学习的时间为 31 周，这些学生分别来自西班牙（25 人）、韩国（15 人）、日本（4 人）、中国大陆（3 人）、中国台湾（3 人）、蒙古（3 人）、葡萄牙（3 人）以及俄国、意大利、法国等其他国家的 5 人。Cundick 为了研究的方便，根据学生课外语言接触的情况把学生分成两组，一组为高使用者，一组为低使用者，凡是高于平均数每周每天 43.81 小时的为高使用者，低于平均数的为低使用者。就像 Cundick 所讲，非常明显，一天只有 24 小时，学生不可能也无法做到一天 43.81 小时使用英语。我们猜测之所以出现这种情况，一是因为 Cundick 多次对同一对象的学生进行问卷调查，使得学生比较反感，二是因为他采用网上在线调查，学生填写的随意性有可能增加。尽管如此，正如 Cundick 所讲，该调查的数据仍从整体上反映了学生课外语言接触的情况。我们从 Cundick 所绘制的两组学生每周每天听说读写对照图发现，学生在课外英语四项技能使用的情况是说 > 听 > 读 > 写。他的研究结果与我们研究的结果既有相同之处，也有不同之处。相同之处是听说多于读写，读多于写，不同之处是他的结果是说多于听，而我们的研究结果是听多于说。我们猜测差别的主要原因是学生语言水平不同，我们的研究对象大多是从大学开始学习汉语，汉语水平还比较低，开口说话的能力还比较低，而 Cundick 的研究对象大多已参加 TOEFL 考试，成绩水平等级大多为 3—5，并且一些学生准备参加 GRE 等考试，说明学生的英语水平已很高，这样为学生在课外说英语提供了可能。

（四）Magnan，S. S. & Back，M. （2007）的研究

Magnan，S. S. & Back，M. （2007）研究在法国学习法语的美国学生时发现，学生课外语言接触情况比较丰富。他们指出，“这些学生除了与美国同学一起讲法语外，他们还提到与法国人、与语言伙伴和居住家庭的人讲法语，讲话地点有家、咖啡馆、酒吧、商店等，还有在参加运动时和在给法国人上英语课时等。一些学生提到了看电影或看电视，一位从中中级水平提高到中高级水平的学生提到了看报纸和小说。（这位学生指出：‘我尽量花时间与法国人在一起，说法语，读报纸。我已阅读了两本小说或三篇小说，它们非常难。’）一些学生提到了听法国人讲话”（Magnan，S. S. & Back，M. 2007：51）。

我们研究也发现，留学生在我国课外语言接触情况比较丰富。如一位德国留学生讲道：“来到了中国，在这里我几乎利用每个机会跟中国人聊天儿：跟陌生人在路上，在超市里，在商店里，在饭馆里，在公园，在公共汽车上……”一位加拿大留学生讲道：“我常常用汉语交流，比如说我去餐厅的时候点菜，或者去商店买东西，或者坐出租汽车到一个比较远的地方，得用汉语，没有别的办法。”从这里可以看出，留学生到国外学习目的语，利用目的语进行交际的地点、对象、时间和方式非常丰富。

对留学生来说，比较困难的是读报纸和看小说。Magnan，S. S. & Back，M.（2007）的研究对象在到达法国前，他们学习法语的时间从四个学期到六个学期不等，但24人中只有一个提到了看报纸或小说，说明看报纸或小说对二语学习者来讲仍然是非常困难的。在我们的研究中也发现，留学生很少提到看报纸或小说，这与看报纸或小说对他们来讲比较困难有关。正如一位英国留学生对读报这样描述："有的时候看报纸，但很少看，有的时候觉得看报纸太难，大部分看不懂，我认识那个字，可是不知道它的用法。"那么如何看待阅读小说和看报纸呢？Magnan，S. S. & Back，M. 认为，学生觉得阅读法语文章比较困难，这说明他们阅读法语文章不会促进语言水平的提高，因为他们的语言水平还低，不能从文章输入中获益。从这里我们想到了一个问题，即现在我们许多学校对留学生开设的课程中有报刊阅读课，那么报刊阅读课如何定位，如何选择合适的文章，采取什么教学方法，以及报刊阅读课要达到怎样的教学效果等需要我们认真思考。

在讲到文章的意义时，Magnan，S. S. & Back，M. 讲道，毋庸置疑，语言接触是语言水平提高的关键。Magnan，S. S. & Back，M. 从研究的结果建议，学生在到达目的语国家后，不要与本国的同学互相说目的语，不要与本国的同学交往过多。一位提高了两个等级的留学生对在国外留学的学生建议，"我认为你们应该和美国同学分开，因为当这些美国学生在一起时凝聚力会非常大，而法国人喜欢与少数朋友在一起活动，如3个或4个，当美国学生在一起时往往人比较多，12人或15人，他们之间显得比较亲密，这样和法国人进行互动就比较困难"（Magnan，S. S. & Back，M. 2007：57）。我们发现，来中国的留学生往往也是同一国家学生一起活动较多，应当规劝他们少在一起活动，因为中国人在主动与外国人或留学生谈话时，一般对方是一个人或不多于三个人，如果留学生在一起的人比较多，中国人一般就不主动与他们谈话。

Magnan，S. S. & Back，M. 在文章的末尾建议，项目负责人和组织者应当帮助二语学习者提高交际策略和文化适应策略，应该通过日记、在线支持或举办一些活动等鼓励学生与本族人或较流利的二语讲话人互动。对此，我们认为，作为项目管理人和教师也应当积极采取上述措施，从而提高留学生课外与中国人互动的频率。

### （五）Taguchi（2008）的研究

Taguchi（2008）研究了在美国学习英语的日本学生，利用修改的LCP分别在第 8 周和第 19 周对学生在美国留学期间使用英语的情况进行了调查，两次调查结果显示学生使用英语的情况是：听 > 说 > 写 > 读。这一研究结果与我们的研究结果既有相同之处，也有不同之处。相同之处是听多于说，听说多于读写，不同之处是我们的研究结果是读多于写。对于不同之处的原因在上文我们已经交代，下面我们主要就相同之处进行说明。听多于说，这是因为留学生在目的语国家，处于目的语的包围之中，而说需要留学生的主动参与，而且属于输出，需要一定的目的语知识和交际能力，而听属于输入，是被动的，因此，听多于说是可以理解的。听说多于读写，这与听说读写的技能要求和难度大小以及交际复杂程度相关。一般来讲，读写难度大于听说，而且听说属于口头交际，读写属于书面交际，听说只要听得懂、说得出即可，并且有即时语境帮助理解和表达；读写要求认识字词并且能写得出，还要对相关文化背景了解。Taguchi 还指出，学生英语使用有两个明显的特点，一是不同学生之间使用英语情况变化很大，在听说读写四个方面花费时间的标准差很大。就阅读来讲，标准差大于平均值，在第 8 周测试时，学生阅读平均每周花费的时间从 1 小时到 46 小时不等，在第 19 周测试时，平均每周花费的时间从 0 小时到 66 小时不等。这一情况与我们的研究也相同。我们发现，不同留学生课外使用汉语进行交际差异较大。另一个值得注意的特点是，留学生课外英语花费的时间随着留学时间的变化发生变化。第一次测试时学生报告所花费的时间比第二次测试要多，也就是说，随着学生在美国时间越来越长，他们课外英语花费的时间越来越少。例如，学生口语表达花费的时间，第一次测试是每周 21. 80 小时，而第二次结果是每周 14. 43 小时；学生听力花费的时间，第一次测试是每周 32. 76 小时，而第二次结果是每周 24. 76 小时。另外，我们发现，Taguchi 对语言接触量表进行了简化，围绕听说读写四项技能，对一些项目进行了合并或删除，使原来比较复杂的语言接触量表更易于实施，更能真实地反映留学生的语言接触情况。运用该量表，学生可以在 10 分钟内完成，而未修改的语言接触量表，学生平均需要 20 分钟才能完成。但 Taguchi 的文章并不是专门研究学生语言接触情况，而是通过留学生的语言接触和认知研究留学生在国外语用能力发展的情况，因此，该文并没有对留学生语言接触的详细情况进行描写。

### （六）Lee, C.（2005）的研究

Lee, C.（2005）利用修改后的语言接触量表对韩国大学生的英语语言接触情况进行了调查。他发现，大多数学生不进行英语口语表达和写作，学生阅读英

语文章或进行英语写作大多局限于课程材料或课程要求，但是学生看英文电影电视、听英文歌曲和读英文报纸较多。总的来讲，英文接触很少。虽然 Lee 的研究对象是在韩国学习英语的韩国大学生，也就是说是英语作为外语的环境，但他的研究是我们迄今为止发现的第一个运用语言接触量表把学生的语言接触情况作为主要研究对象的文章，并且他修改后的语言接触量表也对我们启发很大。

## 第二节　从留学生日记看留学生课外汉语使用

### 一、调查对象

调查对象为南京大学海外教育学院 2009 年上半年中级 A2 班的留学生，共 19 人，实际参加 15 人。在开学初，南京大学海外教育学院根据他们的笔试、口试成绩和报名情况进行分班，开学前两周为试听期，然后留学生根据自身情况和听课感觉可以自由调换班级。他们一般一周五天有课，双休日休息。每天至少四课时，有时达六课时。一般上午 8：00 开始上课，12：00 下课，下午 14：00 开始上课，16：00 下课。所开设的课程有《中级汉语阅读》、《中级汉语听力》和《报刊阅读》3 门课程。他们来中国学习的时间都超过了半年。其中女性 10 人，男性 5 人。来自德国的 5 人，英国的 5 人，韩国的 2 人，日本的 1 人，俄国的 1 人，瑞士的 1 人。年龄最大的 27 岁，最小的 20 岁，平均年龄为 21.3 岁。中文专业的 8 人，其他专业的 7 人。参加写日记的同学共 8 人，其中最多的记 34 天，最少的记 8 天。参加写双周作文的共 15 人，其中最多的 3 篇，最少的 1 篇。详细情况见表 2－3。

**表 2－3　写日记或周记同学基本情况**

| 姓名 | 年龄 | 性别 | 国家 | 专业 | 日记天数 | 双周作文篇数 |
|---|---|---|---|---|---|---|
| Xm1 | 27 | 女 | 德国 | 文学 | 14 | 2 |
| Xm2 | 22 | 男 | 英国 | 中文 | 0 | 2 |
| Xm3 | 21 | 女 | 日本 | 中文 | 34 | 2 |
| Xm4 | 20 | 女 | 韩国 | 中文 | 9 | 1 |
| Xm5 | 22 | 女 | 英国 | 中文 | 8 | 2 |
| Xm6 | 20 | 女 | 韩国 | 中文 | 16 | 2 |

（续上表）

| 姓名 | 年龄 | 性别 | 国家 | 专业 | 日记天数 | 双周作文篇数 |
|---|---|---|---|---|---|---|
| Xm7 | 20 | 女 | 英国 | 中文 | 18 | 3 |
| Xm8 | 21 | 女 | 德国 | 法律 | 0 | 3 |
| Xm9 | 22 | 女 | 英国 | 中文 | 14 | 3 |
| Xm10 | 22 | 男 | 德国 | 东亚研究 | 0 | 2 |
| Xm11 | 20 | 男 | 英国 | 中文 | 8 | 2 |
| Xm12 | 20 | 女 | 德国 | 政治 | 0 | 1 |
| Xm13 | 21 | 男 | 德国 | 法律 | 0 | 1 |
| Xm14 | 20 | 女 | 瑞士 | 中文 | 0 | 1 |
| Xm15 | 22 | 男 | 俄国 | 法律 | 0 | 1 |

## 二、调查方式及具体情况

2009 年上半年，笔者承担了南京大学海外教育学院中级 A2 班《中级汉语阅读》的教学任务。在开学的第三周，即学生稳定不再自由调换班级时，笔者给学生布置了一项课外作业，要求学生写日记和双周作文，告诉学生不是强制性的，与学期末的考试成绩无关，但如果写了老师会认真批改。并且给每位学生发了一份既有中文又有英文的写作说明。说明包括三个部分，第一部分指明了写的时候应包括的内容，如时间、地点、人物、事件和语言等；第二部分给出了每日记录的例子；第三部分指明了双周作文的写作要求，要求学生在写作时内容应是关于讲汉语、用汉语的，应是这两周内的一件事情，主要讲述在这件事情中自己的经历和经验，或者看法、态度，在讲述这件事情时，要把时间、地点、人物、语言使用情况和感受等写清楚。学生的日记和双周作文一般是四周交一次，有的交纸质文本，有的直接发到了笔者的信箱。

数值计算方法是把学生每天所写的情况根据类别统计，如果学生写明仅用汉语或母语，则按实际时间计算；如果学生写既用母语又用汉语，则按实际时间各占一半；如果学生写到既用母语，又用英语和汉语，则各占 1/3；但如果学生写到与服务人员对话，如用汉语点菜、在按摩院与按摩师对话、在打的中与司机对话，考虑到学生实际的汉语水平和服务型对话的实际时长，一律按 20 分钟计算。然后分别统计出各个学生的总结果，接着除以实际的天数，得出每人在每类上每天所花的时间数，时间数以小时为计算单位。因为我们主要考察学生课外语言使用情况，所以学生汇报的课堂上的情况和参加 HSK 辅导班课程的情况没有统计。

与中国人花费的时间是把与中国朋友、服务人员、语言伙伴花费的时间相加得出的，说汉语的总时间是把与中国人花费的时间和与同学、与室友花费的时间相加得出的。

## 三、日记调查结果

从表2－4我们可以看出，学生课外汉语语言接触的主要对象有中国朋友、语言伙伴、服务人员、室友和同学，平均每天所花费的时间分别为0.59小时、0.14小时、0.34小时、0.1小时和0.63小时，与中国人平均每天花费的时间为1.07小时，但差异性非常明显，与中国人汉语接触时间最多的平均每天达2.98小时，最少的仅为0.14小时。按照花费时间多少依次为：中国人＞同学＞中国朋友＞服务人员＞语言伙伴＞室友。学生课外使用汉语的时间平均每天1.8小时，使用母语的时间平均每天2.2小时，但学生之间差异性非常大，使用汉语的时间最高值为3.31，最低值为0.68，使用母语的时间差异性较小，8位同学中有6位同学在两个小时以上，占75%。另外，学生课外做作业时间较多，平均每天1.65小时，有的多达4.09小时。其次有4人提到课外看汉语电影或光碟，平均每天0.12小时。有1人提到听学术讲座，3人提到参加HSK辅导班，因与调查目的相关不大，表中未列出具体的时间。

**表2－4　日记调查结果**

| | 姓名 | 与中国人 | 与中国朋友 | 与语言伙伴 | 与服务人员 | 与室友 | 与同学 | 作业 | 电影 | 共说汉语 | 母语 | 听讲座 | 参加HSK辅导班 |
|---|---|---|---|---|---|---|---|---|---|---|---|---|---|
| 1 | Xm1 | 2.98 | 1.96 | 0.57 | 0.45 | | 0.14 | 1.64 | 0.21 | 3.12 | 2.15 | 是 | |
| 2 | Xm3 | 1.12 | 0.50 | 0.57 | 0.05 | 0.51 | 1.68 | 0.21 | 0.11 | 3.31 | 2.70 | | 是 |
| 3 | Xm4 | 0.81 | 0.72 | | 0.09 | | 0.83 | 1.83 | | 1.64 | 0.77 | | 是 |
| 4 | Xm5 | 0.14 | | | 0.14 | 0.29 | 1.93 | 3.79 | 0.57 | 2.36 | 2.79 | | |
| 5 | Xm6 | 1.56 | 1.18 | | 0.38 | | 0.21 | 1.64 | | 1.77 | 2.61 | | 是 |
| 6 | Xm7 | 0.45 | 0.12 | | 0.33 | | 0.23 | 4.09 | 0.08 | 0.68 | 2.79 | | |
| 7 | Xm9 | 0.81 | 0.21 | | 0.60 | | | | | 0.81 | 3.05 | | |
| 8 | Xm11 | 0.71 | | | 0.71 | | | | | 0.71 | 0.75 | | |
| 总计均值 | | 1.07 | 0.59 | 0.14 | 0.34 | 0.10 | 0.63 | 1.65 | 0.12 | 1.80 | 2.20 | 0.92 | |

## 四、分析与讨论

### （一）关于学生课外语言接触对象问题

通过学生日记我们首先可以看出，学生课外语言接触的主要对象是中国朋友、语言伙伴、服务人员、室友和同学，没有人提到老师，这有两个方面的原因，一是我们没有把学生上课时的语言接触情况包括在内，因为我们主要是调查学生的课外汉语接触情况；二是在课外，学生确实很难见到老师，这一情况我们在对语言接触量表结果的讨论中已经讲到，需要引起我们的重视，采取切实有效的办法方便学生课外与老师进行接触。其次，在我们使用语言接触量表时，因考虑到学生在课外与服务人员接触的机会较少，而与语言伙伴接触的机会较多，所以把原调查对象“服务人员”改为“语言伙伴”，但实际的调查结果显示，所有的学生都提到了服务人员，说明我们当初的改动是不合适的，不应该用“语言伙伴”代替“服务人员”，而是应该再添加一个调查对象“语言伙伴”。再次，我们使用语言接触量表调查的结果是，学生课外语言接触汉语使用最多的是同学，然后是中国人，而这次我们日记调查的结果显示学生课外语言接触汉语使用最多的是中国人，然后是同学，从结果来看两者之间是不同的，但是我们经过详细分析后发现，使用语言接触量表调查的结果是可信的。原因有三个方面，一是我们使用日记调查的对象较少，只有 8 人，而我们使用语言接触量表调查对象比较多，有 43 人；二是在 8 人中，有 2 人没提到与同学汉语接触的情况，这显然是不可能的，我们在进一步采访中也证实了我们的看法，即他们确实在课外与同学讲了汉语，只是在日记中没有写出来；三是有 3 人课外与中国人的汉语语言接触多于同学，3 人少于同学，而多于同学的 3 人，其中学生 Xm7 课外与中国人的汉语语言接触和与同学的汉语语言接触相差非常少，只有另外两位同学 Xm1 和 Xm6 课外与中国人的汉语语言接触和与同学的汉语语言接触相差较大，而这两位学生是非常特殊的学生。其中 Xm1 在写日记时，正好与中国朋友一起到这位中国朋友的老家江苏射阳去玩，在那儿这位学生玩了两天的时间，她与她的中国朋友，以及中国朋友的父母和中国朋友的朋友一起使用了很多汉语，而这种情况是很少的。另外一个学生 Xm6 之所以课外与中国人汉语语言接触较多，是因为她的父母从韩国来到南京陪读，经常带她与自己的中国朋友交往，这位学生一般每两天一次要与父母一起到父母朋友家做客，要么一起吃饭，要么一起出去旅游，而这种情况在留学生中也是罕见的。所以我们说语言接触量表调查的结果是可信的。

### （二）关于学生课外与中国人讲汉语相差较大的问题

从表 2－4 可以看出，8 位学生之间课外与中国人讲汉语相差非常大，最高值达平均每天 2.98 个小时，最小值仅为 0.14 个小时，相差 2.84 个小时。经过分析我们可以看出，原因主要在于学生有没有中国朋友或语言伙伴，有中国朋友或语言伙伴的，课外与中国人的语言接触就多，否则就非常少。这 8 个调查对象，其中 Xm6 既有自己的中国朋友，也有父母的中国朋友，Xm1 和 Xm3 既有中国朋友，又有语言伙伴，这三位同学课外与中国人的语言接触为平均每天 1.89 个小时，而 Xm5、Xm7（经过我们的采访发现，她那次与中国朋友的交往是别的同学的朋友）和 Xm11 没有中国朋友，Xm4 也没有中国朋友，在日记中提到的也是别的同学的朋友，“我们六个韩国人和他们两个中国人一起吃韩国菜，我们请他们，他们给我们一个礼物，还有教我们汉语，很有意思”。Xm7 写了两周的日记，她的情况恰好说明了这一个问题。在写作第一次日记（2009 年 3 月 16 日—3 月 22 日）时她还没有中国朋友，平均每天与中国人接触是 0.71 个小时，而在写第二次日记（2009 年 4 月 27 日—5 月 3 日）时，这时她已有了中国朋友，平均每天与中国人接触是 1.12 个小时。

### （三）关于学生课外作业问题

从表 2－4 我们可以看出，学生平均每天花 1.65 个小时做作业，有的多达 4.09 个小时。这一方面说明我们的同学非常认真，课外能积极完成作业。同时也说明我们的课本内容容量比较大，以高全顺等主编、北京语言大学出版社出版的《拾级汉语》第 7 级精读课本来讲，每课的生词一般有 50 个左右，课文有 1 500字左右，课后练习一般有 7 页，课后的扩展阅读一般有 1 200 字左右，而这些内容按每天 2 课时计算，一般 5 天时间 10 课时学完，如果学生想要真正掌握这些内容，那么他们课外就必须认真复习和做作业，他们课外做作业的时间比较多也就可以理解了。这样虽然促进了学生对课本内容的掌握，但也从另一方面限制了学生课外活动的参与，因为他们一般每天还要上四节课，每天就要花费 6 小时学习课本，从而使得他们没有时间与中国人交往。这一情况从学生的日记中也可以看出，学生一般在双休日与中国人的接触比较多，而正常上课时间没有时间与中国人来往。一位留学生在接受采访时抱怨地说："上课给学生太多作业，或者太多生词，比如阅读，每个星期给每个人 50 个生词学习，还有口语，还有报刊，真的太多，你上课做好，每次上课学习，学好后去睡觉，明天又是一样。没有机会去旅游，没有机会跟中国人见面，所以应该给少一点作业，少一点生词，这样会很好的。"

（四）关于日记调查的结果与 LCP 结果相差较大的问题

这是因为语言接触量表是一种自报性调查，是学生在学期末通过回忆来写出自己课外语言接触的情况，因此夸大现象在所难免。这种情况同样也出现在 Mendelson（2004）和 Cundick（2007）的研究中。Mendelson 对 31 名参加在西班牙 Salamanca 暑期项目的美国学生进行了研究，在研究中他把这 31 位学生通过语言接触量表和日记这两种方法调查的结果逐一进行了比较，他发现仅有 1 位学生这两种方式调查的结果比较接近，而其他的 30 位学生平均起来通过语言接触量表调查的结果是日记调查结果的 6 倍，有的学生高达 20 倍。因为我们没有对参加写日记的这 8 位学生通过语言接触量表进行测量，所以不可能把他们这两种情况的调查结果进行直接比较，但是通过与其他学生语言接触情况的调查结果进行比较也发现了这一问题。Cundick 对在美国学习英语的二语学习者研究中也发现了学生夸大的现象，他研究发现，当统计学生听说读写四种情况的总体使用时间时，学生汇报平均每天 8.5 个小时使用英语，当把各分项都统计在一起时，学生汇报平均每天 35.3 个小时使用英语，高的使用者达 57.5 个小时，低的使用者也达到了 19.9 个小时，而一天只有 24 小时，这显然是不可能的。但 Cundick 指出，语言接触量表是对学生自己感觉使用语言情况的调查，并且总体上比较真实地反映了学生的课外语言接触情况，在当前还没有更好的调查工具前，采用语言接触量表调查学生的课外语言接触情况仍是最好的有效的方法。

## 五、双周作文反映情况

（一）在日常生活中，留学生与服务人员交谈使用汉语是最频繁的

交谈的服务人员有卖菜的、卖衣服的、理发师、按摩师、司机、医生、售票员、饭店服务人员、宿舍服务人员等。留学生与他们交谈的话题比较相同，一般是关于在中国的生活和留学生自己国家的有关情况。有留学生这样写道："我跟

中国人聊天，他们常常问我一样的问题，比如，什么国家的？多长时间学汉语？伦敦的奥运会准备好了没有？等等。”“在咖啡馆，路上，小饭店，食堂，我每天用中文跟别人聊天儿。每个情况是差不多一样：你是哪个国家的？你在南京工作吗？你想家吗？时间一般很短，所以谈话也是比较肤浅。”“课外的时候，我跟钢琴老师聊天，我们说旅游，说中国习惯，家人和别的话题。我平常也喜欢跟服务人员说话，我觉得天天跟他们说话，谈家常，就是几个句子。我也喜欢跟卖水果者说很多话，他很喜欢问我我国家怎么样，在中国天气热的时候他会问我英国天气比中国天气怎么样，我买水果的时候，他会问我在英国我们有什么种的水果等等。”“我日常的时候也经常用汉语交谈。我常常打车跟司机谈谈。去买东西的时候我也跟服务员说话，让她给我推荐好的产品，衣服等等。”对于这些问题，学生比较容易回答，正如一位留学生所讲：“我已经万次回答了，因此不再用脑子回答。”

（二）学生说汉语时表现出两种相反的心情

学习成绩好的同学说汉语时感到高兴，而学习成绩不太好的同学说汉语时显得有点无奈。如一些学习比较好的同学在讲到说汉语时说：“每天早上我在学校前面的咖啡馆喝咖啡。这个时候在路上有很多中国人谈话，做东西，买或卖产品，因为我每天坐在咖啡馆的外面，我越来越多跟百姓熟悉了。他们一般不年轻，也常常说南京的地方话，但是我觉得没关系，跟他们在一起谈话对我来说非常有意思。还有一个特别的小朋友叫豆豆，她给我介绍了很多的好玩的东西，也有时候跟我一起做汉语作业。”“我很喜欢跟出租车司机说汉语。他们常常对我们外国人有兴趣，总是问我们很多问题：哪儿国人，为什么学汉语以及学汉语难不难等等。有一次我打的，从雨花台一直到南大都跟司机说一说英国的经济条件，下车后，脑子虽然觉得十分累，但这也是个好机会，表明我的汉语怎么样！”“3 月 19 号我跟我的父母在我父母的中国朋友的家里吃晚饭了。我们跟他们常常出去吃饭，但是那天是我们第一次去中国‘家庭’吃饭，他们也有一个女儿，她是二十八岁。他们请我们客的时候她和她的男朋友也来了，所以我们七个人一起吃饭了。我父母的汉语不好，所以我们一起吃饭的时候我做翻译。翻译是非常好的练习外国语的办法。我的家人至少一个星期两次跟他们一起吃饭。我们见的时候我自然有机会翻译韩语和汉语。这样练习对我的汉语会话很好，因为我要很快翻译很多词，而且说话很长时间。我认识他们以后我有我的口语能力很发展的感觉。我也可以体验中国人的文化，所以我很喜欢跟他们一起玩儿的时间。”“有一个特别的情况：坐火车。之所以坐火车时的情况比普遍的情况不一样，是因为人一或二天在一起，可以谈一个、二个、三个多小时。对我来说坐火车是一个非常好的交流机会，不但可以说汉语，而且可以了解别人的思想和意见!”

相反，一些学习成绩不太好的同学在作文中讲到说汉语时，显得有点无奈而不是高兴。如：“我的钢琴老师不会说英语，所以无可奈何地说汉语。”“我有一个特别的好朋友，他会英语但他拒绝对我说英语。他说：你来到这儿是因为学习中文，何必用英文呢？上个星期五我请他客。我从头谈了现代中国社会里的儒家地位。非常有意思！虽然我不得不说汉语，但是我明白了很多。”“在过去的两周里，我发现当我和朋友们讨论时，我们很少用汉语。但是因为我在中国每天需要用汉语，比如在饭馆，咖啡馆等等自己要说用汉语，因为很少人会说英语。”

### （三）使用何种语言进行交谈主要与说话人和听话人有关，而与场合、时间、地点等无关

当说话人和听话人来自同一个国家时，一般使用母语。有的留学生也认识到经常和同一个国家的人交往不利于汉语水平的提高，如一位留学生讲道：“我看很多留学生整天在宿舍里生活，或不交中国人，天天跟自己国家的人谈话。这样的生活绝对不能帮助他们的外语学习。”有的留学生为了改变这一情况主动采取措施和办法，如一位留学生写道：“我觉得最好的方法是找不说德语的朋友，或者跟公园里的老中国人说一说。我有时候去学校附近跑步，这里的老中国人比较多，这样很容易跟他们说话。他们也不怕‘老外’，如果我和朋友们听不懂的话，他们也不会觉得麻烦。”在与中国人交往时，如果对方第二语言好于留学生的汉语，或者想练习第二语言时，他们一般不讲汉语，而是留学生的母语或第二语言。在双周作文中，我们发现多位留学生提到这一情况，如留学生讲道：“我们（德国学生）认识的中国朋友很喜欢用英语说，他希望明年去英国学习。因而，我们说英语说得比较多，用汉语是只有当他对我们解释生字的时候。我觉得真可惜，但是我用汉语的时候，他用英语回答了。”“我（瑞士学生）还有别的中国朋友。但是他们很想提高他们的英语，所以我有时候觉得有一点儿无聊。但是大家都是好朋友，别提了。”“我（英国学生）也有中国朋友，可是我跟他们说话的时候，他们很喜欢用英语。”“我觉得最好是跟我的中国朋友。他是一个毕业的学生。他学在南京大学。他的专业是俄语。去年他去过俄罗斯留学，所以

他的俄语非常好。对我来说他俄语比我汉语高得不得了。之所以我们用俄语说得很多，是因为我的汉语的水平那么低。”有时留学生不使用汉语，与自己个人追求有关。如一位德国女学生这样写道：“对我来说人比语言有意思。人的想法、生活、性格、历史都不一样，每一个人可以给你介绍他自己的思想。跟别人聊天儿的话，你就慢慢地明白他们个人的意见，所以交流是对了解别人的，了解自己的思想很重要。那么，之所以课外汉语使用不太多，是因为我对人和谈话的内容很感兴趣。我有几个非常好的中国朋友，但我大部分跟他们说英语。他们的英语水平比我中文水平高一点，所以我们用可以交流最好的语言。”当然，如果都是西方国家的学生，一般使用英语，如果是东方国家和西方国家的学生则使用汉语。如果中国人不会讲英语或学生的母语，那么他们就使用汉语交流。

## 第三节　留学生与语言伙伴

吴勇毅（2008）在描述学生口语学习策略时，指出比较优秀的学习者大多采用一个共同的学习策略，即“寻找和建立固定的语言伙伴”，并且指出，“在我国英语教学界的英语作为外语（EFL）的学习策略研究中未见报告，对外汉语教学界也是第一次”（吴勇毅，2008：94）。吴勇毅所指的这一学习策略，是在意大利汉语作为外语的情况下的报告，而我们发现，在中国汉语作为第二语言的情况下，留学生这一学习策略的运用比较普遍，几乎被采访的每位留学生都提到有语言伙伴。

语言伙伴是指留学生与中国（人）学生之间互相为了提高语言水平而交往的人，两者之间互为语言伙伴，这里我们主要指中国学生。

### 一、留学生与语言伙伴交往的原因

留学生采用这一方式，一方面比较经济，能节约开销。另一方面又能互相学习，提高汉语水平，了解中国文化和中国人，丰富留学生活。

### 二、留学生找到语言伙伴的方式

一般来讲，留学生在我国找到语言伙伴的方式有两种，要么是留学生贴启事主动寻找中国语言伙伴，如一位韩国学生讲道：“我刚刚来到中国以后，为了找中国朋友，南大贴一个……，那叫什么？通知，不是通知，叫启事，我是韩国人，我要学汉语，如果你有，你对我韩国文化还有学什么有感兴趣的话，联系我，这样的，这种方式找了三个语言伙伴。”要么是与启事上的中国同学联系建立语言伙伴关系，如一位韩国学生讲道：“这个学校有很多广告，有一个广告，有一个朋友，他要学韩语，我跟那个广告人联系，我们一起聊天。他教我汉语，我教他韩语。”另外，在南京大学、南京师范大学和南京中医药大学的BBS网站上也经常能看到寻求语言伙伴方面的信息，如一位中国学生寻求语言伙伴这样写道：“I am a senior student at Nanjing University, and I major in English. My mother tongue is Chinese and if you want to learn Chinese, you can contact me and we can discuss the details face to face.”一位留学生寻求中国语言伙伴这样写道：“要求：南京在校本科生，日语专业；时间：每周末一次，每次1—2小时；地址：新街口附近；有意者请与我联系——QQ：6367－4079，MSN：leoguu@hotmail.com（请在加我时注明‘中文辅导’，谢谢）。”

## 三、留学生与语言伙伴的交往

那么，留学生与语言伙伴之间一般多长时间见面一次呢？他们是怎么学习的呢？留学生感觉收获如何呢？许多留学生对此进行了描述：“我们一个星期见面一次，主要是互相帮助，他教给我汉语，我教给他韩语，这样对我汉语有用。”“我们一起聊天，一个星期两次，见面时主要是汉语，他的韩语很差，我们说汉语。”“我现在已经有三个语伴，我跟他们经常见面，有一个南师大的语伴，他的德语水平还很差，因为他是今年八月份开始学习德语，所以他现在不会说德语，所以我们常常去玩，我们一起去爬这个香山，我们一起去过明孝陵，所以周末的时候一起去玩。周内的时候，见面我们一起讨论的题目，比如昨天晚上我们一起讨论中国的节日和德国的圣诞节，但是他不会听懂我说德语的话，因为他还没有学习德语的语法，他们只学习很简单的句子，所以，因为中文跟德文完全不一样，所以，我们的语法比较复杂，所以他应该慢慢地学习，他们现在只学习句子，所以他不会听懂我改变的句子，所以比较难，但是我跟他常常说中文。他每次改正我的错误，这样办法对提高我的汉语水平很不错。还有另外一个语伴，他是南大的二年级德语系的学生，他虽然在浦口上大学，但是我们一个星期大概两次见面，然后还有另外一个语伴，但是我还没见面他，不是，还没跟他学习，只是一次见面，他要跟我一起学习。”“我课外的时候至少跟一个中国人说话，就是我的语伴。一个星期中我们至少一次见面为了讨论各种各样的问题，像什么德文语法问题啦，中文语法问题啦，最近在德国或者中国发生的事情等等。我们常常在南京大学的中德法律系见面，有时候一起吃饭。”“我跟每一个语伴一个星期一次见面。我们谈论我们最后一周做过了什么事情，我们一起做作业或者一起去吃饭。我们一般来说下午或者晚上的时候在咖啡馆见面。有的时候我们在家里见面学习。我们常常谈论德国文化和中国文化的区别，西方人和东方人的习惯。”“我们每周二三次见面，我们留学生只有上午有课，下午没有课，所以据他时间表，我们安排时间见面。我们一般在西苑宾馆见面，一个小时他教给我汉语，一个小时我给他教韩语。还有周末的时候，他陪我一起去新街口、夫子庙等玩儿。”从上面我们可以看出，留学生与语言伙伴一般每周见面一次，多的达两三次，他们见面时主要是互相进行语言学习，要么是一起聊天或出去旅游，谈论的主要内容是各自最近做的事情以及两国之间文化的不同，学生一般感到收获较大。

## 四、留学生与语言伙伴的交际语言

在语言伙伴中，我们发现一个有趣的现象，即作为语言伙伴的中国学生，大多第二语言水平比较差，这样汉语成为“语言伙伴”之间的主要交际语言，即使有的中国学生第二语言水平比较好，也不敢说，正如一位加拿大学生所说：“我有两个语伴，每个星期一次见面说中文，但是我跟他们的情况有点奇怪，因为虽然他们的英语水平比较高，但是他们好像不敢说很多，所以我们在一起说话的时候95%是中文，但是我要他们多说英文，因为要不然对他们是浪费，所以我常常用英文开始说到一个话题，给他们一个机会，可以用英文回答，但是他们一直用中文回答。”

## 五、留学生与语言辅导老师的交往

留学生与语言伙伴之间是互相帮助的，留学生是不需要付费的。除了与语言伙伴交往外，有的留学生还专门付费请语言辅导老师帮助其学习汉语。如有的留学生讲道：“我的辅导老师，那个南大的学生，教我汉语，跟他一起用我们的课本学习两个小时，他给我纠正我的发音，还有声调这样的，我觉得他给了我很大的帮助，所以我觉得我不是故意的我的进步很快。”“每个星期三，我见我的一个语言辅导老师。她帮助我做我的作业，而且别的练习。”“我一个星期一次跟我的辅导老师见面。一般来说，我们一起做作业，准备课本里的文章或者聊天。”“所以我见面每周三次中国的朋友。可是不是免费的。原来见面每周五次，最近见面三次。因为马上有HSK，最近下降韩币的汇率。”从上面可以看出，留学生与语言辅导老师之间互动的主要媒介是留学生的课本，语言辅导老师主要帮助留学生做作业和解决其语言上的疑问。

## 第四节　留学生与中国朋友

Isabelli-García，C.（2006）利用米尔罗伊社会网络理论分析了在西班牙学习的美国学生与当地人交往的情况，指出学生的当地人朋友越多，其语言水平提高越多，反之则提高越少或没有提高。并且认为，与当地人的一般交往只能进行浅层次和程序式的谈话，对第二语言水平的提高影响不大，只有拥有当地人的朋友才可能进行深层次广泛的交谈，才能真正锻炼和提高第二语言的水平。为此，我们对留学生与中国朋友交往的情况进行了重点调查，主要采用两种方法，一是访谈，二是让留学生写作文《我的中国朋友》，试图发现并分析留学生与中国朋友的交往情况。

### 一、留学生普遍认为和中国人交朋友比较困难或中国朋友较少

杨军红（2005）在对来华留学生期望进行调查时发现，虽然留学生来华期望最高的两项是“希望和中国人交朋友”和“希望体验融入中国社会的乐趣”，但是在实际调查中却发现，留学生普遍感到“和中国人交朋友”比较困难（杨军红，2005：97）。通过访谈和作文，我们也发现，留学生普遍感到找到中国朋友很难。如留学生这样讲道：“一般来说，在中国说汉语的机会，还有跟中国人交往的机会多得不得了，可是找到中国好朋友比较难。”中国朋友较少，多数留学生都讲到这一情况，如留学生在接受采访调查时讲道：“中国朋友不太多。”“平时中国朋友不多，我常常见面的是两个人。”“在这儿有中国朋友，但是只有一个人。”“我现在还没有中国朋友，可是我想见中国朋友。”“在南京生活单调，比较少，还有，没有南京的中国朋友。”

### 二、留学生认为和中国人交朋友困难的原因

（一）语言原因

如留学生讲道：“我觉得跟中国人交朋友，我怕跟中国人谈话，我常常听不

懂，跟中国人谈话我觉得害怕。他说的，听的时候，很难，听不懂。”杨军红（2005）调查的留学生也讲道：“由于语言问题，我们很难和当地学生交往，他们有的口音很重，说话很快，这让我们更难理解，交谈变得非常痛苦。我们不能用汉语准确表达我们的想法，他们也不能用英语或法语表达他们的意思。他们很感激你说他们的语言。但是我们的汉语太糟糕，听力不好，所以他们重复，重复，然后就没有兴趣了”（杨军红，2005：92）。

一般来华留学生的汉语水平比较低，能够自由轻松地用汉语与中国人交谈的很少，而大部分中国人，也包括大学生能运用英语或其他外语与留学生自由交谈的也很少。在第四章中，我们对影响大学生与留学生或外国人交往的因素进行调查时，发现语言因素认可程度非常高，其中“对方汉语水平差”的均值为2.98，众数为3.00，自己“外语能力差”的均值为2.89，众数为3.00。成为朋友需要交流沟通的语言媒介，如果留学生汉语水平较低，找到中国朋友自然也就比较困难。

### （二）生活圈子不一样

如留学生讲道：“因为我见面中国朋友的机会不多，所以我不多中国朋友。”“我住在留学生宿舍里，见面的是留学生，上课时也这样，在我们楼很难见中国人。”“平时组织我们旅游，都是留学生，去的中国人是老师，没有中国的学生。”杨军红（2005）调查的留学生也讲道，“很多的中国学生想找一个互相学习英文—中文的语言伙伴。但我的母语不是英语，我的英语和中国人一样是我的外语，所以我没有语言伙伴。我想如果有机会，我想住在中国人家里，或者住在中国学生宿舍里。我想和中国人交朋友，但是我总不能站在马路上对中国人说，‘你好，我们可以做朋友吗？’我前年在天津的时候，住在中国人家里，所以总是和中国人在一起，我的中文提高很快。现在我虽然在中国的大学里生活，但是留学生公寓、留学生餐厅、留学生教室，使我们和中国的大学生是分开的。我们完全被隔离在中国学生的群体之外，周围的人都是外国学生。我们希望有更多了解中国人的机会，和中国人在一种自然环境中交往，不是这种语言交流。我们和中国的学生缺乏这种在很自然的环境中慢慢建立起来的友谊。我在美国的时候，周围的学生都是美国人，他们的大学没有专门的留学生宿舍或留学生餐厅什么的，大家都在一起学习、生活、吃饭、运动”（杨军红，2005：123）。“我觉得很遗憾的地方是在留学生楼里住宿，在专用的留学生教室上课，班上只有外国人或者是不会说汉语的华侨。我们没有和中国人在一起上课，我们也不和中国学生在一起食宿和吃饭，没有机会和他们交往”（杨军红，2005：124）。“放假的时候学校会组织留学生一起去旅行，但也没有中国学生参加。圣诞节有一个晚会，好像专门是为留学生组织的，中国学生也有一些人来，但是非常少的，我们也没有谈话”（杨军红，2005：124）。

人和人之间只有交往才可能成为朋友，而我们国家长期以来对留学生实行“特殊照顾”式的管理方式，使留学生与中国学生隔离开来，使他们的生活圈子被人为地分离开来，因而留学生找到中国朋友就比较困难。我们在第四章对影响大学生与留学生或外国人交往的因素进行调查时，中国大学生认为“生活圈子不一样”认可程度最大，均值为3.33，众数为3.00。这说明中国大学生也很想和留学生或外国人交往，但“生活圈子不一样”严重阻碍了他们之间的交往。

（三）文化差异

有的留学生直接讲到文化差异的不同影响与中国人交朋友，例如：“对留学生来说，找到中国朋友不是一件很简单的事情。除了语言障碍之外，文化差异也引起困难。虽然跟我一样年龄的中国学生真多，但是我觉得找到中国朋友不是容易的。”有的留学生讲到了对中国人的刻板印象，例如：“大部分中国人都很狡猾，千万不要相信他们。而且，喜欢赚钱也太过分。”“我觉得跟中国人难以维持亲密的关系。因为是：一来相互的利益。所有人的目的都是互相帮助。虽然互相帮助的时候能更亲密，但是不需要时之间就远离了。二来中国人易换电话号码。特别是大学生经常换电话号码，韩国人不怎么喜欢换电话号码，所以随时随地都可以联系。但是若中国朋友换电话号码的话就很难联系到。”当然中国人对外国人的刻板印象也会影响留学生找到中国朋友，如中国人认为非洲的黑人肮脏、暴力、粗野等，使得一些非洲留学生的感情受到了严重的摧残，也影响了他们与中国人交朋友。例如，在杨军红（2005）的调查中留学生讲道，“有一次，我带着儿子在商店买东西，有两个中国男孩，八九岁的样子，买了冰激凌，把包装纸朝我儿子扔过来，哈哈大笑。我真的被激怒了。我不知道孩子们对我们的这种粗鲁的行为是怎么学会的？几个月前，我在一所小学听课，老师问学生们：‘你们想到哪个国家旅行呀？全班同学七嘴八舌的讨论，非常热闹。很多孩子都说自己想去美国、法国、意大利旅行。一个女生说：‘我想去非洲旅行。’全班哄堂大笑起来，觉得她的想法多么愚蠢。这些不愉快的经历让我有的时候很伤心，不太喜欢出去。我的房间就是我的‘避难所’。躲在家里，我才能不想那些不高兴的事情，不再想大街上中国人盯着我看，不再想中国的小孩子跑着喊：‘黑人，黑人’，‘非洲人，非洲人’”（杨军红，2005：120）。有的留学生由于缺乏对中国文化的理解，影响了与中国人交朋友。有的留学生在理解了文化差异后，找到了中国朋友，例如，我们调查的一位留学生讲道：“反正，我去中国留学，随着我的汉语水平，在小学二年级开始上学。我的小同学诚然很可爱。看着小同学成群结伙地玩的时候，我想起来我小的时候的回忆。我忍不住给一个同学小小的糖果。‘啊，我不吃，谢谢。’他们向我泼冷水。我又挫折了。那时候，很长时间住在中国的一个韩国朋友好好安慰我，笑着说：‘他们不是不喜欢你。在中国，孩子从小的时候，他们的父母教孩子，别人给什么东西，不要收，不要吃。这是有礼貌的表现。如果，以后他们跟你变更熟悉的话，他们就披着他们的心。’我听朋友说话就鼓起勇气，努力地多跟他们打招呼，多跟他们聊天儿，终于我跟他们做了好朋友。我现在也还留着那时候我的小朋友给我的一封信！”

文化的差异对留学生找到中国朋友有很大的影响，从跨文化适应来讲，留学生一般经历四个阶段，即蜜月期、挫折期、调整期和适应期；从跨文化交际来讲，留学生要主动了解本国文化与中国文化的相同之处与不同之处，要尊重不同的文化，尽快从民族中心主义（ethnocentrism）阶段转入民族相对主义（ethno-relativism）阶段，理解与适应中国文化，广交中国朋友，从而实现在中国留学期间汉语水平提高和中国文化习得的双丰收。

（四）其他原因

主要目的是为了找工作，从而认为找中国朋友没有必要，或者主观目的性不强等。如有留学生讲道：“其实我觉得现在不必要中国朋友，我来这里的理由是找工作，所以没有中国朋友。”“中国朋友虽然不太多，但是，我不知道怎么说，不知道为什么。”

## 三、留学生所交的中国朋友大多数是从语言伙伴开始的

如韩国学生 GZX，他的中国朋友是南京师范大学的，两人刚开始是语言伙伴，后来成为了朋友；韩国学生 PZM，她的中国朋友是南京大学的，两人是通过语言伙伴招聘认识的，后来成为了很好的朋友；德国学生 BNN 这样写道：“另外，我还有三个中国好朋友，她们跟我一样都是学生。刚开始联系时，她们只是

我的语言伙伴，可我们的关系越来越亲密。”加拿大学生 XJF 这样写道：“我认识许多中国人，而且我有几个语言伙伴，可是只有一个真正的中国朋友。她是一位南京女孩儿，但是我们是在北京认识的。去年我在北京语言大学留学了五个月。在北京没有过一个星期我就跟她见面了。她当时要找一个语言伙伴，所以我同意了。不过，见了几次面以后我们已经知道了我们的关系不是普通的，反正是一个姐弟关系。我和她聊天儿的时候就觉得好像跟自己的姐姐交谈，可以说出心里的感觉。我们每个星期一起去吃饭，看电影，看北京的名胜古迹。无论在什么地方，我们一直聊天儿和说道我们的生活。就这样我们的关系越来越好。”

留学生所交的中国朋友大多数是从语言伙伴开始，这是因为中国人交往一般有“一回生，二回熟，三回成朋友”的规则，留学生与语言伙伴多次交往，就会日久生情成为朋友甚至好朋友。

## 四、兴趣和爱好相同容易成为朋友

如有留学生讲道：“为什么马××是我最喜欢的中国朋友？原因很简单。我们两位同意的地方很多。我们两位对文化，历史和政治有浓厚的兴趣，特别跟中国有关的题目。”“我的朋友是南京大学历史系的学生。周末的时候她在我日常去的咖啡馆工作。我们俩的兴趣很相同，我给她叙述世界历史、欧洲历史、欧洲各个国家的特色，她帮助我加深我对中国文化、历史的了解。”

兴趣和爱好相同容易成为朋友，这是因为中国人交朋友讲究投缘和志趣相同，俗话说，“话不投机半句多，志趣相同恨见晚”，当然留学生也是如此。因此，建议留学生在找语言伙伴时，最好介绍自己的兴趣爱好，了解对方的兴趣爱好，主动结交兴趣爱好相同的人，为成为朋友奠定良好的基础。

## 五、中国朋友对留学生非常好

如有留学生讲道：“我终于找到中国朋友，他也是以前在墙上贴着的纸看后给我联系的朋友中一个。他叫陈×，我觉得他和别的人不一样，他有很好的心地，喜欢帮别的人。我一遇到困难的事，他就来帮我，还有在我常常得感冒的时候，他把药和吃的东西买来了。又为了提高我的汉语水平给我很大的帮助。我对他不知道怎么感谢才好。他对我来说，真正的好朋友。我虽然马上回国，但是相信我们一直会联系。”“有一天，在上体育课踢足球中，我崴了脚。我脚崴得很严重不得不在医院住两个星期。医院位于学校的左面，小丽一放学就来我身边帮我吃饭，帮我辅导课文，帮我洗头发等，我自己没有感觉到孤独。小丽对我跟自己亲兄弟姐妹似的很关心我，惦记我，我一点不觉得孤独。”“我们一般在西苑宾馆见面，一个小时他教给我汉语，一个小时我给他教韩语。还有我们周末的时候，他陪我一起去新街口，夫子庙等玩儿。要是我有什么事情，直接告诉他，他二话没说帮我一切的忙。他算是我的坚强后盾。还有我们现在跟他合作，给韩国人介绍中国朋友，让他们互相一起交流、学习什么的。来到南京后，最开心的事就是认识这个中国朋友。我通过他，更认识了很多的中国朋友，更了解中国的文化，老百姓的生活习惯。”“在学习上她是我的老师，在玩上，她是我的朋友。她经常陪我去游览各地的名胜古迹，还带着我与她的朋友见面。她说这样会让我更了解中国。”

中国人一旦把你看作朋友，就会像亲人一样关心你，具有浓浓的人情味，这与其他国家的人，尤其是日本人不同。金文学（2002）写道：“外国人很少能在日本交上朋友并得到日本家庭的招待。对于中国人和韩国人来说，这可能是件很可笑的事，但确有很多在日旅居了10年的留学生却一次也没到日本人家里做过客，而且连想都不想。”（金文学，2002：36）

## 第五节　本章小结及对教学的启示

### 一、本章小结

本章主要从语言接触量表和日记两个角度调查分析了留学生课外汉语接触情况，然后分析了影响留学生汉语水平提高的语言伙伴和中国朋友两类重点接触对象。通过调查我们发现：

（1）留学生每天除上课外，课外主要与同胞、同学、语言伙伴和中国朋友一起进行活动。使用母语的主要交谈对象为同胞，主要目的是用于看报、上网和深入交谈；使用汉语的主要交谈对象是同学和中国朋友，主要用于完成作业和简单交谈。语言接触量表和日记调查反映，母语是留学生的主要语言，汉语仍是留学生交际的次要语言。

（2）留学生在课外一般与同胞说母语，同为来自西方国家的人一起说英语，东西方国家的人一起说汉语，和中国人说汉语。使用何种语言进行交谈主要与说话人和听话人有关，而与场合、时间、地点等无关。

（3）留学生课外汉语接触对象按照花费时间多少依次为：同学 > 中国人 > 朋友 > 老师 > 语言伙伴 > 室友 > 陌生人，使用目的按照花费时间多少依次为：完成作业 > 简单交谈 > 获取信息 > 广泛交谈，课内与课外互动情况是把课堂内所学汉语带入课外运用较多，语言运用情况按照花费时间多少依次为：与同胞说母语 > 和非中国人说英语 > 和非中国人说汉语 > 和中国人说汉语 > 和中国人说英语，阅读情况按照花费时间多少依次为：汉语阅读 > 阅读通知 > 阅读电子邮件 > 阅读报纸 > 阅读杂志 > 阅读小说，听力情况按照花费时间多少依次为：汉语听力 > 听他人说汉语 > 看电视 > 听歌曲 > 看电影，写作情况按照花费时间多少依次为：汉语作业 > 汉语写作 > 私人信件 > 写电子邮件 > 问卷调查，听说读写按照花费时间多少依次为：听 > 说 > 读 > 写。

（4）留学生与语言伙伴之间一般每周见面一次，多的达两三次，他们见面时主要是互相进行语言学习，要么是一起聊天或出去旅游，谈论的主要内容是各自最近做的事情以及两国之间文化的不同，学生一般感到收获较大。

（5）留学生普遍认为和中国人交朋友比较困难或中国朋友较少，影响因素有语言、生活圈子和文化差异等。留学生与中国人成为朋友一般从语言伙伴开始，兴趣爱好相同容易成为朋友。

## 二、对教学的启示

从对外汉语教学的角度来讲，培养留学生运用汉语进行交际的能力已成为当前学界的共识。这说明，通过交谈来提高留学生运用汉语进行交际的能力，不仅是学习的手段和措施，同时也是学习的目标。因此，我们要提高留学生运用汉语进行交际的能力，必须进一步提高留学生课外运用汉语进行交际的频率。

（1）要经常鼓励和督促留学生课外运用汉语进行交际，激发他们运用汉语进行交际的主动性和积极性，从而促使他们珍惜留学生活，自觉积极利用丰富的汉语语言资源。要把留学生课外汉语交际情况作为课堂教学的有机组成部分，把留学生课外汉语交际频率和交际效果作为考核学生汉语水平的重要指标之一，定期让留学生通过纸质形式或口头形式汇报课外汉语交际情况。

（2）切实提高留学生与老师汉语交流的时间，实行教师与留学生课外汉语交谈会话制。充分发挥教师熟悉教学内容和熟悉留学生的优势，组织教授相同内容的教师轮流值班，引导留学生围绕课文内容进行交谈，从而使交谈从简单交谈逐步向复杂交谈过渡，也能起到学以致用和复习巩固的作用。

（3）Cundick（2004）在研究语言运用情况对语言水平发展的影响时，发现在课外故意使用课堂所学内容对语言水平的提高具有统计学上的显著意义，并且能够解释语言水平提高的43%的方差，由此建议老师为留学生提供这一研究结果，进一步促进留学生把课堂学习的内容运用到课外。我们在这里也建议老师应该进一步鼓励留学生把课堂所学的内容运用到课外，尤其是布置一些结合课堂所学内容运用到课外的作业，把留学生主动应用课堂所学的知识与被动运用结合起来，进一步提高留学生课外运用课堂的内容。

（4）为留学生提供和推荐中国电影。根据留学生的实际语言水平，编写或推荐一些音像作品，特别是带有字幕的音像作品，从而提高汉字、词汇和语法等训练、学习、复习的机会，有利于留学生汉语学习，也利于他们听力能力的提高，增强他们对中国文化的了解。

（5）经常举办多种形式的中外学生和中外人员联谊会，特别是为他们介绍互有所求和兴趣爱好相同的语言伙伴，为留学生与中国人的交往架设桥梁，为他们之间能成为朋友提供机会。

（6）作为管理者和教师要在留学生进校后，跟踪指导他们如何利用课外语言资源，如何与中国人交往，如何处理交际过程中的语言障碍和文化障碍等，切实提高他们在中国的文化适应和汉语水平。

# 第三章　个体差异对留学生课外汉语使用的影响

国内外学者以 Gardner（1985）社会教育模式和 MacIntyre（1998）等提出的影响二语交际意愿的启发式模型为理论基础，从性别、文化背景、国家、性格、居住情况、二语水平、二语经历、交际意愿等角度探讨了影响二语学习者在国外环境下语言资源利用的因素，展示了影响因素的多样性和效果的复杂性。然而，大部分的研究是以西方文化为背景，二语学习者在目的语国家或地区的交际频率又与目的语国家或地区的社会文化密切相关，某一个文化背景下所研究和测量的结果不能简单地推广应用到其他文化背景中，更何况我国文化与西方文化差别迥异。因此，本章将沿袭前人研究的思路，检验和探讨性别、文化背景、国家、性格、居住情况、二语水平、二语经历和交际意愿等因素对留学生在我国课外汉语使用的实际影响作用。

## 第一节　研究概况

### 一、调查对象

调查对象为在南京大学海外教育学院、南京师范大学国际文化教育学院、南京中医药大学国际教育学院和南京理工大学国际教育学院长期进修的留学生。选择他们作为调查对象，原因和第二章介绍的相同。这里我们增加了南京理工大学国际教育学院留学生作为调查对象，主要目的是为了使研究对象在国家、专业和学校背景上更趋合理。调查对象共 83 人，平均年龄 23 岁，最小的 19 岁，最大的 38 岁。从表 3－1 可以看出，其中男性 28 人，女性 54 人，缺失值 1 人；来自东方国家的 48 人，西方国家的 35 人；韩国 31 人，日本 4 人，非韩国非日本的东方人 13 人，西方人 35 人；来南京前曾去过说汉语的地方的 22 人，没去过的 42 人，缺失值 19 人；除汉语外，还学过其他外语的 28 人，没学过其他外语的 50 人，缺失值 5 人；汉语水平自评“差”12 人，“好”40 人，“很好”9 人，

"非常好"22人；小学和中学开始学习汉语各1人，高中开始学习汉语10人，大学开始学习汉语71人；来中国的时间"一至六个月"的10人，"六个月至十二个月"的44人，"十二个月至二十四个月"的26人，超过二十四个月的3人；学生文化程度大学生71人，研究生7人，博士生2人，其他1人，缺失值2人；上学经费来源奖学金44人，自费38人，缺失值1人；华裔7人，非华裔75人，缺失值1人；在校内居住56人，校外居住26人，缺失值1人；汉语水平初级28人，中级29人，高级23人，缺失值3人；性格外向14人，有点外向42人，有点内向26人，缺失值1人；学生在中国上课每周课时均超过20课时。

**表3-1 留学生基本情况**

| | | | | | |
|---|---|---|---|---|---|
| 性别 | 男 | 女 | 缺失值 | | |
| | 28 | 54 | 1 | | |
| 文化背景 | 东方 | 西方 | | | |
| | 48 | 35 | | | |
| 国家 | 韩国 | 日本 | 非韩非日的东方人 | 西方人 | |
| | 31 | 4 | 13 | 35 | |
| 是否去过说汉语的地方 | 是 | 否 | 缺失值 | | |
| | 22 | 42 | 19 | | |
| 如果是，去了多长时间 | 一个月或少于一个月 | 两个月 | 多于两个月 | | |
| | 10 | 3 | 9 | | |
| 二语学习经历（除汉语外是否学过其他外语） | 是 | 否 | 缺失值 | | |
| | 28 | 50 | 5 | | |
| 自评汉语水平 | 差 | 好 | 很好 | 非常好 | |
| | 12 | 40 | 9 | 22 | |
| 汉语学习时间 | 小学开始学习 | 中学开始学习 | 高中开始学习 | 大学开始学习 | |
| | 1 | 1 | 10 | 71 | |
| 来中国的时间 | 一至六个月 | 六个月至十二个月 | 十二个月至二十四个月 | 二十四个月至三十六个月 | 多于三十六个月 |
| | 10 | 44 | 26 | 2 | 1 |

（续上表）

| | | | | | |
|---|---|---|---|---|---|
| 文化程度 | 大学生 | 研究生 | 博士生 | 其他 | 缺失值 |
| | 71 | 7 | 2 | 1 | 2 |
| 上学资金来源 | 奖学金 | 自费 | 缺失值 | | |
| | 44 | 38 | 1 | | |
| 是否华裔 | 是 | 否 | 缺失值 | | |
| | 7 | 75 | 1 | | |
| 父母是否讲汉语 | 是 | 否 | 缺失值 | | |
| | 5 | 77 | 1 | | |
| 居住情况 | 校内 | 校外 | 缺失值 | | |
| | 56 | 26 | 1 | | |
| 课程学习情况 | 每周大于20课时 | 缺失值 | | | |
| | 82 | 1 | | | |
| 汉语水平 | 初级 | 中级 | 高级 | 缺失值 | |
| | 28 | 29 | 23 | 3 | |
| 性格 | 外向 | 有点外向 | 有点内向 | 缺失值 | |
| | 14 | 42 | 26 | 1 | |

## 二、调查方式

分别于2008年12月和2009年5月在学期末以问卷调查的方式进行，共发放问卷100份，回收有效问卷83份，回收率为83%。

## 三、调查材料

调查问卷包括如下内容：

（一）留学生背景信息调查

包括留学生年龄、性别、文化背景、国籍、性格、居住情况、二语水平、二语经历、来中国的时间、汉语学习时间、专业、文化程度、上学资金来源、课程学习情况和是否华裔等。

（二）汉语学习动机测量

本研究使用的是 Gardner & MacIntyre（1993）使用的 Attitude/Motivation Test Battery（AMTB）简约版本（mini-AMTB；a =. 85）。包括 11 个测量项：融合型动机（3 题）、对学习环境的态度（2 题）、汉语学习动机（3 题）、工具型动机（1 题）和语言焦虑（2 题）。每项用 7 级测量。

（三）交际恐惧量表

本研究使用的是 Yashima（2002）使用的量表（a =. 92），每项用 0 至 100 数字测量。让留学生根据实际情况填写合适的数字表明在每种情况下课外使用汉语的交际恐惧。共有 12 个测量项，涵盖了不同的交谈对象，朋友、熟人、陌生人；不同的交际场合，在会议上、一群人、少数人和两个人。

（四）自我感知交际能力量表

本研究使用的是 MacIntyre & Charos（1996）使用的量表（a =. 98），每项用 0 至 100 数字测量。让留学生根据实际情况填写合适的数字表明课外使用汉语自我感知的交际能力。共有 12 个测量项，涵盖了不同的交谈对象，朋友、熟人、陌生人；不同的交际场合，在会议上、一群人、少数人和两个人。

（五）交际意愿量表

本研究使用的是 MacIntyre & Charos（1996）使用的量表（a =. 97），每项用 0 至 100 数字测量。让留学生根据实际情况填写合适的数字表明课外愿意用汉语进行交谈的程度，其中填充项（the filler items）8 个，测量项 12 个。12 个测量项涵盖了不同的交谈对象，朋友、熟人、陌生人；不同的交际场合，在会议上、一群人、少数人和两个人。

（六）交际频率量表

本研究使用的是 MacIntyre & Charos（1996）使用的量表（a =. 97），每项用 1 至 7 数字测量。让留学生根据实际情况选择合适的数字表明课外使用汉语的频率。共有 12 个测量项，每项用 7 级测量，12 个测量项涵盖了不同的交谈对象，朋友、熟人、陌生人；不同的交际场合，在会议上、一群人、少数人和两个人。

除了调查问卷外，我们还收集了大量的定性材料，一是留学生作文，包括《我的汉语学习》、《我的中国朋友》、《我与中国人的交往》、《中国人对我课外讲汉语的影响》等，二是留学生的访谈录音，主要是让留学生结合自身情况谈论影响课外讲汉语的情况。

### 四、数据收集和分析

问卷调查持续20分钟，在课后集中完成。调查对象被告知应如实回答问题。问卷调查为匿名调查。所采集的数据运用SPSS12.0软件进行分析。定性材料用来说明收集数据的信度和效度。

### 五、信度分析

对问卷的汉语学习动机、交际恐惧、自我感知交际能力、交际意愿与交际频率的信度进行了实测，所得出的克隆巴赫a系数分别为.642、.929、.940、.885、.860。这个结果表明所得数据的一致性和稳定性程度比较理想。

## 第二节　性别对留学生课外汉语交际频率的影响

### 一、研究问题

性别对留学生课外汉语交际频率是否有显著性影响？

### 二、研究假设

（1）假设一：男女两个总体课外汉语交际频率方差相等。

（2）假设二：男女两个总体课外汉语交际频率均值无显著差异。

### 三、研究结果

（1）从表3-2可以看出，在我们的调查对象中，女性有54人，男性有28人。女性留学生课外汉语交际频率均值为4.533，标准差为1.037；男性留学生课外汉语交际频率均值为4.663，标准差为0.981。可以看出，男性留学生课外汉语交际频率较高，标准差也较小，而女性留学生课外汉语交际频率较低，标准差也较大。

（2）那么性别是否对留学生课外汉语交际频率有显著性影响呢？我们采用了独立样本 $T$ 检验进行研究。独立样本 $T$ 检验用来测量彼此独立没有任何关联的两个样本之间是否有显著性存在。

**表 3－2　不同性别课外汉语交际频率的描述性统计**

| | 观察数目 | 均值 | 标准差 | 标准误 | 平均数在 95% 水平上的置信区间 | | 最小值 | 最大值 |
|---|---|---|---|---|---|---|---|---|
| | | | | | 下限 | 上限 | | |
| 男 | 28 | 4.663 | 0.981 | 0.185 | 4.283 | 5.043 | 2.830 | 7.000 |
| 女 | 54 | 4.533 | 1.037 | 0.141 | 4.250 | 4.816 | 2.830 | 6.330 |
| 总计 | 82 | 4.577 | 1.014 | 0.112 | 4.355 | 4.800 | 2.830 | 7.000 |

从表 3－3 可以看出，男女两个总体方差 Levene $F$ 值为 1.179，相伴概率为 .281，大于显著性水平 0.05，不能拒绝方差相等的假设，可以认为男女两个总体课外汉语交际频率方差无显著差异。然后看方差相等时 $T$ 检验的结果，也就是第一行“假设方差相等”的 $T$ 检验结果。$T$ 统计量的相伴概率为 .585，大于显著性水平 0.05，不能拒绝 $T$ 检验的原假设，也就是说男女两个总体课外汉语交际频率均值不存在显著差异。另外，从两个样本的均值差的 95% 置信区间看，区间跨 0，这也说明了男女两个总体课外汉语交际频率均值无显著差异。

**表 3－3　性别对交际频率影响的独立样本 $T$ 检验结果**

| | | Levene 方差同质性检验 | | 均值同质性 $T$ 检验 | | | | | | |
|---|---|---|---|---|---|---|---|---|---|---|
| | | $F$ 值 | 显著值 | $T$ 值 | 自由度 | 显著性（双侧检验） | 平均差 | 标准误差 | 差值 95% 的置信区间 | |
| | | | | | | | | | 下限 | 上限 |
| 交际频率 | 假设方差相等 | 1.179 | .281 | .548 | 80 | .585 | .130 | .237 | －.342 | .602 |
| | 假设方差不相等 | | | .558 | 57.513 | .579 | .130 | .233 | －.336 | .596 |

## 四、讨论

Cundick（2007）在研究中，没有从统计的角度分析性别是否对学生课外语言接触产生显著性的影响，但是他对男女不同学生课外语言接触情况进行了介绍，他指出，男女不同学生课外语言接触每天均值分别为40.5个小时和45.5个小时，并且认为两者差别不大，性别对学生课外语言接触没有影响。虽然他的这一结论与我们的研究结果相同，但由于他的这一结果不是建立在统计分析的基础上，所以我们在此并不作过多的评价。但是从他的描述中我们可以发现女性课外语言接触多于男性，这一结果与我们的不同，我们的研究结果是男性多于女性。Cundick在解释为什么女性的课外语言接触多于男性时，认为女性喜欢社交活动，在各种场合乐于主动发起谈话，而男性大多喜欢做一些非社交性活动，如看电视、打游戏等。我们则不这样认为，我们认为差别的主要原因与二语学习者自身国家与所在国家的优劣对比有关。我们的研究对象大多来自发达国家，作为男性，是许多中国女性迫切交往甚至婚嫁的对象，而对于来自国外的女性，中国的男性大多是心想而不敢做，因此男性学习者在课外运用汉语的机会就比较多，语言接触相对来说就比女性要多。而Cundick的研究对象，虽然有的也来自发达国家，但相对于美国这个超级大国来讲，仍然处于劣势地位，因此，女性向往通过嫁给美国人从而达到长期在美国生活的目的，而男性则没有此优势，这样一来，女性的课外语言接触就比男性多。另外，从Cundick所举的一个课外英语接触非常多的例子Lucy的身上也可以看出这一情况，Lucy作为一个女性，她交了一个美国当地的男朋友，她经常与男朋友在一起说英语，因此她的课外英语接触自然而然地就多了。在我们的研究对象中，当我们询问一个来自美国的男性学习者课外经常和谁一起说汉语时，他这样讲道："我的朋友，他们是中国的女孩，一个是南京大学的女孩，她是二年级的学生，一个是南师大的女孩，她是艺术的，一个是在酒吧认识的，她们经常和我在一起，她们请我吃饭，带我出去玩，可我不喜欢她们，有的女孩矫揉造作。"一位澳大利亚女学生的作文《我很好的中国朋友》中也反映了中国女孩与国外男性交往的情况，她这样写道："我很好的中国朋友是二十六岁。一般地说，中国女人到二十五岁以后应该已经结了婚。如果没有男朋友她们可能很着急，再说她们的父母要为了自己的女儿找到适合的丈夫。我的朋友却不是传统的中国姑娘。她工作在青年旅舍，所以每天跟外国人讨论，外国人的交通是很重要。她好朋友们大部分是外国人。她前男友是法国人。尽管她是中国人，她还是深深地了解很多外国家的风俗。中国人看见她跟外国人去玩儿，有一点看不起她，一次在街上老男人叫她风尘女。过去，她有点不好意思，她现在知道别人的看法是别人的看法，但是自己与朋友们的看法是最重要的。她面对很大的困难。如果她要跟一个中国男人结婚，她的个性好像外国人。她很喜欢跟朋友们去酒吧，也喜欢说英语，不太喜欢做饭，做家务什么的。中国丈夫可能不太喜欢这样的妻子，也觉得她太老，再说要自己的新娘是一个处女。如果知道她前男友们都是外国人，中国男人有点不舒服。如果她要跟外国人结婚，也是很复杂。外国人一般地说只住在南京比较短时间，比如说一二年。见面到结婚时可能需要多时间！”从这里我们也可以看出中国女孩与国外男性交往的迫切性，因此国外男性在我国课外运用汉语的机会自然就会增多。

另外，在 Polanyi（1995）之后，多篇文章和论文再次揭示了女性学习者在国外环境中处理当地男性挑逗性语言的困难，对此我们在文献回顾中已作了详细介绍。而我们的研究对象，在中国学习的女性留学生无一人讲到遭遇上述性骚扰现象，相反，她们在中国受到了贵宾式热情的礼遇。如一位澳大利亚的女留学生在作文《我的中国朋友》中讲道：“当时我是泗洪的唯一老外，所以学校常常请我跟很多比较重要的人一起吃饭。我非参加不可，否则学校可能丢面子。我第三次去，我见面了一教育部的领导。我到饭店，他已经喝醉了，对我来说，他说的话非常不礼貌。二十分钟以后，我有点也不喜欢他，可是因为我的学校请我吃饭，我不能马上回家。因为我不会说汉语，我也不会告诉学校的老师我要走。一个星期以后，学校再请我去吃饭。我怕这个坏人也参加，但是他不在。我不知道为什么，可能很奇怪：这个人对我们的比较穷的学校很重要，如果学校不请他吃饭，可能有坏处……发生了什么呢？上次吃饭，赵校长看我的脸以后，深深地理解我的问题。虽然不请领导吃饭可能让赵校长丢人，但是他不要我觉得不舒服。”从这里我们可以看出，能够邀请到她一起参加活动被当地学校当作一种荣誉和骄傲，在看到她吃饭时有点不高兴时，这所学校的校长毅然放弃学校的利益，去维护我们这位女性留学生的利益，这也充分说明了女性留学生在中国的特殊地位，当然这也给她们在课外讲汉语带来不利，使得她们说汉语的机会比男性留学生要少。

## 五、结论

性别对留学生课外汉语交际频率无显著性影响。

## 第三节 国家对留学生课外汉语交际频率的影响

### 一、研究问题

（1）国家对留学生课外汉语交际频率是否有显著性影响？

（2）文化背景对留学生课外汉语交际频率是否有显著性影响？

### 二、研究假设

（1）假设一：不同国家四个总体课外汉语交际频率方差相等。

（2）假设二：不同国家四个总体课外汉语交际频率均值无显著差异。

（3）假设三：不同文化背景两个总体课外汉语交际频率方差相等。

（4）假设四：不同文化背景两个总体课外汉语交际频率均值无显著差异。

### 三、研究结果

#### （一）国家对留学生课外汉语交际频率的影响

从表3－4可以看出，我们调查的对象来自韩国的31人，日本的4人，非韩国非日本的东方人13人，西方人35人。非韩国非日本的东方人指来自泰国、越南、马来西亚、新加坡等，西方人泛指欧美人。韩国学生课外汉语交际频率均值为4.941，日本学生为3.979，非韩国非日本的东方学生为3.974，西方学生为4.534，韩国学生和西方学生比较高，日本学生和非韩国非日本的东方学生比较低，都低于总体平均数4.576。

**表3－4 不同国家留学生课外汉语交际频率的描述性统计**

| | 观察数目 | 均值 | 标准差 | 标准误 | 平均数在95%水平上的置信区间 | | 最小值 | 最大值 |
|---|---|---|---|---|---|---|---|---|
| | | | | | 下限 | 上限 | | |
| 1＝韩国 | 31 | 4.941 | 0.968 | 0.171 | 4.592 | 5.290 | 2.83 | 6.33 |
| 2＝日本 | 4 | 3.979 | 0.458 | 0.229 | 3.250 | 4.709 | 3.58 | 4.42 |
| 3＝非韩非日东方人 | 13 | 3.974 | 0.787 | 0.218 | 3.498 | 4.449 | 2.83 | 5.17 |

（续上表）

| | 观察数目 | 均值 | 标准差 | 标准误 | 平均数在95%水平上的置信区间 | | 最小值 | 最大值 |
|---|---|---|---|---|---|---|---|---|
| | | | | | 下限 | 上限 | | |
| 4 = 西方人 | 35 | 4.534 | 1.040 | 0.178 | 4.171 | 4.897 | 2.92 | 7.00 |
| 总计 | 83 | 4.576 | 1.008 | 0.111 | 4.356 | 4.796 | 2.83 | 7.00 |

那么，不同国家是否对留学生课外汉语交际频率有显著性影响呢？我们采用单因素方差分析进行研究。单因素方差分析用来测试某一个控制变量的不同水平是否给观察变量造成了显著差异和变动。由于方差分析有一个比较严格的前提条件，即不同水平下，各总体均值服从方差相同的正态分布，为此我们先对方差分析的前提条件进行了检验。从表 3－5 可以看出，方差同质性检验结果显著值为 .404，大于显著性水平 0.05，因此不能拒绝原假设，认为不同国家四个总体课外汉语交际频率方差是相等的，满足方差检验的前提条件。

**表 3－5　不同国家留学生课外汉语交际频率的方差同质性检验结果**

| Levene 统计值 | 自由度 1 | 自由度 2 | 显著值 |
|---|---|---|---|
| .986 | 3 | 79 | .404 |

从表 3－6 方差分析结果可以看出，方差检验的 *F* 值为 3.786，显著值为 .014。显著值小于显著性水平 0.05，表示拒绝原假设，也就是说 4 个组中至少有一个组和其他三个组有明显的区别，也有可能 4 个组之间都存在显著的区别。

**表 3－6　不同国家留学生课外汉语交际频率的方差分析结果**

| | | | 平方和 | 自由度 | 均方 | *F* 值 | 显著值 |
|---|---|---|---|---|---|---|---|
| 组间 | (Combined) | | 10.464 | 3 | 3.488 | 3.786 | .014 |
| | Linear Term | Unweighted | 1.724 | 1 | 1.724 | 1.871 | .175 |
| | | Weighted | 3.297 | 1 | 3.297 | 3.578 | .062 |
| | | Deviation | 7.167 | 2 | 3.584 | 3.889 | .024 |
| 组内 | | | 72.790 | 79 | .921 | | |
| 总计 | | | 83.254 | 82 | | | |

从表 3-7 LSD 法多重比较结果可以看出，韩国学生和非韩国非日本的东方学生之间显著值为 .003，小于显著性水平 .01，说明他们之间存在显著区别。

**表 3-7　不同国家留学生课外汉语交际频率 LSD 结果**

| | (I) 国家 | (J) 国家 | 平均差 (I-J) | 标准误 | 显著值 | 95% 置信区间 | |
|---|---|---|---|---|---|---|---|
| | | | | | | 下限 | 上限 |
| LSD | 1=韩国 | 2=日本 | 0.962 | 0.509 | .063 | -0.052 | 1.975 |
| | | 3=非韩非日东方人 | .967 (*) | 0.316 | .003 | 0.339 | 1.596 |
| | | 4=西方人 | 0.407 | 0.236 | .089 | -0.064 | 0.878 |
| | 2=日本 | 1=韩国 | -0.962 | 0.509 | .063 | -1.975 | 0.052 |
| | | 3=非韩非日东方人 | 0.006 | 0.549 | .992 | -1.087 | 1.098 |
| | | 4=西方人 | -0.555 | 0.507 | .278 | -1.565 | 0.455 |
| | 3=非韩非日东方人 | 1=韩国 | -.967 (*) | 0.316 | .003 | -1.596 | -0.339 |
| | | 2=日本 | -0.006 | 0.549 | .992 | -1.098 | 1.087 |
| | | 4=西方人 | -0.560 | 0.313 | .077 | -1.183 | 0.063 |
| | 4=西方人 | 1=韩国 | -0.407 | 0.236 | .089 | -0.878 | 0.064 |
| | | 2=日本 | 0.555 | 0.507 | .278 | -0.455 | 1.565 |
| | | 3=非韩非日东方人 | 0.560 | 0.313 | .077 | -0.063 | 1.183 |

* 均值差在 0.05 水平上显著。

（二）文化背景对留学生课外汉语交际频率的影响

文化背景是指留学生是来自东方国家，还是来自西方国家。之所以从文化背景的角度进行测量，主要是因为人们普遍认为东西方文化差异显著，这就有可能对交际频率产生影响。这也是想在比较国家的基础上，进一步从整体上认识两者之间的差异。

从表 3-8 可以看出，东方国家留学生课外汉语交际频率均值为 4.594，西方国家留学生的均值为 4.534，东方国家留学生的课外汉语交际频率略高于西方国家。

**表 3－8 文化背景对留学生课外汉语交际频率影响的描述性统计**

| | 文化背景 | 观察数目 | 均值 | 标准差 | 均值标准误 |
|---|---|---|---|---|---|
| 交际频率 | 东方 | 48 | 4.594 | 1.002 | 0.145 |
| | 西方 | 35 | 4.534 | 1.030 | 0.174 |

我们采用独立样本 $T$ 检验测量文化背景对留学生课外汉语交际频率的影响。从表 3－9 可以看出，文化背景中东方和西方两个总体方差 Levene $F$ 值为 .000，显著值为 .983，大于显著性水平 0.05，不能拒绝方差相等的假设，可以认为文化背景中东方和西方两个总体课外汉语交际频率方差无显著差异。然后看方差相等时 $T$ 检验的结果，也就是第一行“假设方差相等”的 $T$ 检验结果。$T$ 统计量的显著值为 .852，大于显著性水平 0.05，不能拒绝 $T$ 检验的原假设，也就是说文化背景中东方和西方两个总体课外汉语交际频率均值不存在显著差异。另外，从两个样本的均值差的 95% 置信区间看，区间跨 0，这也说明了文化背景中东方和西方两个总体课外汉语交际频率均值无显著差异。

**表 3－9 文化背景对留学生课外汉语交际频率影响的独立样本 $T$ 检验结果**

| | | Levene 方差同质性检验 | | 均值同质性 $T$ 检验 | | | | | | |
|---|---|---|---|---|---|---|---|---|---|---|
| | | $F$ 值 | 显著值 | $T$ 值 | 自由度 | 显著值（双侧检验） | 平均差 | 标准误差 | 差值 95% 的置信区间 | |
| | | | | | | | | | 下限 | 上限 |
| 交际频率 | 假设方差相等 | .000 | .983 | .187 | 81 | .852 | 0.042 | 0.225 | －0.406 | 0.490 |
| | 假设方差不相等 | | | .186 | 72.206 | .853 | 0.042 | 0.226 | －0.409 | 0.493 |

## 四、讨论

有点出乎我们预料的是，韩国学生的课外汉语交际频率高于西方国家的学生。大多数人认为，韩国学生在我国比较多，他们大多喜欢在一起活动，这样就限制了他们与中国人交往的机会，而西方学生大多喜欢交往，并且很受中国人欢迎，因此课外汉语交际频率要高于韩国学生。我们推测，这其中主要的原因有两个方面。一是与文化距离有关。西方国家与我国文化差异较大，韩国与我国同属东方文化，并且在历史上和现在一直受到中国文化的影响，因此韩国学生来到中国后，文化适应就比较快、比较好，能很快融入我国的社会生活，而西方国家的价值观和社会观与我国差异较大，这些学生来到中国后文化适应就比较慢，融入中国社会生活的速度也较慢。二是与学习目的有关。韩国学生汉语学习的目的大多是为了找到合适的工作，他们要通过一定的 HSK 考试才能毕业或到相关企业工作，而西方国家的学生虽然有些也是为了找工作，但有很多人是因为喜欢中国文化而学习汉语，当他们来到中国“新鲜感”逐渐消失后，思乡和排斥与中国人交往的情况就会增多，因此与中国人交往说汉语的机会就会减少。

### 五、结论

（1）不同国家对留学生课外汉语交际频率有显著性影响，其中韩国和非韩国非日本的东方人在 0.01 水平上差别显著。

（2）不同文化背景对留学生课外汉语交际频率没有显著性影响。

## 第四节　性格对留学生课外汉语交际频率的影响

### 一、研究问题

性格对留学生课外汉语交际频率是否有显著性影响？

### 二、研究假设

（1）假设一：性格三个总体课外汉语交际频率方差相等。

（2）假设二：性格三个总体课外汉语交际频率均值无显著差异。

### 三、研究结果

（1）从表 3－10 可以看出，留学生性格外向的有 14 人，占总人数的 16.9%，有点外向的有 42 人，占总人数的 50.6%，有点内向的有 26 人，占总人数的 31.3%，内向的有 0 人。外向性格的同学课外汉语交际频率均值为 5.262，有点外向性格的同学课外汉语交际频率均值为 4.621，有点内向性格的同学课外汉语交际频率均值为 4.135，总均值为 4.576。

**表 3-10　性格对留学生课外汉语交际频率影响的描述性统计**

| | 观察数目 | 均值 | 标准差 | 标准误 | 平均数在 95% 水平上的置信区间 | | 最小值 | 最大值 |
|---|---|---|---|---|---|---|---|---|
| | | | | | 下限 | 上限 | | |
| 外向 | 14 | 5.262 | 1.058 | 0.283 | 4.651 | 5.873 | 3.58 | 7.00 |
| 有点外向 | 42 | 4.621 | 0.906 | 0.140 | 4.339 | 4.903 | 2.92 | 6.33 |
| 有点内向 | 26 | 4.135 | 0.966 | 0.189 | 3.745 | 4.525 | 2.83 | 6.33 |
| 总计 | 82 | 4.576 | 1.014 | 0.112 | 4.354 | 4.799 | 2.83 | 7.00 |

（2）我们使用单因素方差分析，分析性格对留学生课外汉语交际频率是否产生影响。研究对象共分四组，一组是有点外向，一组是外向，一组是有点内向，一组是内向，由于所调查的对象没有一人是内向的，所以分析实际上是三组。

我们首先对方差分析的前提进行了检验。从表 3-11 可以看出，显著值为.578，大于显著性水平 0.05，因此不能拒绝原假设，可以认为各个组总体方差是相等的，满足方差检验的前提条件。

**表 3-11　不同性格留学生课外汉语交际频率的方差同质性检验结果**

| Levene 统计值 | 自由度 1 | 自由度 2 | 显著值 |
|---|---|---|---|
| .551 | 2 | 79 | .578 |

**表 3-12　不同性格留学生课外汉语交际频率的方差分析结果**

| | | | 平方和 | 自由度 | 均方 | $F$ 值 | 显著值 |
|---|---|---|---|---|---|---|---|
| 组间 | (Combined) | | 11.726 | 2 | 5.863 | 6.476 | .002 |
| | Linear Term | Unweighted | 11.555 | 1 | 11.555 | 12.762 | .001 |
| | | Weighted | 11.609 | 1 | 11.609 | 12.822 | .001 |
| | | Deviation | .117 | 1 | .117 | .130 | .720 |
| 组内 | | | 71.528 | 79 | .905 | | |
| 总计 | | | 83.254 | 81 | | | |

那么，不同的性格是否对留学生课外汉语交际频率产生影响呢？从表 3 – 12 可以看出，方差检验的 *F* 值为 6.476，显著值为 .002，显著值小于显著性水平 0.01，表示拒绝原假设，也就是说 3 个组中至少有一个组和其他两个组有明显的区别，也有可能 3 个组之间都存在显著的区别。另外可以看出 3 个组总的离差平方和为 83.254，其中控制变量不同水平造成的组间平方和为 11.726，随机变量造成的组内平方和为 71.528。而组间平方和中，能被控制变量线性解释的平方和为 11.609，不能被线性解释的平方和为 .117。从表 3 – 13 LSD 检验结果可以看出，三个组之间都存在显著性差别。

**表 3 – 13　不同性格留学生课外汉语交际频率 LSD 检验结果**

| | (I) 你的性格是 | (J) 你的性格是 | 平均差 (I – J) | 标准误 | 显著值 | 95% 置信区间 | |
|---|---|---|---|---|---|---|---|
| | | | | | | 下限 | 上限 |
| LSD | 外向 | 有点外向 | .641(*) | 0.294 | .032 | 0.057 | 1.226 |
| | | 有点内向 | 1.127(*) | 0.315 | .001 | 0.499 | 1.755 |
| | 有点外向 | 外向 | –.641(*) | 0.294 | .032 | –1.226 | –0.057 |
| | | 有点内向 | .486(*) | 0.238 | .044 | 0.013 | 0.958 |
| | 有点内向 | 外向 | –1.127(*) | 0.315 | .001 | –1.755 | –0.499 |
| | | 有点外向 | –.486(*) | 0.238 | .044 | –0.958 | –0.013 |

* 均值差在 0.05 水平上显著。

## 四、讨论

性格对第二语言习得的影响是公认的。心理学上一般把性格分为内向和外向两种。内向性格的人一般不爱说话，不善于或不愿意表达自己的思想，有的还表现为不喜欢交际，不爱好运动，喜欢独自学习或活动。外向性格的人一般热情开朗，喜欢说话，善于交际，比较活跃。从直觉我们一般认为外向性格的人学习速度更快，成功率更高，并且认为外向性格的人更易于和目的语人群接触，从而获得更多的语言输入。我们的研究结果进一步深化了大家的认识，并且与 Skehan 等研究的结果相同。Skehan（1989）认为外向/内向的作用与学习环境、教学方法、测量手段和评价着眼点有关。一般来讲，外向性格和语言能力之间没有显著性关系，但与语言交际能力有一定的关系，即外向性格的学生将会获得更多的语言练习和语言输入的机会。

在 Paige 等（2002）所著的《国外学习最大化》一书中引导学生发现自我的学习方式、语言使用策略和文化学习策略。在自我学习方式中，把学生的性格作为影响学生学习方式的重要因素之一，并且认为外向性格的学生会积极参加广泛的社会互动式学习任务，如游戏、会话、讨论、争论、角色扮演和模拟训练，内向性格的学生喜欢单独的学习任务，如一个人学习或阅读，通过计算机学习等，或者与自己比较熟悉的人一起学习。

因此，对于性格内向的留学生应当特别关注，教师应当鼓励他们积极与中国人交流，降低他们的交际恐惧，提高他们的自我感知交际能力，从而提高他们的交际意愿和交际频率。

### 五、结论

性格对留学生课外汉语交际频率有显著性影响，并且不同性格之间均有显著差异。

## 第五节　居住情况对留学生课外汉语交际频率的影响

### 一、研究问题

居住情况对留学生课外汉语交际频率是否有显著性影响?

### 二、研究假设

（1）假设一：校内校外居住两个总体课外汉语交际频率方差相等。
（2）假设二：校内校外居住两个总体课外汉语交际频率均值无显著差异。

### 三、研究结果

（1）从表 3－14 可以看出，留学生中有 56 人选择在校内居住，26 人选择在校外居住。很明显，在校内居住的留学生比在校外居住的留学生要多。在校内居住的留学生课外汉语交际频率均值为 4.463，标准差为 1.019；在校外居住的留学生课外汉语交际频率均值为 4.836，标准差为 0.970。可以看出，在校外居住的留学生课外汉语交际频率较高，标准差也较小，而在校内居住的留学生课外汉语交际频率较低，标准差也较大。

（2）那么居住在校内校外对留学生课外汉语交际频率是否有影响呢？我们对此进行了独立样本 $T$ 检验。从表 3－15 可以看出，检验结果的 $F$ 值为 .614，显著值为 .435，大于显著性水平 0.05，不能拒绝方差相等的假设，可以认为居住在校内和居住在校外留学生的课外汉语交际频率方差无显著差异。然后看方差相等时 $T$ 检验的结果，$T$ 统计量的显著值为 .121，大于显著性水平 0.05，不能拒绝 $T$ 检验的原假设，也就是说，居住在校内和居住在校外的留学生的课外汉语交际频率不存在显著差异。另外，从两个样本的均值差的 95% 置信区间看，最低值是 -0.847，最大值是 0.101，区间跨 0，这也说明留学生的居住情况对他们课外汉语交际频率无显著影响。

**表 3－14　不同居住情况留学生课外汉语交际频率的描述性统计**

| 你的居住情况是 | 观察数目 | 均值 | 标准差 | 均值标准误 |
|---|---|---|---|---|
| 校内 | 56 | 4.463 | 1.019 | 0.136 |
| 校外 | 26 | 4.836 | 0.970 | 0.190 |

**表 3－15　不同居住情况对留学生课外汉语交际频率影响的 $T$ 检验结果**

| | | Levene 方差同质性检验 | | 均值同质性 $T$ 检验 | | | | | | |
|---|---|---|---|---|---|---|---|---|---|---|
| | | $F$ 值 | 显著值 | $T$ 值 | 自由度 | 显著值（双侧检验） | 平均差 | 标准误差 | 差值 95% 的置信区间 | |
| | | | | | | | | | 下限 | 上限 |
| 交际频率 | 假设方差相等 | .614 | .435 | -1.567 | 80 | .121 | -0.373 | 0.238 | -0.847 | 0.101 |
| | 假设方差不相等 | | | -1.595 | 51.067 | .117 | -0.373 | 0.234 | -0.843 | 0.097 |

## 四、讨论

从上面我们可以看出，居住在校内还是校外，对留学生课外汉语交际频率没有显著性影响。但当我们对留学生采访问到哪些方面影响自己说汉语时，一些留学生这样讲道："我的住宅也对我的学习方法有大的影响。因为我不要住在宿舍，我选择租的房子。我常常有机会跟邻居讨论各种各样的事情。我们楼的争论也很厉害。""还有两个比较重要的方面是跟中国人的关系和居住。关于居住我的选择是跟中国人一起住以便联系我的汉语说话。我认为对汉语学习的进步有中国朋友们很重要。""我们现在上课的方式，留学生在一个楼，居住也在一起、出去玩到马鞍山等大家在一起，这样不好，没有中国人，没有机会跟中国人一起说汉语。"因此，从访谈情况来看，留学生、一些老师和研究者都认为居住情况对留学生课外汉语交际频率有影响。而我们研究的结果却是没有显著性影响，我们认为其主要原因是，居住在校内虽然不利于留学生与中国人接触，但仍有许多留学生努力寻找机会与中国人交谈；居住在校外虽然有利于留学生与中国人接触，但大部分留学生或是选择与同胞或同学居住在一起，或者是单独居住，这样其实对他们与中国人的接触并没有多大的好处。

虽然居住情况对留学生课外汉语交际频率没有产生显著性影响，但我们仍然坚定地主张和欢迎留学生与中国人在一起居住，尤其是与中国学生一起居住，而不是现在实行的"隔离式"管理措施，把留学生与中国学生分开居住。

### 五、结论

居住情况对留学生课外汉语交际频率没有显著性影响。

## 第六节　二语水平对留学生课外汉语交际频率的影响

### 一、研究问题

二语水平对留学生课外汉语交际频率是否有显著性影响？

### 二、研究假设

（1）假设一：二语水平三个总体课外汉语交际频率方差相等。

（2）假设二：二语水平三个总体课外汉语交际频率均值无显著差异。

### 三、研究结果

我们借鉴高海洋（2001）高级组和低级组区别的方法，把研究对象分为三个组，即初级、中级和高级，主要从三个方面做出判定：一是根据 HSK 考试，留学生 HSK 考试为三级和四级的为初级，五级和六级的为中级，七级和八级或以上的为高级。二是没有参加 HSK 考试的留学生根据自报、所在班级水平层次和来中国学习汉语的时间判定。

（1）从表 3 – 16 可以看出，留学生初级的有 28 人，中级的有 29 人，高级的有 23 人，他们的课外汉语交际频率的均值分别是 4. 461、4. 690 和 4. 750，随着留学生水平的提高，课外汉语交际频率也相应增加。初级组的标准差最小，高级组的标准差最大，说明高级组之间的差异性较大。

**表 3 – 16　二语水平对留学生课外汉语交际频率影响的描述性统计**

| | 观察数目 | 均值 | 标准差 | 标准误 | 平均数在 95% 水平上的置信区间 | | 最小值 | 最大值 |
|---|---|---|---|---|---|---|---|---|
| | | | | | 下限 | 上限 | | |
| 初级 | 28 | 4. 461 | 0. 962 | 0. 156 | 4. 145 | 4. 777 | 2. 83 | 6. 33 |
| 中级 | 29 | 4. 690 | 1. 060 | 0. 170 | 4. 346 | 5. 033 | 3. 07 | 7. 00 |
| 高级 | 23 | 4. 750 | 1. 417 | 0. 818 | 1. 231 | 8. 269 | 3. 33 | 6. 17 |
| 总计 | 80 | 4. 583 | 1. 019 | 0. 114 | 4. 357 | 4. 810 | 2. 83 | 7. 00 |

（2）那么不同汉语水平是否对留学生课外汉语交际频率有显著性影响呢?我们采用了单因素方差分析。从表 3 – 17 可以看出，显著值为. 684，大于显著性水平 0. 05，不能拒绝原假设，因此可以认为各个组总体方差是相等的，满足方差检验的前提条件。

**表 3 – 17　二语水平对留学生课外汉语交际频率影响的方差同质性检验结果**

| Levene 统计值 | 自由度 1 | 自由度 2 | 显著值 |
|---|---|---|---|
| . 382 | 2 | 77 | . 684 |

从表 3 – 18 方差分析结果可以看出，方差检验的 $F$ 值为 . 522，显著值为 . 596，显著值大于显著性水平 0. 05，表示接受原假设，也就是说 3 个组没有明显的区别。另外可以看出 3 个组总的离差平方和为 82. 001，其中控制变量不同水平造成的组间平方和为 1. 096，随机变量造成的组内平方和为 80. 905。而组间平方

和中，能被控制变量线性解释的平方和为 1.034，不能被线性解释的平方和为.062。

**表 3－18　二语水平对留学生课外汉语交际频率影响的方差分析结果**

| | | | 平方和 | 自由度 | 均方 | *F* 值 | 显著值 |
|---|---|---|---|---|---|---|---|
| 组间 | (Combined) | | 1.096 | 2 | .548 | .522 | .596 |
| | Linear Term | Unweighted | .233 | 1 | .233 | .221 | .639 |
| | | Weighted | 1.034 | 1 | 1.034 | .984 | .324 |
| | | Deviation | .062 | 1 | .062 | .059 | .809 |
| 组内 | | | 80.905 | 77 | 1.051 | | |
| 总计 | | | 82.001 | 79 | | | |

## 四、讨论

Brecht, Davidson, and Ginsberg（1993）研究发现，在到达俄国时俄语水平较高的学生比水平较低的学生俄语使用得多。在我们访谈中，一些留学生也讲到汉语水平对自己使用汉语有影响，例如：“之所以我们用俄语说得很多，是因为我的汉语的水平那么低。”“有好多方面影响自己说汉语：我的汉语水平不太好，还不够。”“Maggie 跟我交朋友因为她跟我想练习她的英语（她现在在新街口学英语），但是因为我的汉语水平比得上她的英语水平，还有她的婆婆不会说英语，所以我们大部分说中文。”“可是有的方面对我的汉语有好处。比如说，因为我现在的水平不太低，所以我可以练习说比较长的句子，还有，将来我要做国际贸易，所以这个愿望可以激励我认真学习。”从这里可以看出，留学生汉语水平对留学生课外汉语交际频率影响较大，因此，一些海外学习项目都要求参加的学生必须在国内有一定的二语水平才能允许参加，我们对于初级阶段的留学生课外汉语交际频率较低也不必大惊小怪，要相信随着他们汉语水平的提高，运用汉语进行交际的能力会逐步提升。

## 五、结论

二语水平即留学生不同的汉语水平对他们课外汉语交际频率没有显著性影响。

## 第七节　二语经历对留学生课外汉语交际频率的影响

### 一、研究问题

二语经历对留学生课外汉语交际频率是否有显著性影响？

### 二、研究假设

（1）假设一：学过和没学过其他第二语言两个总体课外汉语交际频率方差相等。

（2）假设二：学过和没学过其他第二语言两个总体课外汉语交际频率均值无显著差异。

### 三、研究结果

二语经历是指除了汉语外，是否学过其他第二语言。从表 3－19 可以看出，除汉语外，还学过其他语言的留学生有 28 人，课外汉语交际频率均值为 4.577；没学过其他语言的有 50 人，课外汉语交际频率均值为 4.557，有二语经历的留学生课外汉语交际频率略高于没有二语经历的。

**表 3－19　二语经历对留学生课外汉语交际频率影响的描述性统计**

| | 除了汉语外，还学过其他语言吗 | 观察数目 | 均值 | 标准差 | 均值标准误 |
|---|---|---|---|---|---|
| 交际频率 | 是 | 28 | 4.577 | 1.094 | 0.207 |
| | 否 | 50 | 4.557 | 0.965 | 0.137 |

那么，二语经历对留学生课外汉语交际频率有显著性影响吗？我们采用了独立样本 $T$ 检验方法进行测量。从表 3－20 可以看出，检验结果的 $F$ 值为 .206，显著值为 .651，大于显著性水平 0.05，不能拒绝方差相等的假设，可以认为除汉语外，学过和没学过其他第二语言课外汉语交际频率方差无显著差异。然后看方差相等时 $T$ 检验的结果，$T$ 统计量的显著值为 .934，大于显著性水平 0.05，不能拒绝 $T$ 检验的原假设，也就是说，除汉语外，学过和没学过其他第二语言课外

汉语交际频率不存在显著差异。另外，从两个样本的均值差的95%置信区间看，最低值是-0.456，最大值是0.496，区间跨0，这也说明留学生的二语经历对他们课外汉语交际频率无显著影响。

**表3-20　二语经历对留学生课外汉语交际频率影响的独立样本*T*检验结果**

| | | Levene方差同质性检验 | | 均值同质性*T*检验 | | | | | | |
|---|---|---|---|---|---|---|---|---|---|---|
| | | *F*值 | 显著值 | *T*值 | 自由度 | 显著值（双侧检验） | 平均差 | 标准误差 | 差值95%的置信区间 | |
| | | | | | | | | | 下限 | 上限 |
| 交际频率 | 假设方差相等 | .206 | .651 | .083 | 76 | .934 | 0.020 | 0.239 | -0.456 | 0.496 |
| | 假设方差不相等 | | | .080 | 50.374 | .937 | 0.020 | 0.248 | -0.478 | 0.517 |

## 四、讨论

虽然有许多留学生除汉语外，还学过其他第二语言，也有研究表明有其他二语学习经历对留学生目的语交际有影响作用，但我们的研究表明没有影响作用。我们认为主要原因是，原来大部分研究中二语学习经历与目的语同属于一种语系，而我们的研究对象，他们虽有二语学习经历，但目的语为汉语，汉语与其他语言，如英语、西班牙语、俄语等区别明显，所以虽曾有过二语学习经历，但对留学生课外汉语交际频率影响不大。

## 五、结论

二语经历对留学生课外汉语交际频率无显著性影响。

## 第八节　汉语经历对留学生课外汉语交际频率的影响

### 一、研究问题

去过说汉语的地方对留学生课外汉语交际频率是否有显著性影响？

### 二、研究假设

（1）假设一：去过和没去过说汉语的地方两个总体课外汉语交际频率方差相等。

（2）假设二：去过和没去过说汉语的地方两个总体课外汉语交际频率均值无显著差异。

### 三、研究结果

汉语经历是指在接受我们调查前是否到过中国大陆或中国台湾等主要说汉语的地方。从表3－21可以看出，为了学习汉语曾去过说汉语的地方的有22人，课外汉语交际频率均值为5.023；没去过说汉语地方的有42人，课外汉语交际频率均值为4.301，曾经到过说汉语地方的留学生课外汉语交际频率明显高于第一次来中国的学生。

那么，是否去过说汉语的地方对留学生课外汉语交际频率有显著性影响吗？我们采用了独立样本 $T$ 检验方法进行测量。从表3－22可以看出，检验结果的 $F$ 值为.074，显著值为.787，大于显著性水平0.05，不能拒绝方差相等的假设，可以认为是否去过说汉语的地方课外汉语交际频率方差无显著差异。然后看方差相等时 $T$ 检验的结果，$T$ 统计量的显著值为.006，小于显著性水平0.01，拒绝 $T$ 检验的原假设，也就是说，是否去过说汉语的地方课外汉语交际频率存在显著差异。另外，从两个样本的均值差的95%置信区间看，最低值是0.217，最大值是1.226，区间不跨0，这也说明留学生是否去过说汉语的地方对他们课外汉语交际频率有显著性影响。

**表 3－21 是否去过说汉语地方对留学生课外汉语交际频率影响的描述性统计**

| | 你为了学习汉语曾去过说汉语的地方吗 | 观察数目 | 均值 | 标准差 | 均值标准误 |
|---|---|---|---|---|---|
| 交际频率 | 是 | 22 | 5.023 | 0.969 | 0.207 |
| | 否 | 42 | 4.301 | 0.954 | 0.147 |

**表 3－22 是否去过说汉语地方对留学生课外汉语交际频率影响的独立样本 *T* 检验结果**

| | | Levene 方差同质性检验 | | 均值同质性 *T* 检验 | | | | | | |
|---|---|---|---|---|---|---|---|---|---|---|
| | | *F* 值 | 显著值 | *T* 值 | 自由度 | 显著值（双侧检验） | 平均差 | 标准误差 | 差值 95% 的置信区间 | |
| | | | | | | | | | 下限 | 上限 |
| 交际频率 | 假设方差相等 | .074 | .787 | 2.858 | 62 | .006 | 0.722 | 0.253 | 0.217 | 1.226 |
| | 假设方差不相等 | | | 2.844 | 42.179 | .007 | 0.722 | 0.254 | 0.210 | 1.234 |

## 四、讨论

留学生是否去过说汉语的地方对留学生课外汉语交际频率影响显著，我们认为这是可以理解的，尤其是从文化适应和语言能力方面来讲。留学生再次来到中国学习汉语，和第一次或以前相比，他们学习汉语的目的会进一步明确，动机会更进一步增强，否则不会再次来到中国学习汉语。第二文化适应上也会比以前大大增强，运用汉语进行交际的能力也比以前大大提高，这样就为他们课外运用汉语进行交际提供了可能。而第一次来中国学习汉语的留学生，学习目的比较模糊，文化适应比较困难，汉语水平比较低，这样就减少了他们课外汉语交际的频率。

## 五、结论

是否去过说汉语的地方对留学生课外汉语交际频率有显著性影响。

## 第九节 交际意愿等对留学生课外汉语交际频率的影响

交际意愿等对留学生课外汉语交际频率的影响，是指中文学习动机、自我感知交际能力、交际恐惧和交际意愿对留学生课外汉语交际频率的影响。之所以把它们放在一起进行研究，是因为根据 MacIntyre & Charos（1996）的交际意愿模式图可以得知，这些因素对二语学习者课外目的语使用具有直接影响。

### 一、研究问题

（1）留学生课外中文学习动机、自我感知交际能力、交际恐惧、交际意愿、交际频率的基本情况如何?

（2）留学生课外的中文学习动机、自我感知交际能力、交际恐惧、交际意愿、交际频率之间存在什么样的关系?

（3）留学生课外的中文学习动机、自我感知交际能力、交际恐惧、交际意愿分别在何种程度上预示着中文交际频率?

### 二、研究结果

#### （一）描述性统计

从表 3－23 可以看出，中文学习动机、自我感知交际能力和交际频率的均值、中位数和众数较为接近，集中趋势较好，而交际恐惧和交际意愿的相差较大，集中趋势不太好。从最大值、最小值、标准差和偏度来看，交际恐惧、中文学习动机和交际频率的离散趋势较大，其中交际恐惧和交际频率大于均值的较多，中文学习动机小于均值的较多。从表 3－24 可以看出，面对陌生人、熟人和朋友不同的交际对象，恐惧值最大的是陌生人，最小的是朋友；对于不同场合（在会议上、一群人、少数人和两个人），在会议上恐惧值最大，两个人恐惧值最小。从表 3－25 可以看出，与表 3－24 结果相反，面对陌生人、熟人和朋友不同的交际对象，自我感知交际能力最大的是朋友，最小的是陌生人；对于不同场合（在会议上、一群人、少数人和两个人），两个人之间自我感知交际能力值最大，在会议上自我感知交际能力值最小。在交际意愿方面，从表 3－26 可以看出，与朋友交际意愿最强，而与陌生人交际意愿最小；对于不同场合，与少数人的交际意愿高于两个人之间的交际意愿，与少数人的交际意愿是最大的，而在会议上的交际意愿最小。在交际频率方面，从表3－27可以看出，与陌生人之间交际频率最低，与朋友之间交际频率最高；从场合上来讲，两个人之间交际频率最高，在会议上交际频率最低。

**表3－23　中文学习动机等对留学生课外汉语交际频率影响的描述性统计**

| | 最小值 | 最大值 | 均值 | 标准差 | 中位数 | 众数 | 偏度 |
|---|---|---|---|---|---|---|---|
| 中文学习动机 | 2.91 | 5.36 | 4.237 | 0.583 | 4.273 | 4.27 | －.283 |
| 交际恐惧 | 10.00 | 80.83 | 42.068 | 21.174 | 38.333 | 10.00（a） | .314 |
| 自我感知交际能力 | 16.25 | 100.00 | 56.870 | 18.183 | 55.000 | 57.50 | .162 |
| 交际意愿 | 26.25 | 100.00 | 62.361 | 17.037 | 65.333 | 70.83 | －.001 |
| 交际频率 | 3.08 | 7.00 | 4.692 | 0.995 | 4.667 | 4.75（a） | .214 |

**表3－24　交际恐惧描述性统计**

| | 陌生人恐惧 | 熟人恐惧 | 朋友恐惧 | 在会议上恐惧 | 一群人恐惧 | 少数人恐惧 | 两个人恐惧 |
|---|---|---|---|---|---|---|---|
| 均值 | 52.399 | 43.260 | 36.197 | 51.630 | 45.120 | 37.672 | 32.879 |
| 中位数 | 52.500 | 40.000 | 32.500 | 53.333 | 46.667 | 33.333 | 26.667 |
| 众数 | 50.00 | 37.50 | 25.00 | 76.67 | 30.00（a） | 13.33（a） | 20.00 |
| 标准差 | 21.490 | 21.545 | 23.627 | 23.061 | 22.210 | 23.534 | 23.756 |
| 偏度 | －.243 | .239 | .341 | －.233 | －.060 | .413 | .717 |
| 偏度标准误 | .264 | .264 | .264 | .264 | .264 | .264 | .264 |
| 最小值 | .00 | .00 | .00 | .00 | .00 | .00 | .00 |
| 最大值 | 97.50 | 87.50 | 85.00 | 93.33 | 93.33 | 90.00 | 86.67 |

**表3－25　自我感知交际能力描述性统计**

| | 陌生人自我感知交际 | 熟人自我感知交际 | 朋友自我感知交际 | 在会议上自我感知 | 一群人自我感知 | 少数人自我感知 | 两个人自我感知 |
|---|---|---|---|---|---|---|---|
| 均值 | 47.030 | 57.872 | 59.238 | 51.386 | 51.766 | 55.443 | 60.260 |
| 中位数 | 47.500 | 57.872 | 57.500 | 50.000 | 50.000 | 55.443 | 63.333 |

（续上表）

| | 陌生人自我感知交际 | 熟人自我感知交际 | 朋友自我感知交际 | 在会议上自我感知 | 一群人自我感知 | 少数人自我感知 | 两个人自我感知 |
|---|---|---|---|---|---|---|---|
| 众数 | 50.00 | 50.00 | 50.00 (a) | 50.00 | 50.00 | 50.00 | 66.67 |
| 标准差 | 22.222 | 22.682 | 20.777 | 22.439 | 21.868 | 20.698 | 20.523 |
| 偏度 | .226 | .038 | .049 | .027 | .285 | .170 | -.021 |
| 偏度标准误 | .264 | .264 | .264 | .264 | .264 | .264 | .264 |
| 最小值 | .00 | 12.50 | 13.75 | .00 | .00 | 13.33 | 18.33 |
| 最大值 | 100.00 | 100.00 | 100.00 | 100.00 | 100.00 | 100.00 | 100.00 |

**表 3－26　交际意愿描述性统计**

| | 陌生人交际意愿 | 熟人交际意愿 | 朋友交际意愿 | 在会议上交际意愿 | 一群人交际意愿 | 少数人交际意愿 | 两个人交际意愿 |
|---|---|---|---|---|---|---|---|
| 均值 | 42.006 | 65.407 | 69.720 | 56.351 | 56.667 | 61.598 | 61.561 |
| 中位数 | 40.000 | 67.500 | 72.500 | 56.667 | 56.667 | 63.333 | 63.333 |
| 众数 | 50.00 (a) | 100.00 | 100.00 | 46.67 | 66.67 | 73.33 (a) | 53.33 |
| 标准差 | 24.930 | 21.493 | 20.258 | 23.445 | 22.826 | 21.630 | 20.760 |
| 偏度 | .453 | -.393 | -.451 | -.210 | -.163 | -.144 | -.659 |
| 偏度标准误 | .264 | .264 | .264 | .264 | .264 | .264 | .264 |
| 最小值 | .00 | 12.75 | 20.00 | .00 | 6.67 | 10.00 | .00 |
| 最大值 | 100.00 | 100.00 | 100.00 | 100.00 | 100.00 | 100.00 | 100.00 |

**表 3－27　交际频率描述性统计**

| | 陌生人交际频率 | 熟人交际频率 | 朋友交际频率 | 在会议上交际频率 | 一群人交际频率 | 少数人交际频率 | 两个人交际频率 |
|---|---|---|---|---|---|---|---|
| 均值 | 3.785 | 4.849 | 5.096 | 4.245 | 4.277 | 4.580 | 5.203 |
| 中位数 | 3.500 | 5.000 | 5.250 | 4.333 | 4.333 | 4.667 | 5.000 |
| 众数 | 3.00 | 5.00 | 5.50 | 4.00 | 4.00 | 4.00 (a) | 4.67 (a) |
| 标准差 | 1.287 | 1.235 | 1.125 | 1.408 | 1.205 | 1.322 | 1.050 |

（续上表）

| | 陌生人交际频率 | 熟人交际频率 | 朋友交际频率 | 在会议上交际频率 | 一群人交际频率 | 少数人交际频率 | 两个人交际频率 |
|---|---|---|---|---|---|---|---|
| 偏度 | .349 | -.284 | -.388 | -.096 | -.310 | -.423 | -.121 |
| 偏度标准误 | .264 | .264 | .264 | .264 | .264 | .264 | .264 |
| 最小值 | 1.25 | 2.25 | 2.25 | 1.00 | 1.00 | 1.00 | 2.67 |
| 最大值 | 7.00 | 7.00 | 7.00 | 7.00 | 7.00 | 7.00 | 7.00 |

（二）相关性分析

为了了解留学生课外汉语交际中中文学习动机、交际恐惧、自我感知交际能力、交际意愿和交际频率之间的关系，我们对所得到的数据进行了 Pearson 简单相关的统计分析，得出的结果见表 3－28。

**表 3－28 中文学习动机等各变量间的相关性**

| | 中文学习动机 | 交际恐惧 | 自我感知交际能力 | 交际意愿 | 交际频率 |
|---|---|---|---|---|---|
| 中文学习动机 | 1 | | | | |
| 交际恐惧 | -.052 | 1 | | | |
| 自我感知交际能力 | .046 | -.008 | 1 | | |
| 交际意愿 | .214 | -.292 | .667（＊＊） | 1 | |
| 交际频率 | .388（＊） | -.252 | .450（＊＊） | .620（＊＊） | 1 |

＊＊ 相关性在 0.01 水平上显著（双侧），＊ 相关性在 0.05 水平上显著（双侧）。

从表 3－28 可以看出，交际频率与中文学习动机、自我感知交际能力和交际意愿显著相关，交际频率与中文学习动机的 $p<.05$，交际频率与自我感知交际能力和交际意愿的 $p<.01$，交际意愿与自我感知交际能力显著相关，$p<.01$，且它们之间都是正相关。但中文学习动机与自我感知交际能力和交际恐惧关联不显著，交际恐惧与交际意愿和交际频率关联也不显著。

（三）回归分析

相关性分析让我们了解了中文学习动机、交际恐惧、自我感知交际能力、交际意愿和交际频率之间的关系，但我们无法知道哪些因素对留学生课外汉语交际频率产生实质性影响，因此有必要引进回归分析。本研究采用多元线性回归来分析数据，把留学生课外汉语交际频率作为因变量，中文学习动机、交际恐惧、自我感知交际能力和交际意愿作为自变量，使用逐步回归法后，得到表3－29所示的结果。

**表3－29　中文学习动机等变量与交际频率的回归分析**

| | 模型 | 非标准化系数 | | 标准化系数 | *t* 值 | 显著值 |
|---|---|---|---|---|---|---|
| | | *B* 值 | 标准误 | Beta 值 | | |
| 因变量：交际频率（排除变量：交际恐惧、自我感知交际能力） | (Constant) | .707 | .889 | | .796 | .431 |
| | 交际意愿 | .033 | .007 | .563 | 4.704 | .000 |
| | 中文学习动机 | .456 | .204 | .268 | 2.235 | .031 |

从表3－29可以看出，只有交际意愿和中文学习动机进入方程，分别为Beta＝.563，$t=4.704$，$p=.000<.001$；Beta＝.268，$t=2.235$，$p=.031<.05$，说明中文学习动机和交际意愿对交际频率具有显著的正预测力，而交际恐惧和自我感知交际能力未能进入方程。

那么，交际意愿和中文学习动机对留学生课外汉语交际频率的解释力如何呢？我们考察了回归拟合过程的方差分析结果（见表3－30）和回归模型总和（见表3－31）。

**表3－30　回归拟合过程的方差分析结果**

| | 模型 | 平方和 | 自由度 | 均方 | *F* 值 | 显著值 |
|---|---|---|---|---|---|---|
| 因变量：交际频率（排除变量：交际恐惧、自我感知交际能力） | Regression | 18.854 | 2 | 9.427 | 16.576 | .000（b） |
| | Residual | 22.749 | 40 | .569 | | |
| | 总计 | 41.603 | 42 | | | |

**表3－31　回归模型总和**

| 模型 | *R* 值 | *R* 平方 | 调整的 *R* 平方 | 估计标准误 |
|---|---|---|---|---|
| 因变量：交际频率（排除变量：交际恐惧、自我感知交际能力） | .673（b） | .453 | .426 | .7541 |

从表3－30可以看出，回归平方和（18.854）小于残差平方和（22.749），表明交际意愿和中文学习动机仅仅解释了留学生汉语课外交际频率的一小部分方差，结合表3－31可以知道，能够被这两个变量解释的占45.3%，而不能解释的部分占54.7%。这从另一角度说明，留学生课外汉语交际行为是一个复杂的系统，未来的研究应着眼于从学习者个性、群际环境、群际态度、群际动机、二语交际信心和交际能力等方面研究各种因素对留学生课外汉语交际频率的综合影响。

回归分析既可以找到实质性影响因素以及它们对结果的解释力，也可以通过强制性回归，根据Beta值的绝对值大小确定影响因素的大小。为此，我们把交际频率看作因变量，把中文学习动机、交际恐惧、自我感知交际能力、交际意愿看作自变量进行了强制性回归系数分析，具体结果见表3－32。

**表3－32 强制性回归系数分析结果**

| 显著值 | 模型 | 非标准化系数 | | 标准化系数 | $t$值 | |
|---|---|---|---|---|---|---|
| | | $B$值 | 标准误 | Beta值 | | |
| 因变量：交际频率<br>自变量：中文学习动机、交际恐惧、自我感知交际能力、交际意愿 | (Constant) | .835 | .977 | | .855 | .398 |
| | 中文学习动机 | .485 | .208 | .284 | 2.328 | .025 |
| | 交际恐惧 | -.005 | .006 | -.112 | -.871 | .389 |
| | 自我感知交际能力 | .008 | .009 | .152 | .917 | .365 |
| | 交际意愿 | .025 | .010 | .426 | 2.403 | .021 |

从表3－32可以看出，中文学习动机、交际恐惧、自我感知交际能力和交际意愿对交际频率影响因素的大小依次为：交际意愿（Beta=.426）>中文学习动机（Beta=.284）>自我感知交际能力（Beta=.152）>交际恐惧（Beta=－.112），说明交际意愿和中文学习动机对交际频率影响大，而自我感知交际能力和交际恐惧对交际频率影响较小，这和我们上文对各变量的相关关系研究和逐步回归分析的结果是一致的。

## 三、讨论

（1）章吟（2008）研究发现，中文学习动机与自我感知交际能力和交际恐惧显著相关，与自我感知交际能力正相关，与交际恐惧负相关；交际恐惧与自我感知交际能力也显著相关，呈负相关，即交际恐惧越高，自我感知交际能力越低。但本文中的研究对象却没有出现这种显著性关联，那么这是为什么呢？我们认为最关键的原因是留学生在中国学习生活时间的长短。章吟的研究对象为参加密集型语言学习海外项目的留学生，他们一般在中国学习生活时间较短，最多不超过两个月，虽然他们有“语言誓约”，在中国留学期间必须讲汉语；但没有更充分的时间了解中国和与中国人接触，也就不可能深入地实践汉语；但我们的研究对象为在中国长期学习生活的留学生，他们一般在中国学习生活至少半年，有的长达两年，他们有更充分的时间了解中国文化，与中国人接触，他们在中国旅游，与老师和语言伙伴交谈，交中国朋友，到中国家庭做客等，这样与中国和中国人的距离感逐渐减小，用汉语交际的恐惧感和神秘感逐渐消失，因此，中文学习动机和交际恐惧、自我感知交际能力不再显著相关，交际恐惧与自我感知交际能力也不再显著相关。但交际意愿与自我感知交际能力以及交际频率与中文学习动机、自我感知交际能力和交际意愿仍显著相关，这与 MacIntyre（1998）等在加拿大的研究结果大致相同，即自我感知交际能力可以预示交际意愿和交际频率的高低，交际意愿和学习动机可以预示二语/外语交际频率的高低。

（2）章吟（2008）研究发现，自我感知交际能力和交际意愿能够进入方程，而中文学习动机与交际恐惧未能进入方程。而在我们的研究中，为什么中文学习动机能够进入方程，而自我感知交际能力未能进入方程呢？我们认为，这仍然与留学生在中国学习生活的时间长短有关，自我感知交际能力随着留学生在中国学习生活的时间越长，越趋于平稳，对中文交际频率的预测力越小；而中文学习动机，包括融合型动机，工具型动机，交际焦虑和对中国人、老师和教材的态度等，具有时间上相对的稳定性和强度上差异的显著性，因此对交际频率的影响更大，预测力更强。

## 四、结论

（1）交际频率与中文学习动机、自我感知交际能力和交际意愿显著相关，交际意愿与自我感知交际能力显著相关，且它们之间都是正相关。

（2）中文学习动机和交际意愿对交际频率具有显著的正预测力。

## 第十节　其他影响留学生课外说汉语的因素

除了上述因素影响留学生课外汉语交际频率外，我们在对留学生访谈时，发现还有一些因素对留学生课外汉语交际有影响。主要因素如下：

（1）预防错误，怕被笑话。

如一些留学生讲道："到中国的时候，我可以说中文的情况比较少。我最多跟服务员说过话，但是我不喜欢，因为我怕我犯的错误太多。""我经常想如果我说错了，别人肯定嘲笑我。"

这种情况在心理学上被称作抑制，是与自尊心相对的一种情感因素。抑制是个体的一种防御外部伤害、保护自我的心理屏障。Guiora（1972）在研究二语习得过程中的抑制心理时，提出了语言自我（Language egos）的概念，用来解释二语学习者的这一心理现象。Guiora 指出，学习一种新的语言，实际上是建立一种新的语言自我的过程，在这一过程中会造成对自身评价的变化。儿童的语言自我意识可塑性强，抑制性较小，但二语学习者大多数是成年人，他们已过了青春期，保护自我的意识增强，学习一种新的语言并用来交际会犯错误，当众出洋相，尤其是成年人比较复杂的思想与较低的目的语表达能力形成了反差与矛盾，加强了学习过程中的抑制，而克服这一心理往往需要付出相当大的勇气和代价。当然一定的抑制心理是可以理解的，但过高的抑制心理不利于第二语言的学习，因此要求学习者在学习过程中要逐步排除这一心理障碍，教师也要帮助指导学习者克服这一心理障碍，从而树立正确的二语学习表达观（刘珣，2002：223）。

（2）几个外国人一起有影响。

如一些留学生讲道："平时要是我和别的西方人一起见中国人，那西方人有影响，因为他和我可能学习汉语一样的时间，所以如果他听懂一个中国人的说话，但我听不懂，在心里觉得不好。""每个星期五我也跟中国朋友说话，在我的朋友的家里。有差不多十个中国人，有男人也有女人，他们都是不一样的。我们从 7 点说话，说得很多的话题，他们都是很高，只我说一点中文，可是这个会让我不好意思，因为我说中文的时候，人都听我说的话。""我发现，如果是我一个人去玩的中国人就一般尽管对我开始聊天儿。"

这里其实涉及两种情况，一种是上文我们所讲的抑制心理，另一方面涉及中国人与外国人交往的一般方式。对于第一种情况我们在上文刚刚讲过，对于第二种情况我们在第二章第一节已作了解释，这里不再赘述。

（3）对语言学习的看法。

如一些留学生讲道："我觉得学好一门语言的话，非要苦功夫不可，而且定一个明确的目标，否则很难坚持下去。有了目标，再加上坚毅不拔的毅力，就会不断朝着目标迈进。就是'不怕慢，就怕钻'这个道理。""我的想法是：如果真的要学习外语，你就非多联系不可，非多说不可，非多用不可。"持有不同的语言学习观念，会影响到他们在汉语学习中采取不同的学习方法，持有"与中国人多联系"学习观的留学生，课外就会多与中国人接触，多练习汉语，否则运用汉语交际的频率就会低。

Miller & Ginsberg（1995）的研究也发现了这一情况。他们发现，在俄国的美国学习者，由于认为语言学习就是词汇和句法的学习，而不是语言交际的学习，从而错过了与目的语人群俄国人进行互动的大好机会。

## 第十一节　本章小结及对教学的启示

### 一、本章小结

（1）通过研究我们发现，性别、不同文化背景、居住情况、二语水平、二语经历对留学生课外汉语交际频率无显著性影响。

不同国家对留学生课外汉语交际频率有显著性影响，其中韩国和非韩国非日本的东方人在0.01水平上差别显著；性格对留学生课外汉语交际频率有显著性影响，并且不同性格之间均有显著差异；是否去过说汉语的地方对留学生课外汉语交际频率有显著性影响。

（2）交际频率与中文学习动机、自我感知交际能力和交际意愿显著相关，交际意愿与自我感知交际能力显著相关，且它们之间都是正相关，并且中文学习动机和交际意愿对交际频率具有显著的正预测力。

（3）影响留学生课外汉语交际频率的因素还有学生的抑制心理、交谈人数和对语言学习的看法。

### 二、对教学的启示

（1）要切实重视不同国家留学生课外汉语交际频率的差别，对于课外汉语交际频率较高国家的留学生，如韩国或来自西方国家的学生，要发挥他们的模范带头作用，带领和影响其他国家的留学生一起深入中国社会，广泛与中国人交往；对于课外汉语交际频率较低的国家，如日本或来自非韩国非日本的东方国家的学生，要对他们多鼓励，多肯定，多引导，从而提高他们的课外汉语交际频率。

（2）要重视不同性格对留学生课外汉语交际频率的影响，尤其是对于性格有点内向或内向的学生，在鼓励他们积极与中国人交往的同时，为这些留学生指定一些爱好相同或互有所需的中国人做他们的语言伙伴，让这些语言伙伴定期与他们主动交往，从而提高留学生与中国人交往说汉语的频率，克服因性格带来的不利因素。

（3）国家或学校要采取一定优惠政策，鼓励和吸引曾在我国学习过的留学生再次来我国学习汉语，进一步提高他们的汉语交际能力和文化理解能力。

（4）重视培养留学生的交际意愿和中文学习动机。交际意愿（willingness to communicate）这一概念最早是由 McCroskey 和 Bear 于 1985 年针对母语提出的，在第二语言教学中，交际意愿被定义为“在某一特定的时刻，个体发起同某人或某些人用二语进行交流的愿望”（MacIntyre et al. 1998：547）。例如，在课堂上，当老师提问题让同学举手回答时，可能有许多同学举手想回答问题，而实际上老师可能只让一位同学回答问题，但我们说其他举手的同学也和回答问题的同学一样拥有交际意愿。从上文影响留学生课外汉语交际因素的分析中我们可以看出，交际意愿对留学生课外交际频率具有显著的正预测力，也就是讲，留学生交际意愿越强，课外交际频率越高，否则就会减少。因此，重视留学生交际意愿的培养，就是提高留学生的交际频率和运用汉语进行交际的能力。另外，MacIntyre（1998）等指出，运用目的语进行真实的交际是一个广泛的概念，它既包括在课堂上运用目的语进行听说读写，也包括阅读二语报纸、收看二语电视和在工作中使用目的语等。一般情况下，老师不可能为学生提供很多的真实交际机会，因此，二语教学的首要的目标应当是培养学生主动寻找机会运用目的语进行交际的能力。也就是说，对于二语教学来讲，比较合适的目标应当是培养学生的二语交际意愿，如果学生通过课程的学习没有产生运用目的语进行交际的意愿，那么这门课程的教学就是失败的。当然，交际意愿受到诸多因素的影响，而首要的是让他们拥有交际的信心和冒险的精神，教师要鼓励学生勇于使用汉语进行交际，不怕出丑，要让他们明白，选择交际是勇气，是水平，是提高；交际出现错误是必然的，因为他们是学生，是来学习汉语的。同时，教师要为他们提供行之有效的参与方式，降低他们的交际恐惧，对学生正确的回答和做法进行及时的肯定，保护和激发学生的成就感，从而提高自我感知交际能力和交际意愿。另外，要切实提高留学生的中文学习动机。因为中文学习动机既对交际频率具有正预测力，也对交际意愿具有正预测力。美国南佛罗里达大学心理学教授 Keller J. M. 于 1987 年提出了 ARCS 动机设计模式，认为可以从注意力（attention）、相关性（relevance）、自信心（confidence）和满足感（satisfaction）四个方面提高个体动机。黄年丰（2008）运用 ARCS 模式具体分析了培养留学生汉语学习动机的途径和方法，指出生动风趣的教材与教法是激发留学生学习兴趣的重要途径；充分发挥留学生个人特长，因材施教是激励留学生学习动机的有效途径；创造条件让留学生进行实际交际，做到学以致用是增强学生学习动机的重要手段；加强中华文化知识教学，激发学生的求知欲是提升留学生学习动机的重要措施。我们认为，在做好以上几个方面的同时，教师要鼓励留学生积极参与我国的社会生活，多参观我国的名胜古迹，让他们切实感受中国生活和文化的丰富多彩，从而提高他们的注意力；鼓励留学生就自己感兴趣和与自己专业相关的话题与中国人展开交流，做到学习与运用相结合；老师在上课时每周留出一定的时间举行交流汇报会，对他们取得的成绩进行肯定和赞扬，从而提高他们的自信心和满足感。

# 第四章　中国人对留学生课外汉语使用的影响

留学生在中国的课外汉语交际频率既受留学生个体因素的影响，诸如语言水平、自我感知交际能力、交际恐惧、交际意愿以及性别、居住和二语学习经历等，同时也受所在国家的人民的影响，即中国人的影响，如中国人对留学生的看法和态度等。Trosset（1986）和 Tim Hassall（2006）采用描写的方法研究了目的语国家的人民和文化对二语学习者学习的影响。

中国人对留学生课外汉语交际频率的影响因素可能非常多，在这里我们主要通过社会距离来了解中国人对留学生课外汉语交际频率的影响。

## 第一节　在宁大学生与留学生的社会距离

### 一、引言

美国社会学家博格达斯（E. S. Bogardus）认为社会距离（social distance）是指“能够表现一般的前社会关系和社会关系特征的理解和亲密的等级与程度”（Bogardus，1967：77）。为了观察这些等级与程度，博格达斯设计了一种社会距离量表（Social Distance Scale），用以测量美国人对其他民族、种族和宗教群体的态度。该量表包括 7 项内容，让被调查者从中选择符合自己态度的选项，这 7 项内容是：

①愿意与他（她）通婚
②愿意让他（她）参加本社团的活动
③愿意与他（她）做邻居
④愿意与他（她）做同事
⑤愿意让他（她）成为美国公民
⑥只愿他（她）访问美国
⑦不愿他（她）与美国发生任何接触

博格达斯利用量表对社会距离进行测量产生了积极影响，在他之后，一批学者把社会距离量表运用到自己的研究中。正如 Parrilo and Donoghue（2005）指出，就应用而言，博格达斯的社会距离量表仍有广泛而深远的影响，一批又一批的研究成果证实了它自身的价值。在二语领域，Chen（2008）对 19 名参加在中国香港进行的为期三周的文化访问活动的美国大学生进行了研究，运用博格达斯社会距离量表分别在他们到中国前和离开中国前进行了两次社会距离测量，虽然没有发现统计学上显著性的差别，但发现这些学生离开中国前的社会距离比到中国前降低了，由此得出结论，国家之间大学生的短期文化访问活动有助于学生对所在国家的了解，缩短两国人民之间的社会距离。

## 二、研究问题

①中国大学生与留学生的社会距离的基本情况以及六个项目的基本情况是什么？

②性别、年龄、教育程度、出国情况以及和留学生或外国人交往的情况是否对社会距离有显著性影响？

③中国大学生对不同国家或地区留学生的社会距离是否有显著性差别？

## 三、研究假设

①假设一：性别、年龄、教育程度、出国情况以及和留学生或外国人交往的情况等各个总体的社会距离方差相等。

②假设二：性别、年龄、教育程度、出国情况以及和留学生或外国人交往的情况等各个总体的社会距离均值无显著差异。

③假设三：中国大学生对不同国家或地区留学生各个总体的社会距离方差相等。

④假设四：中国大学生对不同国家或地区留学生各个总体的社会距离均值无显著差异。

## 四、研究方法

### （一）研究对象

在宁的南京大学、南京信息工程大学、南京师范大学和南京理工大学四所高校的大学生。我们之所以选择大学生为研究对象，是因为留学生在中国期间的主要接触对象为中国大学生。我们选择这四所高校，是因为我们研究在宁留学生课外汉语使用情况及影响因素时选择的学校中，这里有三所大学，即南京大学、南京师范大学和南京理工大学。选择南京信息工程大学，是因为南京信息工程大学在江北，而其他三所高校均在南京城区，这样样本的代表性更强。

研究对象共94人，其中男性28人，占29.8%，女性59人，占62.8%，缺失值7人。在年龄上，20岁以下的5人，占5.3%，20—24岁的47人，占50%，25—30岁的19人，占20.2%，31—35岁的10人，占10.6%，35岁以上的13人，占13.8%。从教育程度上来讲，专科41人，占43.6%，本科28人，占29.8%，研究生或以上25人，占26.6%。从是否出过国来讲，20人出过国，占21.3%，71人未出过国，占75.5%，缺失值3人。从和留学生或外国人交往情况来讲，25人从来没有交往过，占26.6%，交往少于3个月的26人，占27.7%，交往大于3个月少于1年的10人，占10.6%，交往超过1年的32人，占34%，缺失值1人（详细情况分别见表4－1、表4－2、表4－3、表4－4和表4－5）。他们的专业有对外汉语、会计、韩语、西班牙语、企业管理、中文、商务英语和旅游等。

**表4－1　在宁大学生性别情况**

| | | 频数 | 百分比 | 有效百分比 | 累积百分比 |
|---|---|---|---|---|---|
| 有效值 | 男 | 28 | 29.8 | 32.2 | 32.2 |
| | 女 | 59 | 62.8 | 67.8 | 100.0 |
| | 总计 | 87 | 92.6 | 100.0 | |
| 缺失值 | | 7 | 7.4 | | |
| 总计 | | 94 | 100.0 | | |

**表4－2　在宁大学生年龄情况**

| | | 频数 | 百分比 | 有效百分比 | 累积百分比 |
|---|---|---|---|---|---|
| 有效值 | 20岁以下 | 5 | 5.3 | 5.3 | 5.3 |
| | 20—24岁 | 47 | 50.0 | 50.0 | 55.3 |
| | 25—30岁 | 19 | 20.2 | 20.2 | 75.5 |
| | 31—35岁 | 10 | 10.6 | 10.6 | 86.1 |
| | 35岁以上 | 13 | 13.8 | 13.8 | 100.0 |
| | 总计 | 94 | 100.0 | 100.0 | |

**表 4-3　在宁大学生教育程度情况**

| | | 频数 | 百分比 | 有效百分比 | 累积百分比 |
|---|---|---|---|---|---|
| 有效值 | 专科 | 41 | 43.6 | 43.6 | 43.6 |
| | 本科 | 28 | 29.8 | 29.8 | 73.4 |
| | 研究生或以上 | 25 | 26.6 | 26.6 | 100.0 |
| | 总计 | 94 | 100.0 | 100.0 | |

**表 4-4　在宁大学生出国情况**

| | | 频数 | 百分比 | 有效百分比 | 累积百分比 |
|---|---|---|---|---|---|
| 有效值 | 是 | 20 | 21.3 | 22.0 | 22.0 |
| | 否 | 71 | 75.5 | 78.0 | 100.0 |
| | 总计 | 91 | 96.8 | 100.0 | |
| 缺失值 | | 3 | 3.2 | | |
| 总计 | | 94 | 100.0 | | |

**表 4-5　在宁大学生和留学生或外国人交往情况**

| | | 频数 | 百分比 | 有效百分比 | 累积百分比 |
|---|---|---|---|---|---|
| 有效值 | 没有 | 25 | 26.6 | 26.8 | 26.8 |
| | 少于 3 个月 | 26 | 27.7 | 28.0 | 54.8 |
| | 大于 3 个月 | 10 | 10.6 | 10.8 | 65.6 |
| | 超过 1 年 | 32 | 34.0 | 34.4 | 100.0 |
| | 总计 | 93 | 98.9 | 100.0 | |
| 缺失值 | | 1 | 1.1 | | |
| 总计 | | 94 | 100.0 | | |

（二）调查方式

分别于 2009 年 3 月、4 月以问卷调查的方式进行，共发放问卷 100 份，回收有效问卷 94 份，回收率为 94%。

（三）研究工具

本研究在博格达斯社会距离量表的基础上，结合中国大学生与留学生的实际情况，设计六个问题考察在宁大学生与留学生的社会距离。在设计这些项目之前曾在南京大学做了一次试调查，最后筛选确定了这六个项目。

在每个问题的回答上，要求被调查者分别对韩国人、日本人、非韩国或日本的东方人、西方人、非洲或南美人五种国家或地区，以及与他/她（们）结婚、与他/她（们）做同事、与他/她（们）做邻居、与他/她（们）做好朋友、与他/她（们）做一般朋友、与他/她（们）去旅游六种情况就“1 = 非常不愿意，2 = 有点愿意，3 = 比较愿意，4 = 愿意，5 = 非常愿意”作出选择，选择一个自己认为比较符合情况的答案。从理论上来讲，这六个项目社会距离程度被认为是逐渐降低的，具有趋强结构。从第一个项目到第六个项目，所表示的社会距离逐渐缩小，也就是说结婚、做同事、做邻居、做好朋友、做一般朋友和去旅游分别表示社会距离从大到小的关系，这样形成一个里格特量表。如果第一个项目选择了非常愿意，那么其余的项目将会选择愿意或者非常愿意。通过分值的累加形成在宁大学生对留学生的社会距离量表值，再以 30 分别减去五种人群量表值得到在宁大学生对五种人群的社会距离值，然后再把这五种人群的社会距离值相加除以 5 得到大学生对五种人群的平均社会距离值，即大学生对外国人或外国留学生的社会距离值。具体计算方法是：

$$S = \sum (30 - C_i) / 5$$

其中 $S$ 代表社会距离值，$C_i$ 代表不同国家或地区的量表值。

### （四）数据收集和分析

问卷调查持续 10 分钟，在课后集中完成。调查对象被告知应如实回答问题。问卷调查为匿名调查。所采集的数据运用 SPSS12.0 软件进行分析：①用描述性统计方法分析大学生与留学生或外国人的社会距离以及六个项目的基本情况；②用单因素方差分析研究性别、年龄、教育程度、出国情况以及和留学生或外国人交往的情况对社会距离的影响；③用单因素方差分析研究大学生对不同国家或地区的社会距离的差别。

## 五、研究结果

### （一）信度分析

从表 4 - 6 可以看出，与他/她（们）结婚等六个项目之间的 $F$ 值为

149.248，$p$ 值为 .000 <0.001，这一数值极具显著性，该量表的重复度量效果良好，充分说明社会距离测量的六个项目之间不是彼此独立的，也就是说这六个项目之间彼此是有关系的。从表 4－7 可以看出，该量表的 Alpha 值为 .846，标准化的 Alpha 值为 .853，说明该量表从总体上讲信度是比较高的。

表 4－6　社会距离信度分析结果 1

| 方差来源 | 离差平方和 | 自由度 | 均方 | $F$ 值 | 显著值 |
|---|---|---|---|---|---|
| Between People | 2 028.285 | 469 | 4.325 | | |
| Within People | 2 054.397 | 2 350 | .874 | | |
| Between Measures | 495.940 | 5 | 99.188 | 149.248 | .000 |
| Residual | 1 558.457 | 2 345 | .665 | | |
| 总计 | 4 082.682 | 2 819 | 1.448 | | |
| Grand Mean | 3.429 | | | | |

表 4－7　社会距离信度分析结果 2

| Reliability Coefficients | 6 items |
|---|---|
| Alpha 值 =.846 | 标准化 Alpha 值 =.853 |

（二）大学生与留学生或外国人社会距离以及六个项目的基本情况

从表 4－8 可以看出，在宁大学生与留学生或外国人的社会距离均值为 9.426，标准差为 5.094，最小值为 .00，最大值为 24，说明在宁大学生与留学生或外国人的社会距离内部差异性比较大。从表 4－9 可以看出，在宁大学生与留学生或外国人在结婚、做同事、做邻居、一起旅游、做好朋友和一般朋友六个项目上社会距离均值分别为 2.451、1.578、1.517、1.431、1.323、1.126，说明在宁大学生与留学生或外国人在结婚上社会距离值最大，而在做一般朋友上社会距离值最小；并且，在结婚上标准差最大，说明在宁大学生在此项目上内部差异性最大，在做一般朋友上标准差最小，说明在宁大学生在此项目上内部差异性最小，比较相同。从表 4－10 可以看出，在结婚项目上，与韩国人、日本人、非韩国或日本的东方人、西方人、非洲或南美人的社会距离均值分别为 2.649、2.181、2.379、2.183 和 2.861，说明在结婚项目上，在宁大学生与日本人社会距离值最小，比较想与日本人结婚，与非洲或南美人的社会距离值最大，不太愿意与非洲或南美人结婚；在做同事项目上，与韩国人、日本人、非韩国或日本的东方人、西方人、非洲或南美人的社会距离均值分别为 1.732、1.940、1.560、1.036 和 1.622，说明在做同事上，在宁大学生与西方人社会距离值最小，愿意与西方人做同事，而与日本人社会距离值最大，不愿意与日本人做同事；在做邻居项目上，与韩国人、日本人、非韩国或日本的东方人、西方人、非洲或南美人的社会距离均值分别为 1.518、1.752、1.465、1.185 和 1.665，说明在做邻居上，在宁大学生与西方人社会距离值最小，愿意与西方人做邻居，而与日本人社会距离值最大，不愿意与日本人做邻居；在一起旅游项目上，与韩国人、日本人、非韩国或日本的东方人、西方人、非洲或南美人的社会距离均值分别为 1.421、1.815、1.398、0.997 和 1.527，说明在一起旅游上，在宁大学生与西方人社会距离值最小，愿意与西方人一起旅游，而与日本人社会距离值最大，不愿意与日本人一起旅游；在做好朋友项目上，与韩国人、日本人、非韩国或日本的东方人、西方人、非洲或南美人的社会距离均值分别为 1.377、1.716、1.269、0.849 和 1.405，说明在做朋友上，在宁大学生与西方人社会距离值最小，愿意与西方人做好朋友，而与日本人社会距离值最大，不愿意与日本人做好朋友；在做一般朋友项目上，与韩国人、日本人、非韩国或日本的东方人、西方人、非洲或南美人的社会距离均值分别为 1.129、1.319、1.077、0.933 和 1.174，说明在做一般朋友上，在宁大学生与西方人社会距离值最小，愿意与西方人做一般朋友，而与日本人社会距离值最大，不愿意与日本人做一般朋友。

**表 4－8　社会距离基本情况**

| | |
|---|---|
| 均值 | 9.426 |
| 中位数 | 9.000 |
| 众数 | 6.00 |
| 标准差 | 5.094 |
| 偏度 | .572 |
| 偏度标准误 | .113 |
| 最小值 | .00 |
| 最大值 | 24.00 |

表 4－9　六个项目的基本情况

| | 结婚 | 做同事 | 做邻居 | 一起旅游 | 做好朋友 | 做一般朋友 |
|---|---|---|---|---|---|---|
| 均值 | 2. 451 | 1. 578 | 1. 517 | 1. 431 | 1. 323 | 1. 126 |
| 中位数 | 3. 000 | 1. 000 | 1. 000 | 1. 000 | 1. 000 | 1. 000 |
| 众数 | 4. 00 | 1. 00 | 1. 00 | 1. 00 | 1. 00 | 1. 00 |
| 标准差 | 1. 312 | 1. 161 | 1. 144 | 1. 151 | 1. 080 | 0. 882 |
| 偏度 | －. 252 | . 515 | . 705 | . 598 | . 539 | 1. 001 |
| 偏度标准误 | . 113 | . 113 | . 113 | . 113 | . 113 | . 113 |
| 最小值 | . 00 | . 00 | . 00 | . 00 | . 00 | . 00 |
| 最大值 | 4. 00 | 4. 00 | 4. 00 | 4. 00 | 4. 00 | 4. 00 |

表 4－10　六个项目在不同国家的基本情况

| | | 观察数目 | 均值 | 标准差 | 标准误 | 平均数在 95% 水平上的置信区间 | | 最小值 | 最大值 |
|---|---|---|---|---|---|---|---|---|---|
| | | | | | | 下限 | 上限 | | |
| 结婚 | 韩国人 | 94 | 2. 649 | 1. 242 | 0. 128 | 2. 395 | 2. 903 | . 00 | 4. 00 |
| | 日本人 | 94 | 2. 181 | 1. 427 | 0. 147 | 1. 889 | 2. 473 | . 00 | 4. 00 |
| | 非韩或日本的东方人 | 94 | 2. 379 | 1. 211 | 0. 125 | 2. 131 | 2. 627 | . 00 | 4. 00 |
| | 西方人 | 94 | 2. 183 | 1. 209 | 0. 125 | 1. 935 | 2. 430 | . 00 | 4. 00 |
| | 非洲或南美人 | 94 | 2. 861 | 1. 347 | 0. 139 | 2. 585 | 3. 137 | . 00 | 4. 00 |
| | 总计 | 470 | 2. 451 | 1. 312 | 0. 061 | 2. 332 | 2. 570 | . 00 | 4. 00 |
| 做同事 | 韩国人 | 94 | 1. 732 | 1. 172 | 0. 121 | 1. 492 | 1. 972 | . 00 | 4. 00 |
| | 日本人 | 94 | 1. 940 | 1. 307 | 0. 135 | 1. 672 | 2. 208 | . 00 | 4. 00 |
| | 非韩或日本的东方人 | 94 | 1. 560 | 1. 009 | 0. 104 | 1. 353 | 1. 767 | . 00 | 4. 00 |
| | 西方人 | 94 | 1. 036 | 0. 968 | 0. 100 | 0. 838 | 1. 235 | . 00 | 4. 00 |
| | 非洲或南美人 | 94 | 1. 622 | 1. 142 | 0. 118 | 1. 388 | 1. 856 | . 00 | 4. 00 |
| | 总计 | 470 | 1. 578 | 1. 161 | 0. 054 | 1. 473 | 1. 683 | . 00 | 4. 00 |

（续上表）

| | | 观察数目 | 均值 | 标准差 | 标准误 | 平均数在 95% 水平上的置信区间 | | 最小值 | 最大值 |
|---|---|---|---|---|---|---|---|---|---|
| | | | | | | 下限 | 上限 | | |
| 做邻居 | 韩国人 | 94 | 1.518 | 1.187 | 0.122 | 1.275 | 1.761 | .00 | 4.00 |
| | 日本人 | 94 | 1.752 | 1.205 | 0.124 | 1.505 | 1.998 | .00 | 4.00 |
| | 非韩或日本的东方人 | 94 | 1.465 | 1.039 | 0.107 | 1.252 | 1.678 | .00 | 4.00 |
| | 西方人 | 94 | 1.185 | 1.065 | 0.110 | 0.967 | 1.403 | .00 | 4.00 |
| | 非洲或南美人 | 94 | 1.665 | 1.156 | 0.119 | 1.428 | 1.901 | .00 | 4.00 |
| | 总计 | 470 | 1.517 | 1.144 | 0.053 | 1.413 | 1.620 | .00 | 4.00 |
| 一起旅游 | 韩国人 | 94 | 1.421 | 1.166 | 0.120 | 1.182 | 1.660 | .00 | 4.00 |
| | 日本人 | 94 | 1.815 | 1.204 | 0.124 | 1.568 | 2.061 | .00 | 4.00 |
| | 非韩或日本的东方人 | 94 | 1.398 | 0.996 | 0.103 | 1.194 | 1.602 | .00 | 4.00 |
| | 西方人 | 94 | 0.997 | 1.037 | 0.107 | 0.784 | 1.209 | .00 | 4.00 |
| | 非洲或南美人 | 94 | 1.527 | 1.205 | 0.124 | 1.280 | 1.774 | .00 | 4.00 |
| | 总计 | 470 | 1.431 | 1.151 | 0.053 | 1.327 | 1.536 | .00 | 4.00 |
| 做好朋友 | 韩国人 | 94 | 1.377 | 1.116 | 0.115 | 1.148 | 1.605 | .00 | 4.00 |
| | 日本人 | 94 | 1.716 | 1.146 | 0.118 | 1.481 | 1.951 | .00 | 4.00 |
| | 非韩或日本的东方人 | 94 | 1.269 | 1.017 | 0.105 | 1.060 | 1.477 | .00 | 4.00 |
| | 西方人 | 94 | 0.849 | 0.817 | 0.084 | 0.682 | 1.017 | .00 | 3.00 |
| | 非洲或南美人 | 94 | 1.405 | 1.107 | 0.114 | 1.178 | 1.631 | .00 | 4.00 |
| | 总计 | 470 | 1.323 | 1.080 | 0.050 | 1.225 | 1.421 | .00 | 4.00 |
| 做一般朋友 | 韩国人 | 94 | 1.129 | 0.858 | 0.089 | 0.953 | 1.305 | .00 | 4.00 |
| | 日本人 | 94 | 1.319 | 1.003 | 0.104 | 1.114 | 1.525 | .00 | 4.00 |
| | 非韩或日本的东方人 | 94 | 1.077 | 0.751 | 0.078 | 0.923 | 1.231 | .00 | 3.00 |
| | 西方人 | 94 | 0.933 | 0.745 | 0.077 | 0.781 | 1.086 | .00 | 3.00 |
| | 非洲或南美人 | 94 | 1.174 | 0.990 | 0.102 | 0.971 | 1.377 | .00 | 4.00 |
| | 总计 | 470 | 1.126 | 0.882 | 0.041 | 1.047 | 1.206 | .00 | 4.00 |

## （三）性别、年龄、教育程度、出国情况以及和留学生或外国人交往的情况对社会距离的影响

### 1. 性别对社会距离的影响

从表 4 – 11 可以看出，男性的社会距离均值为 10.332，女性的社会距离均值为 8.834，说明男性对外国人或留学生的社会距离大于女性。从表 4 – 12 可以看出，显著值为 .740，大于显著性水平 0.05，因此可以认为男性和女性两个组的社会距离总体方差是相等的，满足方差检验的前提条件。从表 4 – 13 方差分析结果可以看出，方差检验的 *F* 值为 3.409，显著值为 .068。显著值大于显著性水平 0.05，表示接受原假设，也就是说两组之间没有明显的区别，即性别对社会距离没有显著性影响。

**表 4 – 11　性别对社会距离影响的描述性统计**

| | 观察数目 | 均值 | 标准差 | 标准误 | 平均数在 95% 水平上的置信区间 | | 最小值 | 最大值 |
|---|---|---|---|---|---|---|---|---|
| | | | | | 下限 | 上限 | | |
| 男 | 28 | 10.332 | 3.735 | 0.706 | 8.884 | 11.780 | 2.60 | 20.20 |
| 女 | 59 | 8.834 | 3.441 | 0.448 | 7.937 | 9.730 | 1.40 | 15.60 |
| 总计 | 87 | 9.316 | 3.586 | 0.384 | 8.552 | 10.080 | 1.40 | 20.20 |

**表 4 – 12　性别对社会距离影响的单因素方差分析同质性检验结果**

| Levene 统计值 | 自由度 1 | 自由度 2 | 显著值 |
|---|---|---|---|
| .111 | 1 | 85 | .740 |

**表 4 – 13　性别对社会距离影响的方差分析结果**

| | | | 平方和 | 自由度 | 均方 | *F* 值 | 显著值 |
|---|---|---|---|---|---|---|---|
| 组间 | (Combined) | | 42.643 | 1 | 42.643 | 3.409 | .068 |
| | Linear Term | Unweighted | 42.643 | 1 | 42.643 | 3.409 | .068 |
| | | Weighted | 42.643 | 1 | 42.643 | 3.409 | .068 |
| 组内 | | | 1 063.310 | 85 | 12.510 | | |
| 总计 | | | 1 105.953 | 86 | | | |

2. 年龄对社会距离的影响

从表 4－14 可以看出，年龄在 20 岁以下的社会距离均值为 8.925，20—24 岁的社会距离均值为 9.457，25—30 岁的社会距离均值为 8.370，31—35 岁的社会距离均值为 10.977，35 岁以上的社会距离均值为 9.860，其中 31—35 岁的在宁大学生对外国人或留学生的社会距离最大，20 岁以下的社会距离最小。从表 4－15可以看出，显著值为.855，大于显著性水平 0.05，因此可以认为不同年龄组社会距离总体方差是相等的，满足方差检验的前提条件。从表 4－16 方差分析结果可以看出，方差检验的 $F$ 值为.920，显著值为.456。显著值大于显著性水平0.05，表示接受原假设，也就是说不同年龄组之间没有明显的区别，即年龄对社会距离没有显著性影响。

**表 4－14　年龄对社会距离影响的描述性统计**

| | 观察数目 | 均值 | 标准差 | 标准误 | 平均数在 95% 水平上的置信区间 | | 最小值 | 最大值 |
|---|---|---|---|---|---|---|---|---|
| | | | | | 下限 | 上限 | | |
| 20 岁以下 | 5 | 8.925 | 2.560 | 1.145 | 5.747 | 12.103 | 5.56 | 12.20 |
| 20—24 岁 | 47 | 9.457 | 3.529 | 0.515 | 8.421 | 10.493 | 2.55 | 16.20 |
| 25—30 岁 | 19 | 8.370 | 3.751 | 0.861 | 6.562 | 10.178 | 1.40 | 14.00 |
| 31—35 岁 | 10 | 10.977 | 3.351 | 1.060 | 8.580 | 13.374 | 7.20 | 16.20 |
| 35 岁以上 | 13 | 9.860 | 4.396 | 1.219 | 7.204 | 12.517 | 2.80 | 20.20 |
| 总计 | 94 | 9.426 | 3.643 | 0.376 | 8.680 | 10.173 | 1.40 | 20.20 |

**表 4－15　年龄对社会距离影响的单因素方差分析的同质性检验结果**

| Levene 统计值 | 自由度 1 | 自由度 2 | 显著值 |
|---|---|---|---|
| .333 | 4 | 89 | .855 |

**表 4－16　年龄对社会距离影响的方差分析结果**

| | | | 平方和 | 自由度 | 均方 | $F$ 值 | 显著值 |
|---|---|---|---|---|---|---|---|
| 组间 | (Combined) | | 49.003 | 4 | 12.251 | .920 | .456 |
| | Linear Term | Unweighted | 9.355 | 1 | 9.355 | .702 | .404 |
| | | Weighted | 7.416 | 1 | 7.416 | .557 | .458 |
| | | Deviation | 41.588 | 3 | 13.863 | 1.041 | .379 |
| 组内 | | | 1 185.300 | 89 | 13.318 | | |
| 总计 | | | 1 234.304 | 93 | | | |

3. 教育程度对社会距离的影响

从表4－17可以看出，专科生的社会距离均值为9.112，本科生的社会距离均值为8.883，研究生或以上的社会距离均值为10.550，其中研究生或以上的在宁大学生对外国人或留学生的社会距离最大，本科生的社会距离最小。从表4－18可以看出，显著值为.286，大于显著性水平0.05，因此可以认为不同教育程度的社会距离总体方差是相等的，满足方差检验的前提条件。从表4－19方差分析结果可以看出，方差检验的*F*值为1.676，显著值为.193。显著值大于显著性水平0.05，表示接受原假设，也就是说不同教育程度之间没有明显的区别，即教育程度对社会距离没有显著性影响。

**表4－17　教育程度对社会距离影响的描述性统计**

| | 观察数目 | 均值 | 标准差 | 标准误 | 平均数在95%水平上的置信区间 | | 最小值 | 最大值 |
|---|---|---|---|---|---|---|---|---|
| | | | | | 下限 | 上限 | | |
| 专科 | 41 | 9.112 | 3.685 | 0.575 | 7.949 | 10.275 | 1.40 | 15.40 |
| 本科 | 28 | 8.883 | 3.037 | 0.574 | 7.706 | 10.061 | 2.55 | 13.80 |
| 研究生或以上 | 25 | 10.550 | 4.074 | 0.815 | 8.868 | 12.232 | 3.00 | 20.20 |
| 总计 | 94 | 9.426 | 3.643 | 0.376 | 8.680 | 10.173 | 1.40 | 20.20 |

**表4－18　教育程度对社会距离影响的单因素方差分析同质性检验结果**

| Levene 统计值 | 自由度1 | 自由度2 | 显著值 |
|---|---|---|---|
| 1.270 | 2 | 91 | .286 |

**表4－19　教育程度对社会距离影响的方差分析结果**

| | | | 平方和 | 自由度 | 均方 | *F*值 | 显著值 |
|---|---|---|---|---|---|---|---|
| 组间 | (Combined) | | 43.851 | 2 | 21.926 | 1.676 | .193 |
| | Linear Term | Unweighted | 32.095 | 1 | 32.095 | 2.453 | .121 |
| | | Weighted | 26.522 | 1 | 26.522 | 2.027 | .158 |
| | | Deviation | 17.329 | 1 | 17.329 | 1.325 | .253 |
| 组内 | | | 1 190.453 | 91 | 13.082 | | |
| 总计 | | | 1 234.304 | 93 | | | |

4. 出国情况对社会距离的影响

从表4－20可以看出，出过国的社会距离均值为8.887，未出过国的社会距离均值为9.596，说明出过国的在宁大学生对外国人或留学生的社会距离比没出过国的小。从表4－21可以看出，显著值为.234，大于显著性水平0.05，因此可以认为是否出过国的社会距离总体方差是相等的，满足方差检验的前提条件。从表4－22方差分析结果可以看出，方差检验的$F$值为.615，显著值为.435。显著值大于显著性水平0.05，表示接受原假设，也就是说是否出过国之间没有明显的区别，即是否出过国对社会距离没有显著性影响。

**表4－20　出国情况对社会距离影响的描述性统计**

| | 观察数目 | 均值 | 标准差 | 标准误 | 平均数在95%水平上的置信区间 | | 最小值 | 最大值 |
|---|---|---|---|---|---|---|---|---|
| | | | | | 下限 | 上限 | | |
| 是 | 20 | 8.887 | 4.527 | 1.012 | 6.769 | 11.006 | 2.55 | 20.20 |
| 否 | 71 | 9.596 | 3.263 | 0.387 | 8.824 | 10.369 | 1.40 | 15.40 |
| 总计 | 91 | 9.440 | 3.563 | 0.374 | 8.698 | 10.182 | 1.40 | 20.20 |

**表4－21　出国情况对社会距离影响的单因素方差分析同质性检验结果**

| Levene统计值 | 自由度1 | 自由度2 | 显著值 |
|---|---|---|---|
| 1.435 | 1 | 89 | .234 |

**表4－22　出国情况对社会距离影响的方差分析结果**

| | | | 平方和 | 自由度 | 均方 | $F$值 | 显著值 |
|---|---|---|---|---|---|---|---|
| 组间 | (Combined) | | 7.846 | 1 | 7.846 | .615 | .435 |
| | Linear Term | Unweighted | 7.846 | 1 | 7.846 | .615 | .435 |
| | | Weighted | 7.846 | 1 | 7.846 | .615 | .435 |
| | | Deviation | 17.329 | 1 | 17.329 | 1.325 | .253 |
| 组内 | | | 1 134.615 | 89 | 12.748 | | |
| 总计 | | | 1 142.460 | 90 | | | |

5. 与留学生或外国人交往时间对社会距离的影响

从表4－23可以看出，从来没有与留学生或外国人交往的社会距离均值为

9.694，交往时间少于3个月的社会距离均值为9.548，交往时间大于3个月少于1年的社会距离均值为8.980，交往时间超过1年的社会距离均值为9.233，其中交往时间大于3个月少于1年的社会距离值最小，而从来没有与留学生或外国人交往过的社会距离值最大。从表4-24可以看出，显著值为.608，大于显著性水平0.05，因此可以认为与留学生或外国人交往时间的四种情况的社会距离总体方差是相等的，满足方差检验的前提条件。从表4-25方差分析结果可以看出，方差检验的$F$值为.129，显著值为.942。显著值大于显著性水平0.05，表示接受原假设，也就是说与留学生或外国人交往时间的四种情况的社会距离没有明显的区别，即与留学生或外国人交往的时间对社会距离没有显著性影响。

**表4-23　与留学生或外国人交往时间对社会距离影响的描述性统计**

| | 观察数目 | 均值 | 标准差 | 标准误 | 平均数在95%水平上的置信区间 | | 最小值 | 最大值 |
|---|---|---|---|---|---|---|---|---|
| | | | | | 下限 | 上限 | | |
| 没有 | 25 | 9.694 | 3.312 | 0.662 | 8.326 | 11.061 | 3.20 | 16.20 |
| 少于3个月 | 26 | 9.548 | 3.577 | 0.702 | 8.103 | 10.992 | 3.00 | 20.20 |
| 大于3个月 | 10 | 8.980 | 4.673 | 1.478 | 5.637 | 12.323 | 1.40 | 16.20 |
| 超过1年 | 32 | 9.233 | 3.804 | 0.673 | 7.861 | 10.604 | 2.55 | 15.60 |
| 总计 | 93 | 9.417 | 3.662 | 0.380 | 8.663 | 10.172 | 1.40 | 20.20 |

**表4-24　与留学生或外国人交往时间对社会距离影响的单因素方差分析同质性检验结果**

| Levene 统计值 | 自由度1 | 自由度2 | 显著值 |
|---|---|---|---|
| .614 | 3 | 89 | .608 |

**表4-25　与留学生或外国人交往时间对社会距离影响的方差分析结果**

| | | | 平方和 | 自由度 | 均方 | $F$值 | 显著值 |
|---|---|---|---|---|---|---|---|
| 组间 | (Combined) | | 5.356 | 3 | 1.785 | .129 | .942 |
| | Linear Term | Unweighted | 4.882 | 1 | 4.882 | .354 | .554 |
| | | Weighted | 3.894 | 1 | 3.894 | .282 | .597 |
| | | Deviation | 1.461 | 2 | .731 | .053 | .948 |
| 组内 | | | 1 228.246 | 89 | 13.801 | | |
| 总计 | | | 1 233.601 | 92 | | | |

### （四）大学生对不同国家或地区留学生的社会距离的差别

从表4－26可以看出，在宁大学生对韩国人、日本人、非韩国或日本的东方人、西方人、非洲或南美人的社会距离均值分别是9.826、10.722、9.147、7.183和10.254，其中对日本人的社会距离最大，对西方人的社会距离最小。从表4－27可以看出，显著值为.076，大于显著性水平0.05，因此可以认为在宁大学生对不同国家或地区的社会距离总体方差是相等的，满足方差检验的前提条件。从表4－28方差分析结果可以看出，方差检验的 $F$ 值为7.284，显著值为.000。显著值小于显著性水平0.001，表示拒绝原假设，也就是说不同国家或地区五种情况的社会距离有明显的区别，不同国家或地区对社会距离有显著性影响。从表4－29 LSD法多重比较结果可以看出，对西方人的社会距离与对韩国人的社会距离、对日本人的社会距离和对非洲或南美人的社会距离有显著性差别，显著值均为0.000，在0.001的水平上显著；对西方人的社会距离与对非韩国或日本的东方人的社会距离有显著性差别，显著值为0.007，在0.01的水平上显著，对日本人的社会距离与对非韩国或日本的东方人的社会距离有显著性差别，显著值为0.030，在0.05的水平上显著。从表4－30 S－N－K法多重比较结果也可以看出，西方人一组和非西方人一组的显著值分别为1.000和.132，大于0.05，说明各组方差具有同质性，这与我们前面得出的结论是一致的。

**表4－26　对不同国家或地区人社会距离的描述性统计**

| | 观察数目 | 均值 | 标准差 | 标准误 | 平均数在95%水平上的置信区间 | | 最小值 | 最大值 |
|---|---|---|---|---|---|---|---|---|
| | | | | | 下限 | 上限 | | |
| 韩国人 | 94 | 9.826 | 4.952 | 0.511 | 8.812 | 10.840 | 1.00 | 24.00 |
| 日本人 | 94 | 10.722 | 5.826 | 0.601 | 9.529 | 11.915 | .00 | 24.00 |
| 非韩国或日本的东方人 | 94 | 9.147 | 4.451 | 0.459 | 8.236 | 10.059 | .00 | 20.00 |
| 西方人 | 94 | 7.183 | 4.390 | 0.453 | 6.284 | 8.082 | .00 | 20.00 |
| 非洲或南美人 | 94 | 10.254 | 5.059 | 0.522 | 9.218 | 11.290 | .00 | 24.00 |
| 总计 | 470 | 9.426 | 5.094 | 0.235 | 8.965 | 9.888 | .00 | 24.00 |

**表4－27　对不同国家或地区社会距离的单因素方差分析同质性检验结果**

| Levene统计值 | 自由度1 | 自由度2 | 显著值 |
|---|---|---|---|
| 2.130 | 4 | 465 | .076 |

表 4-28　对不同国家或地区社会距离的方差分析结果

| | | | 平方和 | 自由度 | 均方 | *F* 值 | 显著值 |
|---|---|---|---|---|---|---|---|
| 组间 | (Combined) | | 717.607 | 4 | 179.402 | 7.284 | .000 |
| | Linear Term | Contrast | 67.710 | 1 | 67.710 | 2.749 | .098 |
| | | Deviation | 649.896 | 3 | 216.632 | 8.796 | .000 |
| 组内 | | | 11 452.105 | 465 | 24.628 | | |
| 总计 | | | 12 169.712 | 469 | | | |

表 4-29　对不同国家或地区社会距离的 LSD 法多重比较结果

| | (I) 国家 | (J) 国家 | 平均差 (I-J) | 标准误 | 显著值 | 95% 置信区间 下限 | 95% 置信区间 上限 |
|---|---|---|---|---|---|---|---|
| LSD | 韩国人 | 日本人 | -0.896 | 0.724 | .216 | -2.319 | 0.526 |
| | | 非韩国或日本的东方人 | 0.679 | 0.724 | .349 | -0.744 | 2.101 |
| | | 西方人 | 2.643 | 0.724 | .000 | 1.221 | 4.066 |
| | | 非洲或南美人 | -0.428 | 0.724 | .555 | -1.850 | 0.995 |
| | 日本人 | 韩国人 | 0.896 | 0.724 | .216 | -0.526 | 2.319 |
| | | 非韩国或日本的东方人 | 1.575 (*) | 0.724 | .030 | 0.153 | 2.997 |
| | | 西方人 | 3.539 (*) | 0.724 | .000 | 2.117 | 4.962 |
| | | 非洲或南美人 | 0.469 | 0.724 | .518 | -0.954 | 1.891 |
| | 非韩国或日本的东方人 | 韩国人 | -0.679 | 0.724 | .349 | -2.101 | 0.744 |
| | | 日本人 | -1.575 (*) | 0.724 | .030 | -2.997 | -0.153 |
| | | 西方人 | 1.964 (*) | 0.724 | .007 | 0.542 | 3.387 |
| | | 非洲或南美人 | -1.106 | 0.724 | .127 | -2.529 | 0.316 |
| | 西方人 | 韩国人 | -2.643 (*) | 0.724 | .000 | -4.066 | -1.221 |
| | | 日本人 | -3.539 (*) | 0.724 | .000 | -4.962 | -2.117 |
| | | 非韩国或日本的东方人 | -1.964 (*) | 0.724 | .007 | -3.387 | -0.542 |
| | | 非洲或南美人 | -3.071 (*) | 0.724 | .000 | -4.493 | -1.648 |
| | 非洲或南美人 | 韩国人 | 0.428 | 0.724 | .555 | -0.995 | 1.850 |
| | | 日本人 | -0.469 | 0.724 | .518 | -1.891 | 0.954 |
| | | 非韩国或日本的东方人 | 1.106 | 0.724 | .127 | -0.316 | 2.529 |
| | | 西方人 | 3.071 (*) | 0.724 | .000 | 1.648 | 4.493 |

* 均值差在 0.05 水平上显著。

**表 4-30　对不同国家或地区社会距离的 S-N-K 法多重比较结果**

| | 国家 | 观察数目 | Alpha = .05 的子集 | |
|---|---|---|---|---|
| | | | 1 | 2 |
| Student-Newman-Keuls（*） | 西方人 | 94 | 7.183 | |
| | 非韩国或日本的东方人 | 94 | | 9.147 |
| | 韩国人 | 94 | | 9.826 |
| | 非洲或南美人 | 94 | | 10.254 |
| | 日本人 | 94 | | 10.722 |
| | 显著值 | | 1.000 | .132 |

注：显示各组平均数方差同质数据。

*使用调和平均数，样本量为 94。

## 六、分析与结果

### （一）分析

（1）从上文我们可以看出，性别、年龄、教育程度、是否出过国以及交往时间等因素对在宁大学生和留学生或外国人的社会距离没有显著性影响。但是我们发现，在性别中，女性和留学生或外国人的社会距离低于男性；在年龄中，25—30 岁的大学生与留学生或外国人的社会距离最低；在教育程度中，本科生与留学生或外国人的社会距离最低；在是否出国中，有出国经历的与留学生或外国人的社会距离较低；在交往时间中，与留学生或外国人交往时间大于 3 个月少于 1 年的调查对象社会距离最低。

我们发现这一现象与社会语言学研究发现的超越现象比较相同。在社会语言学中，超越现象一般是指最接近顶层的社会阶层的语言表现在最正式的语体中超越较高阶层的现象。这一现象最早由拉波夫在纽约调查中发现，后来在其他的调查中也反复出现。拉波夫对于“超越”（crossover）的解释是：具有该种表现的人们往往具有较多的攀升社会阶梯的机会和渴望，因此对语言的社会地位的标志作用更加敏感，以致达到“矫枉过正”（hypercorrection）的地步（徐大明，2005：72—73）。我们认为上述情况也是一种超越现象，这种超越不是表现在语体的运用上，而是表现在交往的社会距离上。具有上述特征即年龄在 25—30 岁、有出国经历和与留学生或外国人的交往时间大于 3 个月少于 1 年的女性本科大学生，往往具有较多的攀升社会阶梯的机会和渴望，因此与留学生或外国人交往的迫切性比较强，因而她们与留学生或外国人的社会距离最小。

（2）在宁大学生对不同国家或地区的留学生或外国人的社会距离有显著性差别，其中对来自日本、非洲或南美的人社会距离较大。

从上文我们可以看出，对日本留学生或日本人的社会距离，除了结婚一项与他们社会距离最小外，其他各选项都是在5个国家或地区中最大的。我们认为，之所以在结婚一项中社会距离最低，这是因为日本女人是中国男士心目中最完美的形象，“找老婆找日本女人最好”是许多中国男人的心声，正如一位中国大学生所讲：“日本女人绝对适合做老婆，温文尔雅，谦虚谨慎。”尤其是在当前中国阴盛阳衰，在家庭中大多妻子处于“领导地位”的情况下，这种反映更为突出。虽然我们的调查对象男性少于女性，但由于大多男性选择较近社会距离的选项，因而总体平均在此选项上社会距离也是最近的，再加上日本相对于中国而言是发达国家，日本男性也是当前许多中国女性择偶的最佳对象，符合当前许多中国女性的择偶标准即“嫁人嫁老板”。而在其他各选项中社会距离最远，我们认为主要与中日关系有关。从1931年日本侵略中国东北开始，到1945年日本宣布投降，日本侵略占领中国长达15年之久，并在中国实行残忍的帝国主义政策，造成了中国人对日本人难以忘怀的切齿痛恨，再加上以抗日战争为题材的电影、录像、电视剧等比较多，所以从感情上来讲，中国人对日本人一般是难以接受的，这样与日本人的社会距离最远也是可以理解的。

与西方人社会距离最近，与南美或非洲人社会距离较远，这与所在国家或地区的经济和中国的差别有很大关系。西方国家一般是发达国家，和中国相比经济实力较强，人民生活水平较高，而南美或非洲国家一般是第三世界国家，和中国相比经济实力较弱，人民生活水平落后。中国在经历了半个世纪的积贫积弱的生活后，改变贫穷落后的生活、实现发财致富的心情非常迫切，因此西方国家当然成为大多数中国人向往和追求的对象，而南美或非洲就成为大多数中国人远离和疏远的对象，那么与西方人社会距离最近，与南美或非洲人社会距离较远也是情理之中的了。

### （二）结论

在宁大学生的性别、年龄、教育程度、出国情况以及和留学生或外国人交往的情况对社会距离没有显著性影响。在宁大学生对不同国家或地区五种情况的社会距离有明显的区别，对西方人的社会距离与对韩国人的社会距离、对日本人的社会距离和对非洲或南美人的社会距离有显著性差别，显著值均为0.000，在0.001的水平上显著；对西方人的社会距离与对非韩国或日本的东方人的社会距离有显著性差别，显著值为0.007，在0.01的水平上显著；对日本人的社会距离与对非韩国或日本的东方人的社会距离有显著性差别，显著值为0.030，在0.05的水平上显著（据表4－29）。

## 第二节　影响在宁大学生与留学生交往的因素分析

上文我们分析了在宁大学生与留学生或外国人的社会距离，了解了在宁大学生与留学生或外国人之间存在一定的社会距离，并且探讨了性别等身份特征与社会距离之间的关系。除此之外，还有许多非身份特征因素影响大学生与留学生或外国人的交往，成为他们之间交往的障碍，如在宁大学生是否愿意与留学生或外国人交往、是否有时间和他们交往以及生活圈子等。

### 一、研究问题

①在宁大学生认为和留学生或外国人交往障碍的基本情况是什么？

②如何从更抽象的角度认识和解释影响在宁大学生与留学生或外国人交往的障碍？

### 二、研究方法

#### （一）研究对象和调查方式

研究对象和调查方式同第一节。

#### （二）研究工具

在对南京大学部分学生进行两次试调查后，确定9个问题作为调查内容，这9个问题分别是：①不喜欢外国人；②生活圈子不一样，没有机会和留学生交往；③对他们的文化不了解，不知道怎样和外国留学生交往；④学习或工作太忙，没有时间和他们交往；⑤生活经历、兴趣和文化不一样，和他们交往没有意思；⑥觉得难为情，害怕同学或周围人议论；⑦外语能力差，无法用对方语言或英语进行交流；⑧与他/她来往要花钱；⑨对方汉语水平较差，只能简单交流，无法深入交流。要求每个被调查者就这9个问题分别选择数字1或2或3或4或

5，这些数字代表的意思分别是：1 = 完全不同意，2 = 不同意，3 = 一般，4 = 同意，5 = 完全同意。

（三）数据收集和分析

问卷调查持续5分钟，在课后集中完成。调查对象被告知应如实回答问题。问卷调查为匿名调查。所采集的数据运用 SPSS12.0 软件进行分析：①用描述性统计方法分析在宁大学生认为和留学生或外国人交往的障碍；②用因子分析从更抽象的角度认识影响在宁大学生与留学生或外国人交往的障碍。

## 三、结果

（一）信度分析

从表4－31可以看出，不喜欢外国人等9个项目之间的 $F$ 值为30.811，$p$ 值为.000 < 0.001，这一数值极具显著性，该量表的重复度量效果良好，充分说明这9个项目之间不是彼此独立的，也就是说这9个项目之间彼此是有关系的。从表4－32可以看出，该量表的Alpha值为.788，标准化的Alpha值为.791，说明该量表从总体上讲信度是比较高的。

**表4－31　交往障碍因素信度分析结果1**

| 方差来源 | 离差平方和 | 自由度 | 均方 | *F* 值 | 显著值 |
|---|---|---|---|---|---|
| Between People | 389.116 | 93 | 4.184 | | |
| Within People | 878.112 | 752 | 1.168 | | |
| Between Measures | 218.522 | 8 | 27.315 | 30.811 | .000 |
| Residual | 659.590 | 744 | .887 | | |
| 总计 | 1 267.228 | 845 | 1.500 | | |
| Grand Mean | 2.570 | | | | |

**表4－32　交往障碍因素信度分析结果2**

| Reliability Coefficients | 9 items |
|---|---|
| Alpha 值 = .788 | 标准化 Alpha 值 = .791 |

（二）在宁大学生认为和留学生或外国人交往障碍的描述性统计

从表4－33可以看出，在宁大学生认为和留学生或外国人交往障碍中的不喜欢外国人、生活圈子不一样、不知道怎样和留学生交往、没有时间和他们交往、和他们交往没有意思、觉得难为情、外语能力差、交往要花钱和对方汉语水平差的均值分别是1.772、3.333、2.837、2.923、2.163、2.283、2.893、1.946和2.979。其中认可程度最高的是生活圈子不一样，认可程度较高的有对方汉语水平差、没有时间和他们交往、外语能力差等，认可程度最低的是不喜欢外国人。同时我们发现，作为认可程度较高的生活圈子不一样、没有时间和他们交往、外语能力差和对方汉语水平差这四项，它们的偏度值均为负值，说明在这四项中低于均值的人较多。

**表4－33　在宁大学生认为和留学生或外国人交往障碍的描述性统计**

| | 不喜欢外国人 | 生活圈子不一样 | 不知道怎样和留学生交往 | 没有时间和他们交往 | 和他们交往没意思 | 觉得难为情 | 外语能力差 | 交往要花钱 | 对方汉语水平差 |
|---|---|---|---|---|---|---|---|---|---|
| 均值 | 1.772 | 3.333 | 2.837 | 2.923 | 2.163 | 2.283 | 2.893 | 1.946 | 2.979 |
| 中位数 | 1.000 | 3.000 | 3.000 | 3.000 | 2.000 | 2.000 | 3.000 | 2.000 | 3.000 |
| 众数 | 1.00 | 3.00 | 3.00 | 3.00 | 2.00 | 1.00 | 4.00 | 1.00 | 3.00(a) |
| 标准差 | 0.996 | 1.256 | 1.139 | 1.109 | 1.060 | 1.158 | 1.291 | 0.896 | 1.117 |
| 偏度 | 1.149 | -.328 | .062 | -.037 | .769 | .611 | -.102 | .567 | -.193 |
| 偏度标准误 | .249 | .249 | .249 | .249 | .249 | .249 | .249 | .249 | .249 |
| 最小值 | 1.00 | 1.00 | 1.00 | 1.00 | 1.00 | 1.00 | 1.00 | 1.00 | 1.00 |
| 最大值 | 5.00 | 5.00 | 5.00 | 5.00 | 5.00 | 5.00 | 5.00 | 4.00 | 5.00 |

为了进一步了解是哪类学生对生活圈子不一样、没有时间和他们交往、外语能力差和对方汉语水平差这四项因素的认可程度高，我们把所有四项大于均值的个案选择出来后进行了描述性统计分析。从表4－34可以看出，至少有30人符合要求，占总调查对象的31.92%。从表4－35可以看出，年龄在20—24岁的19人，占符合要求对象的59.4%。从表4－36可以看出，专科学生17人，占符合要求对象的53.1%。从表4－37可以看出，女性22人，占符合要求对象的

71.0%。从表4－38可以看出，没有出过国的25人，占符合要求对象的83.3%。从表4－39可以看出，与留学生或外国人交往时间少于3个月或从来没有交往过的21人，占符合要求对象的65.5%。也就是讲，年龄在20—24岁的女性、专科、没有出过国以及与留学生或外国人交往时间少于3个月或从来没有交往过的人对这四项认可程度高。

**表4－34　四项大于均值的基本情况**

| | | 年龄 | 教育程度 | 性别 | 是否出过国 | 和留学生或外国人交往时间 |
|---|---|---|---|---|---|---|
| 观察数目 | 有效值 | 32 | 32 | 31 | 30 | 32 |
| | 缺失值 | 0 | 0 | 1 | 2 | 0 |

**表4－35　四项大于均值的年龄情况**

| | | 频数 | 百分比 | 有效百分比 | 累积百分比 |
|---|---|---|---|---|---|
| 有效值 | 20岁以下 | 2 | 6.2 | 6.2 | 6.2 |
| | 20—24 | 19 | 59.4 | 59.4 | 65.6 |
| | 25—30 | 3 | 9.4 | 9.4 | 75.0 |
| | 31—35 | 4 | 12.5 | 12.5 | 87.5 |
| | 35岁以上 | 4 | 12.5 | 12.5 | 100.0 |
| | 总计 | 32 | 100.0 | 100.0 | |

**表4－36　四项大于均值的教育程度情况**

| | | 频数 | 百分比 | 有效百分比 | 累积百分比 |
|---|---|---|---|---|---|
| 有效值 | 专科 | 17 | 53.1 | 53.1 | 53.1 |
| | 本科 | 7 | 21.9 | 21.9 | 75.0 |
| | 研究生或以上 | 8 | 25.0 | 25.0 | 100.0 |
| | 总计 | 32 | 100.0 | 100.0 | |

**表4－37　四项大于均值的性别情况**

| | | 频数 | 百分比 | 有效百分比 | 累积百分比 |
|---|---|---|---|---|---|
| 有效值 | 男 | 9 | 28.1 | 29.0 | 29.0 |
| | 女 | 22 | 68.8 | 71.0 | 100.0 |
| | 总计 | 31 | 96.9 | 100.0 | |
| 缺失值 | | 1 | 3.2 | | |
| 总计 | | 32 | 100.0 | | |

**表 4－38　四项大于均值的出国情况**

| | | 频数 | 百分比 | 有效百分比 | 累积百分比 |
|---|---|---|---|---|---|
| 有效值 | 是 | 5 | 15.6 | 16.7 | 16.7 |
| | 否 | 25 | 77.9 | 83.3 | 100.0 |
| | 总计 | 30 | 93.5 | 100.0 | |
| 缺失值 | | 2 | 6.5 | | |
| 总计 | | 32 | 100.0 | | |

**表 4－39　四项大于均值的和留学生或外国人交往时间情况**

| | | 频数 | 百分比 | 有效百分比 | 累积百分比 |
|---|---|---|---|---|---|
| 有效值 | 没有 | 11 | 34.3 | 34.3 | 34.3 |
| | 少于 3 个月 | 10 | 31.2 | 31.2 | 65.5 |
| | 大于 3 个月 | 2 | 6.5 | 6.5 | 72.0 |
| | 超过 1 年 | 9 | 28.0 | 28.0 | 100.0 |
| | 总计 | 32 | 100.0 | 100.0 | |

### （三）从更抽象的角度认识影响在宁大学生与留学生或外国人交往障碍的因素——因子分析

为了从更抽象的角度认识影响在宁大学生与留学生或外国人交往障碍的因素，我们从调查数据出发，通过因子分析的方法进行抽象化处理。因子分析方法是一种对相关程度较高的项目之间提取公共因子的分析方法，通过因子分析方法可以提取出相关性较高、意义相近的抽象因子，实现用少数几个因子来描述许多因素之间的联系的目的。在以上分析的基础上，本研究对在宁大学生认为与留学生或外国人交往障碍的 9 个因素进行因子分析。在分析过程中，拟定生成 3 个因子。

从表 4－40 可以看出，9 个因素的相关系数并不怎么高，相关系数最高的是不知道怎样和留学生交往与外语能力差，相关系数为 .491，而没有时间和他们交往与对方汉语水平差是负相关，说明可以直接进行因子分析而不必考虑会有严重的共线性问题。从表 4－41 可以看出，*KMO* 值为 .762。根据统计学专家的观点，如果 *KMO* 值小于 0.5，就不适合进行因子分析，我们这一数值大于他们提出的临界值，因此可以进行因子分析。另外，Bartlett's 球度检验近似卡方值为 208.444，给出的显著值为 .000，小于显著性水平 0.05，因此拒绝 Bartlett's 球度检验的零假设，认为适合于因子分析。同时也说明这 9 个因素之间不是彼此独立的，它们之间有共同因素存在，适合进行因子分析。从表 4-42 因子方差累加表可以看出，该因子分析可以解释 9 个因素中的 62.234% 的方差。也就是说，如果用 3 个因子来反映 9 个因素，可以解释大约 62% 的方差，说明这三个因子的代表性比较强。从图 4-1 因子分析碎石图可以看出，从第三个成分以后的特征值降得比较低。第三个成分就是这一图形的"拐点"。在这一点之前的是主要因子，这一点之后的是次要因子。因此，这一碎石图用直观的方式向我们显示，在我们这一实例中，只需要提取三个主成分因子，这也是我们上面确定提取 3 个因子的依据。另外，从图 4-2 也可以说明我们提取 3 个因子的原因，因为从该图可以看出，影响在宁大学生与留学生或外国人交往的 9 个因素并没有在一个方位上。根据表 4-43 和表 4-44 可以看出，第一个因子基本上反映了不喜欢外国人、和他们交往没意思、觉得难为情和交往要花钱这四个影响因素，这些因素多与在宁大学生对留学生或外国人的情感有关，可以定义为情感性因子，该因子可以解释所有因素方差的 38.240%。第二个因子基本上反映了生活圈子不一样、不知道怎样和留学生或外国人交往以及没有时间和他们交往，这些因素多与在宁大学生自身的学习和生活有关，可以定义为学习和生活因子，该因子可以解释所有因素方差的 13.815%。第三个因子基本上反映了外语能力差和对方汉语水平差，这两个因素与语言有关，可以定义为语言因子，该因子可以解释所有因素方差的 10.179%。

表 4-45 给出了三个因子的得分矩阵，根据这个表格可以得到三个因子的得分函数。从表 4-46 协方差矩阵可以看出，不同因子之间的数据为 0，也就是说我们得到的 3 个因子是正交、不相关的，结果符合因子分析的要求。

**表 4－40　9 个因素的相关系数矩阵**

| | | 不喜欢外国人 | 生活圈子不一样 | 不知道怎样和留学生交往 | 没有时间和他们交往 | 和他们交往没意思 | 觉得难为情 | 外语能力差 | 交往要花钱 | 对方汉语水平差 |
|---|---|---|---|---|---|---|---|---|---|---|
| 相关性 | 不喜欢外国人 | 1.000 | .074 | .356 | .228 | .310 | .233 | .295 | .360 | .204 |
| | 生活圈子不一样 | .074 | 1.000 | .389 | .388 | .277 | .161 | .274 | .302 | .051 |
| | 不知道怎样和留学生交往 | .356 | .389 | 1.000 | .363 | .440 | .410 | .491 | .360 | .181 |
| | 没有时间和他们交往 | .228 | .388 | .363 | 1.000 | .284 | .241 | .210 | .287 | -.021 |
| | 和他们交往没意思 | .310 | .277 | .440 | .284 | 1.000 | .462 | .424 | .349 | .269 |
| | 觉得难为情 | .233 | .161 | .410 | .241 | .462 | 1.000 | .377 | .460 | .192 |
| | 外语能力差 | .295 | .274 | .491 | .210 | .424 | .377 | 1.000 | .217 | .476 |
| | 交往要花钱 | .360 | .302 | .360 | .287 | .349 | .460 | .217 | 1.000 | .288 |
| | 对方汉语水平差 | .204 | .051 | .181 | -.021 | .269 | .192 | .476 | .288 | 1.000 |

**表 4－41　9 个因素的 *KMO* 与 Bartlett's 检验值**

| | | |
|---|---|---|
| Kaiser-Meyer-Olkin 取样适切性量数 | | .762 |
| Bartlett's 球度检验 | 近似卡方值 | 208.444 |
| | 自由度 | 36 |
| | 显著值 | .000 |

**表 4-42　能解释的方差比例表**

| 因子 | 初始特征值 | | | 平方和负荷量萃取 | | | 转轴平方和负荷量 | | |
|---|---|---|---|---|---|---|---|---|---|
| | 总计 | 变异数的% | 累积 % | 总计 | 变异数的% | 累积 % | 总计 | 变异数的% | 累积 % |
| 1 | 3. 442 | 38. 240 | 38. 240 | 3. 442 | 38. 240 | 38. 240 | 2. 069 | 22. 986 | 22. 986 |
| 2 | 1. 243 | 13. 815 | 52. 055 | 1. 243 | 13. 815 | 52. 055 | 1. 831 | 20. 345 | 43. 331 |
| 3 | . 916 | 10. 179 | 62. 234 | . 916 | 10. 179 | 62. 234 | 1. 701 | 18. 903 | 62. 234 |
| 4 | . 794 | 8. 828 | 71. 062 | | | | | | |
| 5 | . 744 | 8. 261 | 79. 323 | | | | | | |
| 6 | . 583 | 6. 475 | 85. 798 | | | | | | |
| 7 | . 548 | 6. 086 | 91. 884 | | | | | | |
| 8 | . 418 | 4. 642 | 96. 526 | | | | | | |
| 9 | . 313 | 3. 474 | 100. 000 | | | | | | |

萃取法：主成分因子萃取法。

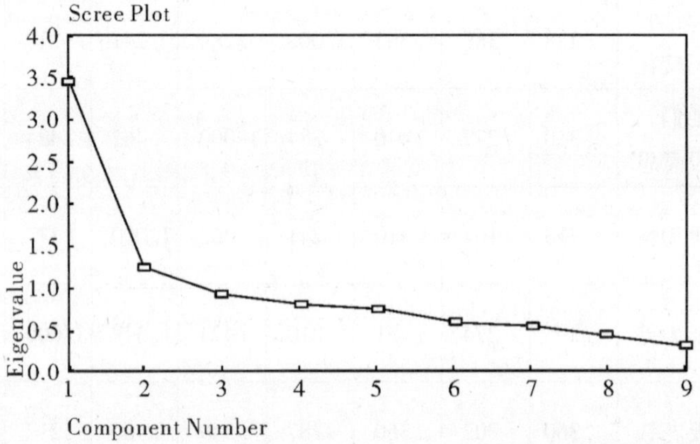


**图 4-1　在宁大学生认为和留学生或外国人交往障碍的因子分析碎石图**

**表 4-43　在宁大学生认为和留学生或外国人交往障碍因子分析旋转前成分矩阵表**

Component Matrix（a）

| | 因子 | | |
|---|---|---|---|
| | 1 | 2 | 3 |
| 不喜欢外国人 | . 544 | . 150 | -. 497 |
| 生活圈子不一样 | . 511 | -. 528 | . 437 |
| 不知道怎样和留学生交往 | . 747 | -. 147 | . 104 |
| 没有时间和他们交往 | . 524 | -. 586 | -. 024 |
| 和他们交往没意思 | . 711 | . 061 | . 000 |

（续上表）

| | 因子 | | |
|---|---|---|---|
| | 1 | 2 | 3 |
| 觉得难为情 | .663 | .074 | -.259 |
| 外语能力差 | .690 | .319 | .419 |
| 交往要花钱 | .656 | -.022 | -.391 |
| 对方汉语水平差 | .449 | .682 | .269 |

萃取法：主成分因子萃取法。

a　萃取 3 个因子。

**表 4-44　在宁大学生认为和留学生或外国人交往障碍因子分析旋转后成分矩阵表**

**Rotated Component Matrix（a）**

| | 因子 | | |
|---|---|---|---|
| | 1 | 2 | 3 |
| 不喜欢外国人 | .745 | -.019 | .103 |
| 生活圈子不一样 | -.023 | .843 | .141 |
| 不知道怎样和留学生交往 | .414 | .554 | .334 |
| 没有时间和他们交往 | .318 | .705 | -.142 |
| 和他们交往没意思 | .485 | .339 | .398 |
| 觉得难为情 | .644 | .198 | .241 |
| 外语能力差 | .188 | .308 | .790 |
| 交往要花钱 | .727 | .212 | .101 |
| 对方汉语水平差 | .168 | -.151 | .830 |

萃取法：主成分因子萃取法。旋转方法：Kaise 正态化方差最大变异法。

a　转轴收敛于 5 个迭代。

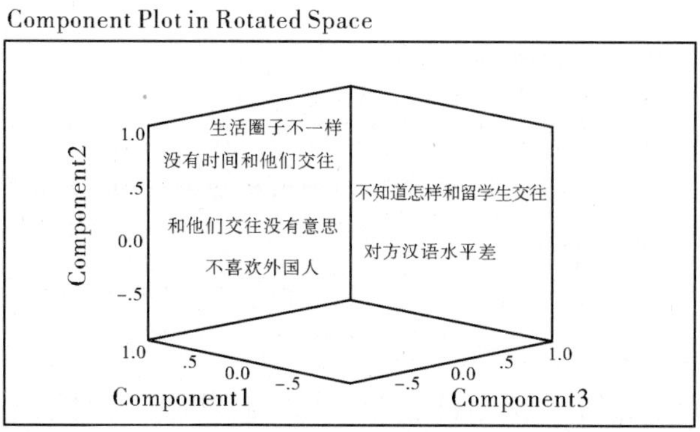


**图 4-2　在宁大学生认为和留学生或外国人交往障碍因子分析旋转后的三维主成分图**

表 4-45 在宁大学生认为和留学生或外国人交往障碍因子得分矩阵

Component Score Coefficient Matrix

| | 因子 | | |
|---|---|---|---|
| | 1 | 2 | 3 |
| 不喜欢外国人 | .515 | -.224 | -.136 |
| 生活圈子不一样 | -.288 | .587 | .050 |
| 不知道怎样和留学生交往 | .052 | .251 | .092 |
| 没有时间和他们交往 | .079 | .419 | -.254 |
| 和他们交往没意思 | .144 | .076 | .137 |
| 觉得难为情 | .342 | -.055 | -.018 |
| 外语能力差 | -.176 | .105 | .523 |
| 交往要花钱 | .439 | -.057 | -.149 |
| 对方汉语水平差 | -.077 | -.214 | .593 |

萃取法：主成分因子萃取法。旋转方法：Kaise 正态化方差最大变异法。

表 4-46 在宁大学生认为和留学生或外国人交往障碍因子变量的协方差矩阵

Component Score Covariance Matrix

| Component | 1 | 2 | 3 |
|---|---|---|---|
| 1 | 1.000 | .000 | .000 |
| 2 | .000 | 1.000 | .000 |
| 3 | .000 | .000 | 1.000 |

萃取法：主成分因子萃取法。旋转方法：Kaise 正态化方差最大变异法。

总之，我们通过因子分析得出的三个因子分别是情感因子、学习生活因子和语言因子。

（四）三个因子对社会距离的影响

我们把主成分因子分析结果生成的三类因子值与大学生对留学生或外国人的社会距离进行逐步回归分析。将生成的因子值根据 0—100 分布转化成标准化的因子值，因子转化公式为：

标准化因子值 = 100 × ［1 -（因子值 - 因子最小值）/（因子最大值 - 因子最小值）］

具体转化过程是，我们先通过描述性统计分别得到三个因子的最大值和最小值，具体结果见表 4-47。从表 4-47 可以看出，最小值均为负数，这样它们在上面标准化因子值公式中实际变为了相加，因为负负得正。例如第一个因子它的标准化因子值公式就是：

标准化因子值 = 100 × [1 - (因子值 + 2.293) / (2.245 + 2.293)]

转化后的标准化因子值 0 表示对应项目的因子得分最小，100 表示对应项目的因子得分最大。

**表 4 - 47　三个因子的最小值和最大值描述性统计**

| | 最小值 | 最大值 | 均值 | 标准差 |
|---|---|---|---|---|
| 因子 1 | -2.293 | 2.245 | 0.000 | 1.000 |
| 因子 2 | -2.551 | 2.209 | 0.000 | 1.000 |
| 因子 3 | -2.331 | 2.387 | 0.000 | 1.000 |

我们以生成的三个因子的标准分值为自变量，以在宁大学生对留学生或外国人的社会距离为因变量进行逐步回归分析。从表 4 - 48 可以看出，统计量 $F$ 值为 5.294，显著值 $p = .024 < 0.05$。说明三个自变量与因变量之间存在线性回归关系。另外从平方和可以看出，能被三个自变量解释的为 67.166，不能被解释的为 1 167.138，说明影响在宁大学生与留学生或外国人的社会距离因素非常复杂。

**表 4 - 48　方差分析结果**

| 模型 | | 平方和 | 自由度 | 均方 | $F$ 值 | 显著值 |
|---|---|---|---|---|---|---|
| 1 | Regression | 67.166 | 1 | 67.166 | 5.294 | .024 (a) |
| | Residual | 1 167.138 | 92 | 12.686 | | |
| | 总计 | 1 234.304 | 93 | | | |

从表 4 - 49 可以看出，只有情感因子进入了回归方程，Beta 值为 -.233，$T$ 值为 -2.301，$p = .024 < 0.05$，说明情感因子对社会距离具有显著的负预测力作用，即越是“不喜欢外国人”或者“和他们交往没意思”或者“觉得难为情”或者“交往要花钱”，与留学生或外国人的社会距离越大。而学习生活因子和语言因子没有进入回归方程。

刚开始我们对生活因子和语言因子没有进入回归方程，而情感因子进入回归方程表示了很大的怀疑，因为从上面对大学生调查影响他们与留学生或外国人交往因素的结果可以看出，学习生活因子和语言因子涉及的一些因素受到大学生的认可程度高，而恰恰是情感因子涉及的一些因素受到大学生的认可程度较低。我们就怀疑是我们的结果出了差错，还是样本选择或计算方面出了差错，后来与人讨论后发现我们的调查过程没有问题，调查结果是可信的。在经过认真的分析后，我们发现结论是正确的，因为情感因子对社会距离影响最大，而学习生活因子和语言因子对社会距离没有直接的影响，它们只是对大学生与留学生或外国人的交往产生直接的影响，也就是说，即使大学生与留学生或外国人社会距离非常低，但如果他们没有时间，和留学生的生活圈子不一样，不具备与留学生或外国人交流的语言条件，他们也不可能与留学生或外国人交往。

表 4-49　逐步回归分析结果

| 模型 | | 非标准化系数 | | 标准化系数 | *T* 值 | 显著值 |
|---|---|---|---|---|---|---|
| | | *B* 值 | 标准误 | Beta 值 | | |
| 1 | (Constant) | 11.334 | .907 | | 12.497 | .000 |
| | 情感因子 | -.039 | .017 | -.233 | -2.301 | .024 |

## 四、结论

①影响在宁大学生与留学生或外国人交往的 9 个因素中，认可程度最高的是生活圈子不一样，认可程度较高的是没有时间和他们交往、外语能力差和对方汉语水平差等，认可程度最低的是不喜欢外国人。

②通过因子分析得出的三个因子分别是情感因子、学习生活因子和语言因子，其中情感因子对社会距离影响最大。

# 第三节　留学生视角下愿意与他们讲汉语的中国人

## 一、愿意跟留学生讲汉语的人

### （一）一般的中国人都愿意跟留学生讲汉语

如有留学生讲道："据我了解中国人都比较热情，来到中国之后，我就发现实际上是如此，凡是我遇到的中国人都热情地跟我交流，也就是说很愿意跟我说汉语。”“一般来说，差不多每个中国人很喜欢对我说汉语。特别是老百姓。在路上，在买东西时，在打的时等等什么都能说汉语。有时候中国人先怕对我说话，因为他们以为我听不懂，而发现我其实明白以后，中国人很高兴。他们常常问我很多关于德国的问题，还是给我说明中国文化。”“我真的不知道什么中国人不想跟我说一下儿，可能有时候南京人不明白我，我也不会听得南京话，但是路上很多人想跟我说一说。所以我觉得在中国学习真的有意思和好玩儿。”“一般的中国人比较热情。特别是我个人交的中国人非常热情。我跟我的中国朋友们一起出去玩的时候，他们很爱说话，他们想趁那样的机会告诉我中国文化的特色。中国人喜欢告诉外国人他们的文化。还有，他们一起吃饭的时候也爱说话。”

一般的中国人都愿意跟留学生讲汉语，从第二节“影响在宁大学生与留学生交往的因素分析”中我们可以得知，“不喜欢外国人”认可度最低，平均值仅为1.77，众数是1，这说明中国人是愿意与留学生或外国人交往的。

### （二）想练习外语的年轻人跟留学生讲汉语多

如留学生讲道：“经常是年轻的中国人愿意与我说汉语，因为他们还要练习他们说的英语。”“大部分愿意与我说汉语的人是跟我同岁的中国人。这是因为他们也想学英语跟一个会说英语的人练习他们的口语。”“大部分愿意与我说汉语的中国人是学生。有时候中国学生故意来南京大学找外国学生，以致可以跟他们说话，提高他们的英语口语水平。”“愿意与我说汉语的中国人有三种。一是学过日语的人。二是喜欢日本文化的人，特别是喜欢动画片、电视剧等等。三是不喜欢日本的人。他们大部分是老人，他们想讲反日的思想。”

从第一节“在宁大学生与留学生的社会距离”可以看出，年龄在25—30岁的本科学生与留学生或外国人的社会距离最低，另外，一般中国人与他人交往都是带有目的性的。刘广明、王志跃（1995）在《中国传统人格批判》中写道，“中国人从来就很少有出于纯粹关心别人的愿望的，他们的关心别人在潜意识是或是期望得到一个好的名声，能因此而受人尊重，或是打算在自己今后万一有难时，别人会来报答我，许多人在主观上或许不需要别人来报答自己，但在潜意识中，这种祈求别人报答的心理依然存在”（刘广明、王志跃，1995：331）。易中天（2000）在《闲话中国人》中也指出，“常人交朋友，都是有目的的”，“大体上来说，这些目的又可分为三类：一类是为了事业，或是寻找事业上的指导者，或是寻找事业上的支持者，或是寻找事业上的参谋者，或是寻找事业上的合作者……”（易中天，2000：308）这样一来，想练习外语的年轻人跟留学生讲汉语就会多。

## 二、不愿意跟留学生讲汉语的人

### （一）在宾馆或外国人商店工作的人不愿意跟留学生讲汉语

如留学生讲道：“中国人不愿意与我说汉语常常在商店，因为他们觉得我不会说汉语。”“有的时候有的中国人不太愿意与我说汉语，我说出来一些句子，他们就马上听出来我不是中国人，而是外国人，他们就用英语说话，但我坚持用汉语给他们回答。这样的人大部分都是在宾馆工作或者在外国的商店工作。”

我们认为，在宾馆或外国人商店工作的人员之所以不愿意跟留学生讲汉语，一是他们的外语水平较好，是经过层层选拔的优秀人员，而外国人或留学生的汉语水平不如工作人员的外语好；二是对外国人或留学生讲外语是他们的工作职责；三是讲外语更有利于完成服务工作。因此，建议留学生一方面要正确认识在宾馆或外国人商店的工作人员讲英语的特殊性，对宾馆或外国人商店的工作人员讲英语能够理解，另一方面如果确实是想练习汉语，最好不要到宾馆或外国人商店等场所去。

### （二）机关企事业单位的工作人员不愿意跟留学生讲汉语

如留学生讲道：“我看过的中国人，最不热情的人是在学校办公室的职员。我不知道为什么，但是每次学生去办公室办事儿的时候，他们看起来很不想说话。学生们问什么，他们很不满地回答。很多留学生关于他们经过不愉快的事儿。我不能了解他们为什么跟留学生们那么不想说话。我们问他们的问题也不是什么私人问题，只是业务上的问题。他们的任务是帮助学生们。但是看起来学生们跟他们要说什么的时候，我们应该用非常小心的态度跟他们说话。公安局和别的政府办公室的人也是如此。”“如果我跟学校或政府办公室工作的人说话，虽然我们的话题是工作上的话题，但他们非常不热情也不想说话。”

机关企事业单位的工作人员之所以不愿意跟留学生讲话，这是因为在机关企事业单位工作的人员是“官”，而留学生是“民”，而我们国家长期以来就有“官大于民”的思想，“官”对“民”说话是“官”对“民”的恩惠，“官”不对"民"说话"民"要理解，再加上大多数"官"拥有"多一事不如少一事"的思想，因此他们对留学生冷淡或不愿说话也就可以理解了。但是这种情况正在改变，也必须改变，要树立"全心全意为人民服务"的思想，这样才能吸引更多的留学生来我国留学，才能促进中国文化的传播和推广。正如一位留学生所讲："我觉得如果中国真正的想给外国人很好的印象，他们应该改善这样的问题。"

（三）中国人一般不跟华裔留学生主动讲汉语

如有留学生讲道："但是呢，如果我（华裔）是一个人出去的话，我就没有那么多机会跟别的中国人说话。因为他们看到我这个亚洲人的样子都以为我是个中国姑娘。所以他们都不太愿意跟我说话。""不愿意与我说汉语的人是那些不认为我（华裔）的英国人。因为他们觉得我不是英国人所以我说的英语不是标准的所以不想跟我谈话。如果他们跟我说话，他们只问我的朋友是从哪里来的。我对这些人不太喜欢，因为我不明白为什么他们不明白我可以在英国出生的，还有我的英语不比别的英国人差。"

我们认为，中国人一般不跟华裔留学生主动讲汉语的原因可能是多方面的，但最主要的原因是华裔的长相和外貌特征等与中国人没有多大差别，这样也就不可能从相貌上一眼看出他是外国人，而中国人之间在不认识的情况下一般不随便说话和交往。杨军红（2005）也说到，"（中国人）那种和不熟悉的人一起喝杯茶，偶尔聊聊天的情况并不多"（杨军红，2005：97）。因此，建议华裔留学生一方面要正确认识这一情况，另一方面要主动与中国人交往，而不是被动与中国人交往。

## 三、中国人喜欢外国人

中国人喜欢外国人，使外国人在中国充满自豪感和优越感。如有留学生讲道："我要滑冰去奥体中心的体育馆。那天在体育馆见两个初中女学生。她们用韩语先给我们打招呼。她们喜欢韩国的歌手'东方神起'。所以她们的上衣上有他们的照片。她们说下个星期在这儿有'东方神起'的音乐会。连我们韩国人也不知道的消息她们已经知道了。她们要跟我们一起照片。我们只是韩国人的事实已经充分引起她们的关心。我很自豪了我是韩国人。在中国，韩国文化的影响很大。所以中国人对韩国人很有关心。因为我觉得我是韩国人的代表所以总是对外国人应该热情。好像中国人对我们很热情的时候我很感谢，对中国有好感。”“与中国人开始聊天儿之所以比较容易，是因为我们外国人经常是大红人，我既有些不好意思，又很感谢他们。”

中国人喜欢外国人，使外国人在中国充满自豪感和优越感，这与中国人崇洋媚外的思想和媒体的宣传有关。香港城市大学岳晓东在《中国人不该崇洋媚外》（《生命时报》2007 年 9 月 4 日第 9 版）中指出：“时下，有些国人以用外国货为荣；以说外国话为傲，时不时冒出几句英文，甚至连生活方式也要效仿西方，总之，外国的什么都好。在我们身边，很多国人的内心里充斥着这种崇洋媚外的情结。”中国人之所以拥有崇洋媚外的思想，岳晓东指出这有四个方面的原因，一从心理层面来讲是自卑情结导致的低自尊，二是源于光环效应和投射效应的作用，三是一元化思想形成人们的从众心理，四是认同感归属感的下降助长了崇洋媚外的心态。在此我们并不想对中国人崇洋媚外的思想进行评说，只是想说中国人这种崇洋媚外的思想有利于留学生课外与中国人交往，有利于留学生课外说汉语，留学生应当充分利用这一情况练习汉语。

## 四、中国人的热情

如有留学生讲道：“我常常在四楼图书馆学习。在那边学习的时候，我有不太明白的问题的话，给图书馆老师问。他们热情地告诉我。还有连我没问的知识也告诉我。”“我要买东西去玉桥市场，我随便来回市场的时候，一个服务员抓我以后问我是不是韩国人。所以我说我是韩国人，她突然喊声，抓着我非常欢天喜地。她说她很喜欢韩国，很想去韩国。因为她很喜欢韩国的电视剧和韩国的歌手等韩国文化。以后她跟着我问各种各样的。她给我她的电话号码。以后常常跟她短信联系了。”“据我了解，中国人都比较热情，来到中国之后，就发现是如此。凡是我遇到的中国人都很热情，都对我在中国的情况很感兴趣。”“我特别喜欢跟我爸爸的朋友家人一起出去玩儿，吃饭的时间。他们很喜欢我的家人，所以常常陪我们去玩儿。他们又热情又幽默，所以跟他们一起交谈的时间非常愉快。”“还有我去他们中一个人的家。他们的父母让我享福。晚上吃饭的桌上有很多五花八门的菜。那天让我大口大饱了。回学校的时候，她的父母送给我很多的水果。”

中国人对外国人热情，一方面是因为有些中国人有崇洋媚外的思想，上文我们已经分析。另一方面是中国人的交往具有浓厚的乡村特点，有着较强的亲缘性和人情味，中国人很容易把周围喜欢的人当成自家人。金文学在《中国人·日本人·韩国人》中讲到中国人的热情时说到，“中国人甚至会把路上相识的人也带到家里，招待酒饭。如果在火车上遇到谈话投机的人，中国人也往往会彼此交换地址和电话，然后请对方来家里做客”（金文学 2002：36）。因此，我们建议留学生要主动与中国人交往，多与中国人交往，这样才能真正感受到中国人的热情好客，才能真正享受到宾至如归的待遇，汉语水平也会在享受高级待遇的同时不知不觉地提高。

## 第四节　本章小结及对教学的启示

### 一、本章小结

本章研究了影响留学生课外汉语交际的外部因素，即中国人与留学生或外国人的社会距离，以及影响在宁大学生与留学生或外国人交往的因素，然后从留学生的角度定性分析了中国人对留学生课外汉语交际的影响。研究发现：

（1）在宁大学生的性别、年龄、教育程度、出国情况以及和留学生或外国人交往的情况对社会距离没有显著性影响。在宁大学生对不同国家或地区五种情况的社会距离有明显的区别，对西方人的社会距离与对韩国人的社会距离、对日本人的社会距离和对非洲或南美人的社会距离有显著性差别，显著值均为0.000，在0.001的水平上显著；对西方人的社会距离与对非韩国或日本的东方人的社会距离有显著性差别，显著值为0.007，在0.01的水平上显著；对日本人的社会距离与对非韩国或日本的东方人的社会距离有显著性差别，显著值为0.030，在0.05的水平上显著（据表4－29）。

（2）影响在宁大学生与留学生或外国人交往的9个因素中，认可程度最高的是生活圈子不一样，认可程度较高的是没有时间和他们交往、外语能力差和对方汉语水平差等，认可程度最低的是不喜欢外国人。

（3）通过因子分析，对影响在宁大学生与留学生或外国人交往的9个因素进行抽象归类得出三个因子，分别是情感因子、学习生活因子和语言因子，其中情感因子对社会距离影响最大。

（4）一般的中国人都愿意跟留学生讲汉语，其中想练习外语的年轻人跟留学生讲汉语较多，在宾馆或外国人商店工作的人和机关企事业单位的工作人员不愿意跟留学生讲汉语。中国人一般不主动跟华裔留学生讲汉语。另外，中国人喜欢外国人并且对外国人比较热情。

## 二、对教学的启示

（1）建议留学生多与年龄在25—30岁、有出国经历的大学本科的女性中国人交往，多与想练习外语的中国年轻人交往，因为他们与留学生或外国人的社会距离最近，最易于交往，当然对留学生汉语的习得和中国文化的习得也最有利。少与年龄在20—24岁、没有出过国以及与留学生或外国人交往时间少于3个月或从来没有交往过的女性专科中国学生交往，少与宾馆或外国人商店工作人员和机关企事业单位的中国工作人员交往，因为他们一般不愿意跟留学生讲汉语。

（2）日本留学生、南美或非洲的留学生以及华裔留学生应有不怕失败、不怕拒绝和不怕歧视的心理，主动地、坚持不懈地与中国人进行交往，因为只有这样才有可能找到中国朋友，才有可能在课外真正地练习汉语，才有可能实现在中国留学并充分发挥利用汉语语言资源优势的目标。另外，只有交往才能让中国人接受，只要诚实就能被中国人接受和敬仰。正如一位中国学生所说："在没和日本人交往时，我对他们非常痛恨，我不愿与日本人交往。但他主动与我交往，我不好意思拒绝，交往几次后发现他也有许多优点，值得我学习，如守时、客气、认真、坚强等，我越来越喜欢与这位日本朋友交往了。"

（3）虽然情感因子对社会距离影响最大，但由于总体上中国人喜欢外国人并且对外国人比较热情，所以应重视学习生活因子和语言因子对社会距离的影响，积极创造条件让有一定语言水平的中国人和留学生进行交往，从而提高留学生课外汉语交际频率。

# 第五章　个案分析

Huebner（1998）指出，定量研究和定性研究并不是互相对立的，不同的方法从不同的角度揭示了语言的发展情况，展示了国外环境下语言学习的规律性和特殊性，促进和丰富了我们对国外环境下语言学习复杂性的认识。为了深入了解留学生课外汉语使用情况及影响因素，在对留学生课外汉语使用情况及影响因素总体趋势进行定量研究的基础上，我们进行了定性的个案研究。“个案研究的长处是集中、深入地调查一个或几个个体对象：可以是一个人，也可以是一个班、一个学校等”（刘润清，1999：135）。通过个案研究，我们不仅可以找出或者确认留学生课外汉语使用情况及其使用原因，而且可以通过留学生自己的描述，深入探究他们课外汉语使用的过程及发展轨迹。

## 第一节　研究概说

### 一、研究对象的确定

我们在确定研究对象时，首先考虑到留学生课外汉语使用情况及影响因素分析的结果，被确定的研究对象能基本反映或部分反映研究的结果。其次，被确定的研究对象要能照顾到方方面面，如性别、居住、国籍、种族、来中国的时间、学习动机、交际意愿和与中国人交往的情况等。再次，被确定的研究对象要可以使用汉语进行访谈。因为不同的留学生母语不同，我们无法运用留学生的母语进行访谈，即使我们可以找到运用留学生母语进行访谈的协助人，由于对我们研究目的和研究问题缺乏了解，在访谈和材料转写时也会遇到这样或那样的问题。最后我们确定了 5 位留学生进行个案研究，他们是三男二女，均为非华裔。为了对他们个人信息和情况的保密，也为了行文的方便，这 5 位留学生我们分别称作 GKB、XJF、BIM、DBYYM、YYZ。

## 二、材料收集和研究方法

材料收集主要是采用访谈法和分析留学生的作文。2009 年 3 月至 5 月期间我们分别对这五位留学生进行了访谈。在访谈时，根据事先准备好的五个核心问题进行访谈，这五个核心问题分别是在国内汉语学习的经历、汉语学习的目的、在中国课外讲汉语的情况、在中国影响课外讲汉语的因素和在中国交朋友的情况等。留学生主要采用内省（introspection）和追溯/回忆（retrospection）的方式口头陈述（verbal reporting）。访谈时间一般持续一个小时至两个小时，所有访谈均进行了现场录音，访谈全部结束后我们把全部录音材料转写成文字材料。为了保持材料的真实性，我们对留学生叙述的材料未作任何加工处理。

在个案研究时，我们主要从五个方面分别对个案进行描写和分析，这五个方面是：个人情况、汉语学习目的、国内汉语学习经历、在中国课外讲汉语的情况及影响因素以及在中国交朋友的情况等。

# 第二节　个案研究

## 一、GKB

### （一）个人情况

GKB，男，21 岁，美国人，母语为英语，第二语言除了汉语外，还有西班牙语、俄语。哈佛大学大四学生，专业为国际贸易。大学时开始学习汉语，来中国前已经学了 3 年的汉语，2006 年曾在北京语言大学参加学校组织的为期 9 周的汉语强化短期项目学习，2008 年 9 月再次来到中国，在南京大学学习汉语，时间为一年。自己单独居住在校外。2009 年 6 月在其即将回国前，我们对其进行了访谈。接受采访时为高级班的学生。

### （二）汉语学习目的

GKB 讲到自己刚开始学习汉语并没有什么感觉，主要原因是近几年美国与中国关系较好，在美国出现了汉语热，很多人想学好汉语后开公司，与中国人做生意。自己之所以到中国来学习汉语，有多方面的原因，一是因为成功申请了大学的奖学金，可以免费在中国学习；二是他觉得汉语是工具，是一个做生意的工具、理解文化的工具；三是他认为来中国比较重要的原因是，可以有一个机会让自己的经历多一点；四是他想说一口流利的汉语。他讲道：“我有一点不好意思，我只会说英语很流畅的，所以我的俄语有点差，我的西班牙语不太理想，所以我很想很想说另外一个外语，流畅的，这是自己的一个目标。特别是现在在美国有汉语热，所以我的父母我的朋友他们都支持我的决定。”从这里可以看出，GKB有一个明确的目标，那就是想说一门流畅的外语，即汉语，这使得他在南京留学期间积极寻找机会说汉语、用汉语。

（三）国内汉语学习经历

GKB 2004 年高中毕业，然后进入哈佛大学学习。从大一开始学习汉语，来中国前学习了两年半时间的汉语。在哈佛大学学习期间，教他的老师都是中国的老师。在教学上，一年级主要学习基本的词汇和语法，二年级时老师强调学生语音的准确性，重视学生背诵和口语训练，重视学生汉字书写的准确性，三年级的时候开始要求学生每周阅读一篇汉语文章，然后围绕文章内容进行讨论或表演。在考核上，重视过程考核，每学期有四次考试。从大二开始，老师上课主要用汉语进行教学，解释词语时偶尔使用英语，这样上课使他的汉语听力水平有了很大的提高。因此，他非常赞同老师上课时用汉语进行教学，他讲道：“我大力支持学一个语言时，不用你的母语教课，赞同上课用你学的语言，不用母语，如果想提高外语的水平，这当然是必须的。”他虽然对老师用汉语讲课非常支持，但对于老师在教学上强调背诵还是有点意见的，他说道：“我上小学的时候，常常不是背这个单词，老师让我们写一篇文章，关于你的看法，在美国，老师觉得最重要的，不是你会不会背一些单词，而是你对什么事情有什么看法，有什么感觉，我觉得这个不同。”这说明他对于外语学习和母语学习之间的区别仍然不了解，对第一语言学习和第二语言学习的区别不了解。学生在学习第一语言时，已经初步具备了运用母语进行交际的能力，因此让学生讨论看法和感觉才可行；而学习第二语言，如果不懂得基本的词汇和语法，掌握建造高楼大厦的砖和瓦，用什么去表达自己的观点？用什么去建造高楼大厦呢？好在后来他慢慢地明白了这样教学的必要性，并习惯了这样的教学。

在美国的时候，因为很多的美国人喜欢这样一句话，“欢迎到美国，现在开始说英语”，所以他主要在课堂上讲汉语用汉语，课外很少用汉语。但是，他喜欢打羽毛球，打羽毛球的地方有很多中国人，所以他有时也与他们说汉语。另外，在他们学校，每一个星期或两个星期有一次中文活动，一些会说汉语的人一边吃饭，一边说汉语。但由于他主观上没有与中国人接触和说汉语的愿望，所以课外讲汉语仍然非常少，因此也没有中国朋友。但是，来南京之前，他找到了汉语辅导老师，跟辅导老师学习汉语。

（四）在中国课外讲汉语的情况及影响因素

2006年他曾在北京语言大学学习9个星期，是参加哈佛大学在北京语言大学的一个项目。在北京语言大学期间，上午主要是上课，下午是一对一的辅导，辅导一般是20分钟。项目为他们安排了中国家庭，周末的时候跟中国家庭一起吃饭，一起包饺子。那个时候，他的汉语水平比较差，时间也不多，所以不常常跟中国人一起聊天。

2008年刚刚来到南京时，虽然他早知道开始的时候生活可能非常辛苦，有了思想准备，但真正来到之后仍然感觉到生活很不适应，他讲道："我刚来中国时很不习惯，特别是交通，吃的东西，有些文化特色，有的时候在中国的路上声音多一点，高一点，刚刚来的时候常常头疼。"他认为自己汉语很差，不好意思说汉语，如果与中国人说汉语，心跳得很快，他要努力考虑用什么字、用什么词、用什么语法，感觉到非常累。他讲道："刚刚来的时候常常头疼，这个时候我说起汉语来比较磕磕巴巴的，我要努力考虑用什么字、用什么词、用什么语法，第一个学期我每天特别累，特别累，我如果到超市买一个牛奶，也是挺辛苦的，我应该先找到什么是牛奶，什么是奶酪，拿好后，我应该努力听他说的话，我应该小心他别骗我，所以每天晚上我一下子睡觉了。""开始的时候跟中国人交谈是一件很尴尬的事情，还有让我很累，如果我想听得懂他们说的话，我得100%专注。"

GKB认为，要想学好一门外语，必须多说，要想学好汉语，必须多与中国人说话，不要不好意思，不要怕出错，课本的学习是必须的，但课外的练习更重要。他讲道："你开始学汉语的时候，必须告诉自己，虽然说汉语那么复杂，我就用汉语说，如果没有这样的思想，用母语不会让你累，不会让你苦。很多人不好意思说出来，他们说很多错的语法，错的字，错的声调。怎样解决这个问题呢？我说没关系的，当然没关系的。你想提高你的汉语水平，你开始用汉语说话，当然有很多语法的问题，发音的问题，不应该不好意思。""我们应该告诉他（留学生）跟中国人聊天非常重要。比如说要学20个生词，如果背好了不够理想，背好了应该试一试说出这些字，我用这些字开始比较自然，我觉得只背字不够，已经背好好多字，但忘记了，用汉语的时候应该努力说出来，这是很重要的，很重要的。如果你没有跟中国人聊天的机会，我觉得你没有这个机会。开始跟中国人聊天的时候非常难，但这是必须的，必须的。”正是因为有这样一种思想，他刚来南京时，常常用汉语与中国人交流，比方说去餐厅点菜，去商店买东西，或者坐出租车到一个比较远的地方。从第一个月到第二个月，他感觉生活有点苦有点累，但到了第三个月，他发现自己的汉语水平进步了，能说比较标准的汉语了，跟中国的老百姓交谈没有太大的问题。后来，他与中国人的交往也越来越多，讲汉语时的紧张程度也大大降低了，与中国朋友谈话的内容也越来越广泛，汉语水平也慢慢提高了。他讲道：“我现在跟中国人没有很担心，不太担心跟中国人讲一句话，我的朋友比较多。”“我的第一个朋友，是跟他打壁球的朋友，开始打壁球的时候，我们讨论很简单，只会说一句话，只会说‘再见’。我汉语水平慢慢提高后，我开始用比较专业的词，比较具体的语法，比较具体的字。最近如果想跟他聊天，一个复杂的题目，比以前容易，因为我觉得我的汉语水平提高了。”

GKB刚来到南京时，主要交往对象是本国人和其他外国留学生，有两个语言伙伴，这两个语言伙伴都是大学本科生，一个大二，一个大一，但没有中国朋友，与本国人主要说英语，与同学和语言伙伴主要说汉语。后来中国朋友越来越多，中国朋友与美国朋友以及其他国家的朋友大约半对半。如果有中国朋友在，一般说汉语，美国朋友之间主要还是用英语交流，但发短信时有时会用汉语。他讲道：“现在我的中国朋友比较多，但一半一半，刚刚来到的时候我的朋友大部分是外国的，跟他们在一起。上个星期六我开一个晚会，来到我房子的朋友，有两个中国人，两个美国人，一个维吾尔族人，我们的语言就是中文，一边吃饭，一边聊天。如果和我的国家人在一起我们用英语，如果发短信我们有的时候用汉语，70%会用英语，比较容易的。”另外，他认为在校内居住不太好，不利于说汉语，他讲道：“但是住这里（指留学生公寓）的环境不理想，外国人比较多，如果想学汉语比较不理想，大部分人会说英语，如果很多人住在一起，不是理想，不是理想。”为此，他选择了居住在校外，并雇了一个中国阿姨为他打扫房间，他有时也跟她谈话，了解她的爱好和老家的文化。

在汉语阅读和电视观看上，他在比较累的时候会看电视，有精神的时候会看

《读者》杂志，晚上的时候会上网、看报纸。他讲道："我试一试每天看中国的媒体，有的时候是电视，有的时候是杂志，有的时候上网看报纸，有的时候我看电影，如果我不太认识的字，我会一边看电影，一边查字典。如果我看过，背这个字比较容易。但不是每天，但差不多，现在大概每天。""如果我比较累的话，我会看电视。如果我有精神，我喜欢看《读者》这个杂志。在晚上看报纸比较方便，如果我看不懂一个字，在网络上有字典比较快，如果每天看报纸的话，我发现有些语法有些字在报纸上是比较平常的，会让我懂的字多一点。"

（五）在中国交朋友的情况

GKB 刚刚来到南京的时候没有中国朋友，他认为主要原因是自己汉语水平比较差。另外还有中美两国文化之间的差异，但他知道找到中国朋友对于汉语水平提高有重要的影响，他讲道："找到中国朋友比较难，当然是关于我的汉语水平，除了汉语水平外还有一个文化区别，我发现这个文化区别和汉语水平有关系，我的汉语水平开始提高的时候，我慢慢地开始找到中国朋友。""我觉得我要提高汉语水平的话，找到中国朋友很重要，很多外国人来到中国，他们的朋友，他们的圈子只是外国人，我觉得这没有道理，你来到中国你必须找到中国朋友，必须跟中国朋友聊天，可以提高你的汉语水平可以提高你的听力，可以提高你的口语，也可以比较理解中国的文化。"后来他通过与中国人一起参加自己喜欢的体育运动找到了中国朋友，有的朋友是朋友的朋友，并且与兴趣和爱好相同的中国人容易成为朋友，他不喜欢与铺张浪费的中国人和假声假气的中国女孩交往。他讲道："（你是怎么找到中国朋友的?）有的朋友一起做运动，我给他们我的练习，他给我他们的练习，一起吃饭，一起出去玩。有的朋友在踢足球的时候。""我们一样的题目感兴趣，或者我们的爱好是同样的，我们就会马上做朋友，我最好的朋友是餐厅的老板，我们都喜欢做菜，我另一个朋友在江苏壁球队，所以我常常和他一起，讨论这个运动，教他一点点等等，所以我们做很好的朋友。另外一个朋友，他是本地的，他毕业，我们常常一起讨论中国现在的政治情况，世界上现在的政治情况，美国现在的政治情况，一般来说有点相同，我们很喜欢互相交往。""我不喜欢浪费的人，也不喜欢假声假气的女孩。这是我最不喜欢的。"他常常跟中国朋友一起出去玩，一起吃饭，一起做运动，一起唱卡拉 OK。谈话的内容也非常广泛，既涉及日常生活，也涉及政治方面，既涉及中西文化的区别，也涉及儒家社会跟基督教社会的区别。

（六）总结

由于 GKB 有说一口流利汉语的学习目的，他认为课外讲汉语非常重要，以及与中国人交朋友也非常重要，虽然刚开始时汉语水平比较差，但是他通过与中国人一起参加喜爱的体育运动等交到了一些中国朋友，使他得以广泛地练习汉语，汉语水平也有了大幅度的提高，对中国文化也有了比较深入的了解，从一个对中国比较外行的美国人变成了内行的人，并且真正喜欢起中国来。正如他讲道："那时（在北京语言大学时）我对中国比较外行，现在比较内行了。比如说讲价的时候用什么办法，骑自行车的时候，开车的时候跟在美国完全不一样，在中国骑自行车，中国的交通比较拥挤，人很多，很危险。另外用中国菜单点菜，中国的菜单非常复杂，非常复杂，现在我看得懂中国菜的名字。""中国菜很好吃，我也喜欢打乒乓球、羽毛球，这些运动在美国不是太多，我也很喜欢在中国旅游，旅游可以让我明白中国历史，提高一点。我也很喜欢两个国家的文化不同的方面，还喜欢中国的价格便宜一点比较好，还喜欢跟中国人聊天，很好玩儿，我很喜欢听各种各样的人的看法，我很喜欢中国不同的方面，特色菜，特色酒，模仿一下中国各个地方的方言。我也很喜欢散散步，很早起来看老年人跳舞，在中国老年生活很好，比美国好得多。"

## 二、XJF

（一）个人情况

XJF，男，21 岁，加拿大人，母语为英语，大学本科毕业，专业为心理学。大学时开始学习汉语，2009 年来中国前已学了两年半的汉语，曾在北京语言大学学习了一个学期的汉语。2008 年 9 月在南京大学学习汉语，独自居住在学生宿舍。在南京大学汉语学习时间为一年，2009 年 6 月在其回国前，我们对其进行了访谈。接受采访时为高级班的学生。

（二）汉语学习目的

XJF 的汉语学习动机非常强，他多次讲到学好汉语是自己的梦想和责任。在作文《我的汉语学习》中，他讲道："自从开始以来，我的梦想就是学好汉语，这个愿望永远没有改变。"在 2008 年 12 月接受我们的采访时，他讲到自己准备考加拿大最好的MBA大学，因为这个学校的优势专业是国际贸易，并且如果能成为其中的一员就可以继续学习汉语，学习关于做生意的汉语。但是如果不能考取这所学校，可能没有什么机会继续学习汉语，他表示将找一个私人老师继续学习汉语。值得高兴的是，他考取了自己理想的大学。因此，在2009年6月再次接受我们采访时，他表现得非常高兴和兴奋。他讲道："我在那个国际工商管理硕士的时候，他们会同时教我比较高级的做生意的汉语，所以我现在非常的兴奋。我这个学期开学的时候，我就觉得惆怅，我刚刚考上的那个大学非常好，如果我没有考上那个大学，我会上另外一个大学，但在那个大学我将来学中文的机会会很少，我的水平比现在会低很多。在这样的情况下，我的汉语会慢慢地消失，会慢慢地没有，但是，可以考试没有问题的话，以后两年会继续提高我的汉语，而且在这个学校，我也必须来中国工作一个学期，所以这也是很好的机会提高自己的汉语，所以我的将来，真的不知道我的工作和住在哪里，但将来一定会用我的汉语，这个对我来说很重要。"从这里可以看出，XJF的汉语学习动机非常强，并且对他与朋友的交往产生了影响。

（三）国内汉语学习经历

XJF讲道，他从大学开始学习汉语，大一和大二差不多，每个星期两节课，每次两小时，一个星期共有四个小时的汉语课。大三上学期和大四时没有学习汉语，主要学习专业课，大三下学期在北京语言大学学习了一个学期的汉语。大一和大二在加拿大学习期间，教学内容和在中国差别不大，开始学习的是拼音，后来学习课文。在教学方法上，有讲授和听写等，老师不要求学生背诵课文。在考核上有许多小的考试，一般两个星期一次，主要考核学生语法和生词的掌握情况，大的考试一般一年有两次。老师强调语音和声调的准确性，学生每次说错的时候都会给予纠正。最大的不同是老师讲课语言的不同，他的加拿大老师上课时一节课70%的时间使用英语，最后20分钟练习中文生词和语法时使用汉语，但是他认为这种方法比较好，有利于自己对汉语语法的掌握。他讲道："在加拿大也有一些好处，比如说最开始的时候，如'把'字句，因为我的老师是用英语讲课，讲得比较清楚，现在我一点也不想语法问题，其实我对语法问题很烦恼，我不想副词放在什么地方，什么是动词，什么是名词，我只是一想就说出来。我觉得这样用你的母语学一点语法还是有用的，我的脑子里一些最基础的语法，已经很清楚。"

在加拿大，虽然他的女朋友是华裔，但由于她是在越南长大的，并且移居加拿大已很长时间，英语比广东话讲得好，所以他和女朋友之间主要使用英语交流，他很少有机会使用汉语，尤其是普通话。当时，他为了提高汉语水平，在大三和大四暑假（每年暑假有四个月的时间）的时候，他请了一个台湾人做自己的私人中文老师，每个星期两个小时，谈话形式是聊天，并且规定只能说中文。他讲道："开始的时候说得磕磕巴巴的，吞吞吐吐的，但是慢慢地提高了，真的没跟他花那么长的时间，也有很大的进步。"

（四）在中国课外讲汉语的情况及影响因素

2007 年 XJF 曾在北京语言大学学习一个学期汉语。刚到北京时，无论生活上还是学习上都感到有很大的障碍，在生活上主要是语言方面的原因，在学习上既有语言方面的原因，也有教学方面的原因。他讲道："我去北语前，我真的没想到，好像所有的老师不会说英语，我真的以为多说中文，还是说一点英文，但是上课的时候，真的，真的是 100% 是中文，一到了北语，比如说那些注册手续，上课前办个学生证，还有签证什么的，遇到什么困难，我以为可能会有一些，不是讲课的老师，就是，比如说共同在一个学校帮助学生，我以为他们会说一点英语，但是真的没有。""在加拿大一个星期学 10—20 个词，在北京一个星期学 100 个词，最开始的时候，第一个星期觉得太多，我怎么受得了？我怎么背得这么多词？我花了一个月的时间才习惯了，把所有的精神花在汉语上，放在中文，因为我没有学什么心理学的课。我真的没想到，生词会那么多，而且第二天还要学习新的生词，我还没背下昨天的，一个星期后已经有那么多生词，下下个星期到考试的时候我怎么记得那么多生词，第一个月没有习惯，一个月左右以后就慢慢地习惯了。"XJF 在北京语言大学期间，课外主要与同学、语言伙伴和中国朋友讲汉语。与同学讲汉语，主要是与韩国朋友一起讲汉语。他在北京语言大学语言伙伴比较多，并且都是中国学生主动与他联系而找到的，他认为这与北京语言大学的特殊情况和学生比较宽松的学习有关，他讲道："在北京的时候有很多语言伙伴，每个星期很多次练习说汉语。北语的，我觉得是比较环境特殊的，它不是名牌大学，那儿的学生往往学不那么现实的专业，有许多语言学生，上课的时间不那么多，很多时间跟老外交流，在北语的时候，第一个月和第二个月好像每个星期最少有五次，经常有中国学生跟我说，唉，你有没有语言伙伴，其实我说我已有三个，他们主动找我。"他的中国朋友，一个南京人，后来去了加拿大留学，他与她是去北京前在网上通过脸谱（facebook）认识的，刚开始也是语言伙伴，后来成为了朋友。虽然这个朋友是他的语言伙伴，但他与这个朋友在交谈时主要使用汉语，这使他的汉语水平有了很大的提高。他讲道：“我跟她常常说中文，所以我说得越来越流利。再说，她也帮了我了解中国人的思想和政治看法。”

2008 年 9 月来到南京后，由于他曾在北京语言大学学习过一个学期，所以在南京过得总体比较顺利，只是在办理签证和分班时遇到一点小麻烦。他讲到，在平时有三种情况常常用中文，一是在教室里面，跟老师和同学说中文，二是在课外的时间，跟中国语伴交流，三是在他南京朋友的家里跟朋友的母亲说话。他与语言伙伴之间的交往一般是每个星期两次，每次主要就最近做了什么、今后有什么打算、为什么选择这个专业，还有各自的背景等进行交谈。他一般一个月中有一两次在周末的时候到他朋友的母亲家里，和朋友的母亲一起说六个小时的汉语。总体来讲，他在南京说汉语的机会不是太多，但每次说汉语时间比较长。他讲道：“但是我一般跟中国人见面时是比较长的时间，可能半天在她家，如在我阿姨家，我跟语言伙伴见面会四个小时，上课时我喜欢说话，回答问题，这样也可以提高自己，比别的学生一般上课的时候喜欢说话。”

在课外，他与同学说汉语的时间比与中国人的多，他认为与他的生活环境有关。他讲道：“我们外国学生在这个环境里，跟中国人没有多少交往，但我每节课都有很多韩国朋友，虽然我有中国朋友，一个星期只能三四次见面，上个学期我的很好的朋友杨××（韩国人），我们每天都见面，我们一起说了许多汉语。”

在住宿方面，他认为虽然住在留学生公寓楼里不好，没有机会说汉语，但也认为如果住在中国人的家里也不太好，交朋友有点困难，这样会让自己觉得孤独，虽然对汉语水平提高有益。最好的办法是一个中国学生和一个留学生住在一起，这样两个人年龄相仿，有共同语言，也可以互相帮助提高语言水平。

他认为性格对课外汉语交际有影响。他性格有点内向，所以课外的时候不会主动与陌生人交谈。虽然性格有点内向，但他与中国人交谈时不紧张，只有站在讲台上面作报告时才会紧张。他认为，从心理学的角度来讲，东方人的特性总体是求稳，西方人求变，所以东方人，特别是韩国的同学跟中国人交流机会较少，他自己作为西方人，虽然有点内向，但总是积极寻找机会说汉语，如经常与一些不会说英语的韩国同学来往。他认为，汉语到了高级水平，如果中国朋友较少，与同学互相使用汉语对汉语水平提高也有好处。但同学不能是同胞，因为同胞之间使用汉语几乎不可能，对此，他讲道："我发现上个月我没有练习那么多，我应该多说中文，这时候我跟加拿大和英国朋友讲，我们每周二、四我们都说汉语，然后第一天后我们的打算就破坏了，真的很难保持这样的情况，我觉得到现在还没有这样的情况，在我的经验里没有成功，所以我觉得只有跟中国人和另外不会说英语的另外一些国家的朋友说汉语才能进步。"

他平时一般不看电视，也不看报纸和杂志，但是他喜欢看电影。他讲道："不看电视，我喜欢看电影，喜欢就会买，比如《洗澡》，我不知道看过多少次，有的时候试着看报纸，但很头疼。不那么看报纸，还是觉得很难。中国的电影有字幕，繁体字的字幕对我也有用。"

（五）在中国交朋友的情况

XJF认为，刚开始学习汉语的时候，应当多与中国人交流，如果到了高级水平，跟别的国家的留学生一起说汉语也比较好，他讲道："可能开始的时候跟中国人在一起很重要，你要听地道的汉语，怎么样把这些句子放在一起，到了高级水平你跟别的国家人一起说中文也是比较好的，如果你的基础不好，你的语言伙伴不好，他是另外一个国家的人，对你的汉语水平提高不好。我是高级生，不会有不好的影响，而且我学了很长时间，虽然实际只有三年半，但从开始已经五年了。"由于他拥有这样一种看法，再加上他在北京语言大学留学期间有中国学生主动找他跟他说话的经历，所以在南京大学学习期间，虽然他有很强的汉语学习动机，但他没有主动去找中国朋友，没有中国朋友与他一起用汉语进行深入广泛的交谈，只是与语言伙伴和朋友的母亲运用汉语进行交流。当然，他找了一些不会说英语的其他国家留学生朋友，与他们一起说汉语。这些与他一起说汉语的留学生朋友，汉语水平要么和他差不多，要么比他好，其中一个韩国朋友是汉语本科生，一个日本朋友现在在中国工作，汉语讲得非常好，这为他练习汉语和进一步提高汉语水平提供了可能。但他非常后悔没有找中国朋友，他说道："如果回去最开始在南京的时候，我会交很多中国朋友，我的汉语水平会提高许多。"

（六）总结

虽然XJF汉语学习动机非常强，但由于他认为与同学使用汉语对汉语水平没有影响，所以在南京留学期间没有找中国朋友，课外练习汉语的机会不多。虽然课外练习汉语的机会不多，但由于他每次与中国人交流的时间比较长，再加上他学习汉语的时间比较长，所以汉语水平有了一定的进步，对中国文化也有了较深的理解。如他讲道："在我阿姨家的时候，我比较，对她比较礼貌，我总要想中国的礼貌，怎么对我朋友的妈妈，如我吃饭的时候不喜欢吃，我也吃一点。因为我在中国的经验越来越多，所以我比较越来越了解面子的这个问题，所以常常跟中国人在一起的时候，比以前想更多的面子的问题，我知道面子对中国人很重要，所以会比较常常想到这个。因为比如说有时候，我的阿姨我去她家时，一般来说，她也会请一些邻居到她家吃饭，他们把他们的儿子带过来，在他们儿子的面前都夸我，我会说阿姨的儿子也很好。有一个邻居的儿子他是个大学生，马上考托福，我们一起吃饭的时候，他说你每个星期来这儿吃饭，我们也来，你教我儿子英语，这个时候我非常地忙，但是在这么多人面前不能推辞，我说可以可以，我下个星期给你打电话，其实到现在我也没给他联系。"

## 三、BIM

### （一）个人情况

BIM，英国人，黑色人种（原为南非人，16岁移居英国），男，21岁，专业为中文，大学时开始学习汉语，现为大学四年级的学生。之前没来过中国，已学了三年的汉语。2008年9月来到南京，在南京大学学习汉语，在学生公寓独自居住。2009年6月在其回国前接受了我们的采访。接受采访时为中级班的学生。

### （二）汉语学习目的

BIM学习汉语的主要目的是了解中国历史，也就是说对中国文化比较感兴趣，但他没有讲到自己将来会用到汉语，或者把汉语作为一个工具来从事与汉语有关的工作。来到中国的主要目的是加深对中国习惯和中国历史的了解，提高汉语口语的水平。他讲道："我学习中文我的目的，我要学习中文习惯，还有对我来说中国历史，这样的。""我来中国的时候，中国对我来讲，中国是生的文化，生的习惯，所以我不要不开心，我要学习中文，我没有什么期望。"

### （三）国内汉语学习经历

BIM在国内时，感觉学习汉语比较容易，这主要是因为他的老师有一半是英国人，一半是中国人，而且他们讲课时主要使用英语，并且常常重复。汉语学习的方法主要是记汉字，每天练习20个汉字，有的时候在网上做老师留的听力练习。虽然有机会与中国人说汉语，但是很少说汉语。他讲道："在英国我有机会与中国人说话，但是很难，我不常常说汉语，但你可以交中国人，两个人一起聊天，不过他们也要用英文，我要用汉语的时候，他们也是说英文，我在英国的时候没有中国的语言伙伴。"

（四）在中国课外讲汉语的情况及影响因素

BIM刚来到中国时，对学习和生活都不适应，在学习上，由于老师上课全部使用汉语，他感到非常难；在生活上，当他在大街上走的时候，很多人"盯"着他，他感到非常奇怪。他讲道："我来中国的时候第一个月学习的时候很难，没想到这么难，因为在英国不常常用汉语，第一次课老师完全说汉语，没有用别的，我感觉挺难的，完全听不懂，所以第一个月真的真的很难。刚开始的时候，我去新街口的时候，他们常常看我们，差不多盯着我们，我知道他们不是交际，我觉得有点奇怪。"不过，一个月后，他慢慢地习惯和适应了。

在中国，他与同学说汉语的时间比与中国人多，与同学说汉语主要是与日本人或韩国人说汉语，他认为同学之间说汉语，一方面是因为汉语是他们交流的唯一工具，另一方面可以互相明白，而与中国人说汉语比较难，主要是他听不懂中国人说的话。他讲道："我很多韩国朋友和日本朋友，他们英语说得不好，我不会说日语，不会说韩语，不会讲他们的语言，我没有办法和他们说汉语，所以我可以明白他们，他们可以明白我。和中国人说话，他们有时说南京话，或者别的，我真的听不懂，有时候我的发音真的不好，我感觉他们感觉比较奇怪。"另外，他非常喜欢与韩国人交往，并且认为他们的汉语水平比较好，有助于提高自己的汉语水平。他讲道："我最喜欢韩国人，他们很有意思，现在我有很多韩国朋友，他们的水平很高，我跟他们聊天的时候我的汉语水平会提高，我跟他们说话的时候我很舒服。"其次，与同胞之间主要说英语，不讲汉语，他认为如果同胞之间讲汉语让人感觉有点奇怪。他讲道："跟韩国人和日本人在一起就要用汉语，跟英语国家的人我说英语，如果我们一起说中文，我们都觉得有点奇怪。"

他感觉自己的汉语水平不好，也就是说自我感知汉语交际能力不是太好，这对他课外汉语交际有很大的影响。他怕自己说错给对方带来麻烦，当对方的英文水平比自己汉语水平好时，他不好意思讲汉语而是讲英文。他讲道："因为我不要跟中国人聊天的时候，我真的不要给他们麻烦，我常常觉得说错了，中国人会说他在中国待了一年，他的汉语还不好。不过我知道我现在我可以去银行的时候，还好，我觉得我可以做这样的东西，我真的想用汉语，不过我交际的时候真的害怕用。”“在上海我的中国朋友，他的英语非常好，非常好，我跟他说话，我不太说汉语，因为我的想法是，他的英语很好，我的汉语不好，我就说英语。我们常常见面以后，我们说汉语，我说不可以，他说可以。我知道这样不好，我应该说中文，我觉得他们的英文很好。”

虽然他喜欢踢足球，而且经常与中国学生一起踢球，但与他们没有很深的交往，只是在踢球时偶尔交谈；虽然他有中国朋友，但他的朋友要么在上海，要么在北京，要么在浙江，到朋友那儿主要是旅游，再加上对方的英文水平比较好，所以用汉语交谈较少，内容也比较肤浅，主要涉及国家之间生活文化的不同等；与老师或同学说汉语时，主要就上课内容进行交谈。他讲道：“我们常常说关于踢足球的事情，他们常常问我关于南非的话题或者英国的话题，我也问他们，比如一个朋友，他是西藏人，我常常问他的老家是怎么样，我觉得这个地方是挺有意思的。我们问他们很多问题，他们也问我很多问题。”“我常常跟他们说汉语，我的韩国朋友，或者日本朋友说汉语，我们的话题是课的内容，或者是电影的内容。跟老师的时候常常是汉语的内容，我去哈尔滨的时候，我跟中国人说话的时候，他们常常问我是什么地方的人，我们说这样的话题。”“他们觉得我还在南非，我离开南非很长时间，我的家人告诉我很多关于南非的事情，我在南非的时候跟现在不一样，他们问我的时候，我不可以告诉他们南非的情况。”

他喜欢看有中文字幕的美国电视剧，不喜欢看中文报纸，认为读中文报对他来讲非常难，他也不看中文杂志。他讲道：“我看美国的电视剧，他们有中文字幕，每次我学的新的汉字，所以我明白了，报纸非常难，非常难，我觉得这是生的语言，真的难，真的难，我不知道怎么办，明年我回英国后有报刊课，我真的不知道怎么办。”

（五）在中国交朋友的情况

当我们问他，如果让你告诉刚来中国留学的学生，你会告诉他们什么经验和应该怎么做时，他答道：“我会告诉他们你可以找一个中国人，语言伙伴，他们可以教你中文，你教他们英文。以前我去中国人的餐厅，可以跟他们认识。或者你可以，去年我开始学习跳舞，在这个课我认识很多中国人，留学生可以踢足球，可以做别的，这样认识中国人。”在这里他多次用到“可以”，而不是“一定”，并且没有谈到结交中国朋友，只是谈到了语言伙伴或认识中国人，这说明他没有认识到与中国人交朋友对汉语学习和了解中国文化的作用，再加上他本人自我感知汉语交际能力较差，怕说错。虽然他喜欢踢足球，有与中国人交朋友的条件，但在南京留学期间，他没有真正的中国朋友，而他所讲的中国朋友，都是他的同学或自己在英国读书期间认识的，或者只是一般性的交往，他的朋友要么是同胞，要么是其他国家的同学。当我们试着问他是否因为自己是黑种人影响自己与中国人交朋友时，或者说是否感觉到中国人对黑种人有歧视，影响自己与中国人交往时，他对此进行了否认。但在我们采访他时，我们明显感觉到，他对自己的种族身份是比较介意的，并且多次讲到自己现在是在英国，而不是在南非，并且强调自己16岁就离开了南非，离开后就再没有去过南非。因此，我们可以说，他的种族身份影响了他与中国人交朋友，当然对他的汉语水平提高也产生了不利影响。在接受我们采访时，我们明显感觉到他汉语讲得不是太流利，有时听不懂访问人的话，也不能表达自己的看法，并且多次出现语言转换现象。

### （六）总结

由于BIM汉语学习的主要目的是了解中国历史和中国文化，所以他在中国旅游较多，与中国人谈话时主要涉及两国文化和生活之间的差别等。由于他经常与其他国家的留学生一起讲汉语，所以他的汉语水平有了一定的提高，但由于他没有真正的中国朋友，所以他的汉语水平仍然不是太好，对中国文化的了解还是肤浅的。当我们问他来到中国最高兴的事情或者最大的收获是什么时，他答道：“中国菜很便宜，很好吃，还有中国有很多漂亮的地方，比如在北京，我一个月，我非常喜欢这个地方，还有长城，天坛，去浙江的时候，他们有一个地方，和苏州一样的地方比较好，我真的真的很喜欢。还有去了哈尔滨，还有中国人的家人他们非常欢迎我们，我跟我的朋友，我们真的真的很尴尬，他们给我们很多礼物，每天做很多菜，他们很热情，不过我的朋友讲这是中国文化，中国习惯。”

## 四、DBYYM

### （一）个人情况

DBYYM，日本人，女，21岁，专业为中文，大学四年级学生，从大一时开始学习汉语，来中国前已学三年汉语。2008年2月曾到南京艺术学院进行两个星期的语言交流。2008 年 9 月再次来到中国，在南京大学学习汉语，学习时间为一年，与一位美国人一起在校外居住。2009 年 6 月在其回国前接受了我们的采访。接受采访时为中级班的学生。

（二）汉语学习目的

DBYYM 学习汉语的目的是通过汉语学习以后能找到工作，找到生产或销售产品的公司。她讲道："我的理想在这里是提高我的汉语水平，以后找到工作，我想找公司是制造东西卖东西的这样公司，这样的厂商，我最近发现我可以改变中国的厕所，太脏太不方便，我可以卖这方面的东西。"

（三）国内汉语学习经历

DBYYM 在日本学习汉语期间课程比较多，有阅读课、口语课和听力课等，讲课的方式和中国差不多，老师先讲生词，然后读课文，最大的不同是老师授课的语言，在日本老师主要用日语讲课。她在日本的学习方法是学汉语拼音，一边说一边写，因为没有中国朋友，所以课外没有机会说汉语。

（四）在中国课外讲汉语的情况及影响因素

2008 年 2 月在南京艺术学院交流期间，由于时间比较短，只有两个星期，再加上那时她汉语水平不太好，所以虽然有许多与中国人交流的机会，但是她无法与中国人真正交流。她讲道："我 2008 年 2 月份来过南京。那个时候我和中国人说话，但是那个时候我的汉语水平非常不好。那个时候我用笔和纸写日语和写汉字说话，他们也不会说日语，所以我们不能说话。"

2008 年 9 月来到南京后，她说汉语的情况有两种，一是与同学说汉语，二是与中国人说汉语。她认为，与同学说汉语比较容易，能相互理解，交谈的主要内容是说自己国家的情况；与中国人说汉语，主要是语言伙伴，一般是一对一的交谈，交谈的主要内容是最近的情况和各自喜欢的事情，对于比较深层次的文化问题则无法用汉语交谈。她讲道："他们（指同学）用的单词少，还是比较少，说话比较慢，速度慢，还有比中国人他们理解我说的汉语，外国人说的汉语。""英国人，韩国人，除了中国人之外的外国人，有时候说话不太多，跟他们一起喝酒，看 DVD，吃饭，我们一般说自己国家的情况。跟中国人说话的时候，我们说一般的普通的话，最近怎么样，自己喜欢的事情。""我每次见中国朋友的时候是一个人对一个人，是一对一，所以比较容易说话，我没有机会和许多中国人说话，我的朋友跟我说汉语的时候比较慢，我的听力有时候中国人说得很快我听不懂。”“我跟他们，有些人是我的语伴，每个星期一次一起学习，一般的朋友大概一个星期或者两个星期见面一次，一起吃饭。我们的朋友会说日语一点点，基本上我说汉语，有时候有不知道的单词的时候，我说日语。我想练习汉语，所以他们说汉语，有些时候他们也说日语。”“一般的生活的话题能说出来，他们问日本的文化或者日语语法，这个时候我不能说汉语，说不出来，我说日语。”

她认为，汉语水平的高低对课外讲汉语有影响，由于自身汉语水平较低，当想说汉语却说不出来时她就放弃说。另外，她认为留学生居住和上课都在一起影响课外讲汉语，因为这样便没有机会跟中国人一起说汉语，因此，她选择与一位美国人一起居住在校外，这样使得她有时与同屋一起说汉语，有时也与房东一起说汉语。她没有提到性别因素对课外讲汉语的影响，但她讲到了中日关系对她的影响。她讲道：“与我经常在一起的中国朋友都是喜欢日本的，有时候出租车的司机或者商店的服务员发现我是日本的以后不说话，还有没有大的影响，不太大。”她认为，愿意与她说汉语的中国人有三种，一是学过日语的人，二是喜欢日本文化的人，三是不喜欢日本的人。她写道：“愿意与我说汉语的中国人有三种。一是学过日语的人。二是喜欢日本文化的人，特别是喜欢动画片、电视剧等等。三是不喜欢日本的人。他们大部分是老人，他们想讲反日的思想。”

她平时不看汉语的电视和杂志，有时看中文电影，刚来时看中文报纸，后来因为时间原因和认为在日本也可以做到就不再读了。她讲道：“我没有时间看报纸，我上个学期刚来的时候买报纸，但是每天不能读完，我没有时间，所以我现在不买。没有时间是因为作业比较多，我跟朋友一起玩的时候很多，读小说报纸在日本也可以。”

### （五）在中国交朋友的情况

DBYYM在南京来自本国的朋友最多，她认为同胞之间交往很轻松，可以自由表达思想，另外性格和看法比较相近。其次为其他国家的同学，而中国朋友较少，她认为主要与生活规律有关，但我们推测中国学生之所以不愿与她经常来往而成为朋友，还是与感情有关，也就是说中国人对日本人比较反感，或者想与她交往但怕别的中国人指责自己。她讲道：“我的朋友主要是日本的，可能最多，还有英国人，韩国人，还有上个学期的同学，中国人最少。”“（同一个国家的人交往）很轻松，没有压力，什么想说的事情都可以说。不是自己母语的语言，每天说的话比较累。同一个国家的人，性格比较相似，看法比较相似。”“我最想跟中国人一起玩，但是他们的生活完全不一样，所以时间，他们想玩的时候和我想玩的时候不太适合，所以跟留学生一起玩的时候最多。”

她的中国朋友主要是语言伙伴。她认为要找到语言伙伴，一是到日语系去找，二是通过同胞了解如何找或者让同胞帮助推荐。她讲道：“应该去日语系的课，很容易找到朋友。在南京留学的日本人应该知道很多中国人，应该知道很多学日语的中国人，应该去找他们。”

（六）总结

由于DBYYM认为她与中国人的生活规律不同，使得她与同胞和同学交往比较多，而与中国人交往较少，并且没有找到真正的中国朋友。但由于她很想与中国人交往，所以在留学期间她积极寻找机会与中国人交谈，并且经常与语言伙伴见面。这使得她一方面提高了自己的汉语水平，另外也感受到了两国文化的差异，并且通过长时间的交往，能在两国文化之间保持平衡。她讲道：“（中国人）不遵守时间，但是现在我非常方便，在日本的时候，不能迟到，跟朋友见面的时候也不能迟到，但是在这儿比较随便。来到中国的日本人，大家都习惯这个情况了。”“我跟中国人交谈的时候常常发生一个烦恼。我的中国朋友突然给我打电话说：‘现在出去玩吧！’这样的情况很多。对我们日本人来说，出去玩的时候应该提前告诉，不应该突然说。我以前在南京做日语录音打工的时候，上司常常突然让我来打工，而且如果我说今天来不了，他还是问我晚上可不可以，只要一个小时，等等。我觉得非常麻烦。我们日本人很怕打扰别人的生活，所以不能强迫地邀请别人，而且我们拒绝邀请的时候觉得非常尴尬，所以尽量不让别人觉得尴尬。先问：‘今天有没有空？’其次问：‘我们出去玩，怎么样？’这样的话，又有礼貌又不让别人觉得尴尬。我告诉一个中国朋友这个烦恼。她说，中国人没有那么怕打扰别人和尴尬的感觉。现在我知道这是日本人和中国人的文化差别，真是‘入乡随俗’。我现在习惯了突然的邀请，我有时候突然邀请朋友，回国以后我要十分注意这个习惯。”

## 五、YYZ

### （一）个人情况

YYZ，女，23岁，韩国人，在校大三学生，专业为中文。上大学前曾学过英语，大学时开始学习汉语，来中国前已学了两年的汉语。2007年9月至12月在中国烟台教授韩语，2008年9月来到南京大学学习汉语，与一位同胞一起居住在学生宿舍。2009年6月在其回国前，我们对她进行了访谈。接受采访时为高级班的学生。

### （二）汉语学习目的

YYZ学习汉语的目的是为了找工作，以后能当汉语教师，教韩国学生学习汉语。她讲道："在韩国学汉语找工作更容易找到工作，为了找工作，我来到中国。""我觉得毕业大学以后继续学习汉语，以后我教学生，我想教学生，韩国的学生。"

### （三）国内汉语学习经历

YYZ从大一时开始学习汉语，大一的时候主要学习了声调和拼音，大二的时候主要学习了一些日常会话，如"老师您好！""好久不见了！""你去哪儿？"等，接着休学一年到中国烟台教授韩语，2008年9月来到南京学习汉语。在国内，她的老师主要是韩国人，大部分时间用韩语讲课，只是在二年级的时候有一位中国老师教授汉语口语课，使用汉语讲课，但她当时汉语水平很差，听不懂老师讲的课。她讲道："中国老师教我的时候我都听不懂，我上课的时候，坐前面的人，他们的汉语水平有点高，他们听得懂，我听不懂，如果老师讲课有意思的话，前面的在笑，我们看他们笑也跟他们笑。"在她的大学里有很多中国人，但她跟中国人见面的机会很少，只是在上课时跟中国老师用汉语交流。

### （四）在中国课外讲汉语的情况及影响因素

2007年9月至12月在中国烟台教授韩语时，由于她的主要任务是教授韩语，所以在上课时她主要使用韩语，在与学生交流时偶尔使用汉语。也因为她的身份是老师，所以学生比较喜欢与她交往，有的时候也到学生的家里做客，与学生和学生的家长用汉语交流，这使她的汉语水平有一定的提高，从不能说完整的一句话到可以与中国人交谈。她讲道："跟中国人说话的时候，我不能说完全的一句话，但跟她们学习以后，跟中国人能够说话。"

2008 年 9 月在南京时，她主要与同学和老师讲汉语，一起讲汉语的同学主要是来自西方国家的学生，和老师讲汉语主要是在课堂休息或课外时间。另外也与宿舍的服务员讲汉语。但总体来讲，与同胞讲母语最多，其次为与同学说汉语，而与中国人说汉语最少。与中国人说汉语最少的原因主要是她找不到中国朋友与她交谈，另外她要准备 HSK 考试，没有时间与中国人来往，但她非常想与中国人一起说汉语。

她不看汉语的报纸和杂志，但她在宿舍里看中国的电视剧，看了许多中文电影，一般不看新闻节目。她讲道："我一般在宿舍里看电视，中国的电视剧，电视剧一般听得懂，新闻的内容比较专业，听不懂，他们的说话太快了。电视剧上面有字幕，我听不懂的时候看字幕。"

她喜欢读书，并且天天都读，她把读书的过程看作与中国人说话的过程，但她也承认这样做有一定的缺陷。她讲道："看书的时候，天天都读，还有语法，中国的汉语语法，每天特别练习。我读的时候我觉得两个人，一个是中国人，一个是我，我一边是中国人，一边是韩国人。这样的话，这样的话我可以记住单词，但是我不知道哪种情况可以说，哪种情况不可以说。"

她多次讲到自己与中国人讲话时比较害怕，比较紧张，感觉自己汉语水平比较差，怕说错了别人笑话她，但与熟悉的人说话她不害怕。她讲道："我说汉语时有点儿害怕。""有点紧张，刚开始的时候更紧张。因为刚开始的时候，我说话说错了还是对了我不知道，还有不知道我怎么说，老师问我的时候，老师问我什么意思，我不知道，然后老师问别的同学。但是跟熟悉的人说话的时候不紧张，特别是南大的服务员，他们说也是有点方言，但是现在我可以听得懂他们说的话，但是真正的方言我听不懂。紧张对我有影响，我很紧张的话，现在我知道的单词我不能说，紧张的话，一点都说不出来，然后就后悔了。但是我跟老师说话的时候不紧张，但是我跟别的老师说话的时候，怎么说怎么说，有点紧张。"她自己也讲到，不应该害怕跟中国人说话，如果害怕跟中国人说话对汉语水平提高会有影响，她写道："我想，怕用汉语说话的话，肯定不会提高汉语水平。自己想提高汉语水平，别害怕跟中国人说话。不要怕犯错误，俗语说：失败是成功之母。虽然我的汉语水平比别人还差，但我不要失望。"虽然她知道害怕与中国人说话会影响汉语水平的提高，虽然讲到不要怕犯错误，但也许是克服害怕需要很大的勇气，需要以汉语水平的不断提高为依托，所以在高级班口语课时她一般不说话，后来干脆就不去上课了。她的同学认为她这样做是预防失败，预防不成功，也就是说我不与中国人说汉语，这样的话我也就不存在所谓的失败，不存在所谓的不成功。

（五）在中国交朋友的情况

YYZ 在来中国前，她认为她应该找中国朋友，与中国朋友一起聊天，一起旅游，但是在南京生活了将近一年，她没有找到一个中国朋友，也没有语言伙伴，刚来时有一个语言伙伴后来也不来往了，她主要与同胞和同学一起交往。当问到为什么没有和原来的语言伙伴来往时，她讲道："以前我有一个语伴，那是我的朋友介绍给我一个中国朋友，但是她上课的时候不能来，还有她来得晚，那个辅导老师不太好。她在南大的浦口校区，她有的时候，说今天不可以。后来没有语伴，我准备 HSK，没有时间跟中国人聊天，那时我有点麻烦。一般星期一到星期五上课，星期六星期天见面，但是我没有时间没有自由的时间，所以有点麻烦。有的时候给我发短信说今天不可以见面，一会儿又说可以，以后没有找到中国朋友。""但是来到南京，南京人要辅导费用，如果辅导费用很低，他们不可以。"从这里我们可以看出，有三个原因影响了 YYZ 找到中国朋友，一是她要参加 HSK 考试，每天还要上课，还要做作业，她的闲暇时间较少；二是对方也比较忙，不能给她提供较好的服务；第三个方面我们认为对 YYZ 来说可能是主要的原因，也就是需要向对方付费，并且对她来说费用较高。她来自韩国的农村，父母年龄已高，在家主要靠种植水稻生活，她上大学的费用是两个姐姐支持的，再加上现在人民币升值，韩元贬值，使得她无法像大多数留学生那样通过语言伙伴找到中国朋友。当然，我们认为也有性别的因素，虽然她并没有讲到，因为我们发现在南京留学的韩国男生，他们大多找到了异性中国语言伙伴，并且是免费的，而韩国女性找到中国语言伙伴的情况确实少。另外，我们分析这可能也与韩国留学生在南京较多有关，这为同胞之间互相来往提供了便利，从而限制和影响了他们与中国人的交往。

（六）总结

虽然 YYZ 汉语学习动机较强，也很想与中国人交往，但由于交际恐惧较高、自我感知交际能力较低，再加上经济的原因，使得她在南京留学期间没有找到语言伙伴，更不用说中国朋友了，她主要与同学、老师和服务员说汉语。但由于她喜欢看中国电视，经常主动与熟悉的老师交谈，所以汉语水平也有了一定的提高。但由于她与中国人交往较少，对中国生活和中国文化还没有真正理解和适应。她讲道："我的汉语水平提高了许多。我以前学习的时候，为什么错了不知道，现在知道了，但是有的题不知道。还有我那个说话汉语口语水平比以前好多了。""我觉得中国人有点慢，中国人的行为有点慢，韩国人都喜欢很快。"从文化适应的角度来讲，她这种韩国人优于中国人的观点说明她仍处在民族中心主义阶段，还没有过渡到民族相对主义阶段，当然她讲到很多类似的现象，我们这里只是列举其中一个，所以我们说她还没有真正理解和适应中国文化。

## 第三节　本章小结及对教学的启示

### 一、本章小结

从上面我们可以看出，五位同学课外汉语交际受到许多因素的影响，既有前面我们所讲的共性，如中文学习动机、自我感知交际能力、交际恐惧、交际意愿和性别等，也有各自的个性，如同是中文学习动机比较强的GKB和XJF，两者的课外汉语交际频率明显不同，GKB在南京留学期间积极寻找中国朋友，并与他们深入交往，积极利用机会与他们使用汉语进行交际，提高了运用汉语进行交际的能力，而XJF却认为自己是高级生，与同学交往说汉语不会影响自己的汉语水平，所以没有找到中国朋友，因此课外锻炼汉语的机会也不多。另外，BIM由于自己是黑人，DBYYM由于自己国家日本与中国的关系问题，YYZ由于自身家庭经济困难，他们的课外汉语交际频率都受到了影响。因此我们说，通过个案研究，我们不仅进一步对留学生课外汉语使用情况及其使用原因有了了解，而且通过留学生自己的描述，对他们课外汉语使用的过程及发展轨迹有了较清晰的了解。

### 二、对教学的启示

在对学生课外汉语交际进行指导时，既要注意共性因素对留学生课外汉语交际的影响和作用，又要经常观察学生，与学生沟通，根据不同学生的不同情况进行具体指导，做到有的放矢，这样效果才能明显。

# 第六章　汉语资源利用最大化：对教育者和留学生的建议

在前文中，我们根据研究结果有针对性地分别提出了对教学的启示。如根据留学生语言接触的调查结果，提出了切实增加留学生与老师汉语交流的时间，实行教师与留学生课外汉语交谈会话制等建议；根据影响留学生课外汉语交际内部因素的研究结果，提出了增强留学生的交际意愿和中文学习动机等建议；根据影响留学生课外汉语交际外部因素的研究结果，提出了留学生多与年龄在25—30岁、有出国经历的大学本科的女性中国人交往，多与想练习外语的中国年轻人交往等建议；根据个案分析的研究结果，提出了要经常观察留学生，根据不同留学生的不同情况进行具体指导等建议。这些对于留学生在中国留学期间充分利用汉语语言资源，做到语言学习最大化具有重要的实践意义。然而，从语言学习最大化的角度来讲，汉语语言资源的充分利用是一项复杂而艰巨的工程，其中教育者和留学生分别是完成此项任务的主导者和主体者。从教学的角度来讲，如何充分发挥教育者的主导作用和留学生的主体作用，对于做到汉语语言资源利用最大化具有深刻的意义。本章将对此进行探讨。

## 第一节　对教育者的建议

### 一、开设交际策略指导和训练课程

作为管理者和教师，要在留学生进校之初，指导他们如何利用课外语言资源，如何与中国人交往，如何处理交际过程中的语言障碍和文化障碍等。

如何利用课外语言资源，指的是可以利用的校内外交际资源，如一些活动组织、活动信息、交友信息、网络资源等。如何与中国人交往，指的是与中国人交往的一般原则，如“一回生，二回熟，三回成朋友”，遵从“亲疏远近，内外有别”的原则，讲究“投缘”和“关系”等。既有一般的理论，也包括以往学生交际的实例等。如何处理交际过程中的语言障碍，指的是应鼓励留学生大胆利用汉语进行交际，在汉语水平比较低的时候，要善于运用课本学习的话题和句子等进行交谈，在出现语言障碍时要善于运用一些交际策略，如请对方放慢速度讲话或重复等。对于如何处理交际过程中的文化障碍，Waryn（2007）的方法值得借鉴。他采用“现场法”（the local method），让学生注意他们与法国人活动的每一个细节，如在咖啡馆交谈、在商场购物和日常生活交谈等，使学生成为目的语文化的调查者，然后通过日记的形式记下他们的发现以及经验和教训，同时，老师和管理者对他们出现的文化障碍及时进行沟通和交流。通过这样一种方法，把文化理解并融入到日常生活和学生主动探索中，把文化障碍消除在萌芽状态中。

## 二、为留学生布置课外实践或者课外练习的作业

Foster（2001）在其文章《最大化使用汉语：语言与文化课程实践》一文中介绍了他在南京大学—约翰斯·霍普斯金大学中美文化研究中心为留学生布置课外实践作业的情况。Foster 为留学生布置的实践任务，既有简单介绍性的任务，如画一张校园地图，也有比较复杂的任务，如比较不同城市的交通工具等。要求留学生在进行实践时，与中国人至少有三次谈话，在日记中至少对其中一次进行叙述，并且要求他们至少写出在谈话中使用的 15—20 个关键词语或句子，以及至少 3 个不理解的词语或句子。布置的任务内容非常广泛，当然要根据留学生的实际情况来操作。刚开始的时候布置的任务相对简单些，等留学生熟悉了周围的环境能够独立出行后，任务就相对复杂些。为了使任务更接近中国实际，老师要经常深入生活、熟悉生活；为了调动留学生自我管理和自我学习的积极性，应当鼓励留学生在老师同意的情况下自我设计任务。Foster 指出，为留学生布置课外实践任务具有重要意义，一是可以让留学生把在课堂学到的知识运用到实际生活中去，二是可以减少或缩短由文化冲突带来的生活不适应，三是可以引导留学生合理地安排课外时间。当然，对他们的汉语交际能力的提高和对中国文化的了解和理解也起到了很大的促进作用。贾放（2000）介绍了自己结合课堂教学内容布置课外交际练习的经验。她讲到，在设计练习时应充分考虑留学生的汉语程度、不同特点和需要，为此，初级水平的留学生主要做“听和说”，即请留学生复述自己近期在课外听、说汉语的情况，中高级留学生主要做“听我说”，要求留学生结合课文的话题在课外做专题采访，然后回到课堂作报告。最后教师对留学生的发言进行讲评和评分，把评分结果计入留学生平时成绩。

## 三、积极开展汉语“第二课堂”活动

汉语“第二课堂”活动是指以真实环境为依托，以激发留学生学习兴趣为手段，以提高汉语交际能力为目的而组织的各种课外语言实践活动，如参观游览、座谈访问、游戏表演和演讲比赛等。虽然各个学校都非常重视汉语“第二课堂”活动的开展，但仍然存在许多问题。王磊（2008）在分析了汉语“第二课堂”存在的必要性后，对当前汉语“第二课堂”存在的问题进行了分析。他认为当前汉语“第二课堂”存在四个问题，一是组织形式相对单一，留学生的课外活动大多局限于参观游览一些名胜古迹和旅游景点；二是组织缺乏目的性，课外常常是为了“玩”而“玩”；三是自身的组织性不强，往往是把留学生带到目的地，讲好最后集中的时间和地点后，留学生就自由活动了；四是组织不成模式和留学生的参与面不够广泛。为了提高汉语“第二课堂”活动开展的效果，王磊把任务型教学法引入到汉语“第二课堂”中，并以“北京胡同游”为例介绍了任务型活动法实施的过程：首先是前任务阶段，搜集相关资料并在班级介绍，为同学们更好地参与活动做好准备；其次是语言知识准备阶段，学习《北京的胡同》一文；再次是任务实施阶段，在此阶段，留学生通过参与整个活动，从教师、参观地点的讲解员以及当地居民那里获得他们完成任务所必需的信息；最后是后任务阶段，各小组通过讨论交流完成“胡同游报告”。

我们认为，汉语“第二课堂”活动开展效果之所以没有达到理想，主要原因是没有或者很少有中国人或中国学生的参与，而使得汉语“第二课堂”活动变成了留学生集体活动讲母语的场合，从而使活动效果和活动质量大打折扣。因此，要提高汉语“第二课堂”活动的效果，必须引入一定量的中国人或中国学生的参与。例如旅游，可让留学生的“语言伙伴”或“中国朋友”一起参加，费用问题当然需要考虑，可采用部分免费的办法，这样就能避免王磊（2008）所讲的“学生们常常是三人一群，两人一伙的四处闲逛，而且他们不是与说同样母语的同胞一起，就是与可以说英文的伙伴一起，或者干脆一个人活动”（王磊，2008：223）的情况。

## 四、积极探索社区服务辅助汉语教学途径，拓宽留学生汉语学习的渠道

在美国等西方国家，企事业单位对求职者的工作经验和社区服务经历十分重视，各个大学和学校也非常重视开展“社区服务与教育相结合”的活动，并且

深受学生的欢迎。因此，我们要积极探索社区服务辅助汉语教学的途径，拓宽留学生汉语学习的渠道。冯明（2007）介绍了在美国开展社区服务辅助中文教学的情况，并指出，这一活动的开展从中级课程开始比较合适，因为这些留学生已掌握了一定数量的生词、语法和惯用语，具备了汉语交际的基本能力；在内容和形式上应突出培养留学生交际能力这一目标，尽可能根据课程的内容和特点做到广泛多样，因地制宜；在时间上以平均每周不超过两个小时为宜，避免给留学生带来额外负担；在管理上最好设置专门的“社区服务中心”之类的部门，寻找和确定社区服务机构，确定参加方式和活动内容，介绍有关规定和注意事项等。

## 五、充分发挥大学生学生组织的作用，为留学生与中国学生的交往提供便利

当前各校的大学生组织主要面向中国学生，但不管是中国学生，还是留学生，都希望能够互相交往。因此，大学的学生会、业余爱好俱乐部或协会、志愿者组织应当积极发展留学生成员，吸纳他们加入，为他们与中国学生的交往提供便利。另外，要针对留学生在中国时间一般较短、汉语水平不是太好、喜欢旅游等特点，组织一些热心留学生服务工作、英语或其他外语较好、喜欢旅游的同学组成留学生服务活动小组，有条件的最好建立专门的网站，有组织、有计划、有针对地为留学生开展服务工作。如不定期到留学生中进行调查，了解他们的需求，根据他们的要求为他们介绍中国朋友或在校园网上发布他们的交友信息等，使留学生来到中国后能够有所依靠，迅速融入到中国社会。

## 六、积极为留学生介绍“语言伙伴”或“语言老师”，促进留学生与中国学生的互相提高，并且做到初、中级学生“语言伙伴”制度化

从前文我们可以得知，留学生与中国人交往的主要渠道之一是寻找“语言伙伴”或“语言老师”，并且留学生与中国人成为朋友大多是从语言伙伴开始的。这一情况不仅在宁高校普遍存在，在国内其他学校也普遍存在，如北京语言大学、北京第二外国语大学和华东师范大学等。陆人（1999）介绍了北京第二外国语大学日语系中国学生和本校日本留学生之间的语言交流活动开展情况和效果调

查，通过调查发现，交流的地点主要在留学生宿舍，交流的形式主要是一对一，交流的内容主要是学习方面的。另外，为留学生介绍的语言伙伴或语言老师应是学习较轻松、有富余时间的中国学生。例如，南京大学鼓楼校区大部分是研究生或四年级本科学生，他们学习任务重，没有过多时间和精力与留学生交往，不利于留学生课外汉语交际。一位德国留学生讲道："刚来到中国时，我觉得非常孤独，没有中国朋友，幸亏我跟两个中国女孩儿一起住，所以不太寂寞。我们三个女孩儿慢慢地发觉，我们很投机。但是她们从早到晚忙得要命。有时候除了'早晨好'，'晚安'我们一天都不说话。"

### 七、改善留学生管理模式，实行留学生与中国学生无差别管理

在国外，留学生一般没有专门的培训大楼，也没有专门的留学生公寓或留学生食堂等设施，来自不同国家、不同语言、不同种族和不同肤色的人在一起生活和学习，这种无差别的管理模式为留学生与当地学生或当地人交往提供了便利的条件。而我们国家许多接收留学生的高校，为留学生设置了专门的培训大楼、专门的学生公寓，甚至专门的学生食堂，有的实行 24 小时安保措施，不准中国学生或中国人随便进入，这样虽然为留学生之间或同胞之间互相交往提供了便利，但却为留学生与中国学生或中国人之间的交往设置了障碍。因此，要改变留学生管理模式，实行留学生与中国学生无差别管理，为他们互相认识、互相学习提供机会。

## 第二节　对留学生的建议

### 一、充分认识国外语言学习的特性，增强自我管理的意识

Brecht. R. D. （2008）指出，在目的语国家学习语言，具有三个特性，即丰富性（Rich）、真实性（Real）和自我调适性（Self - Regulated）。丰富性指目的语环境为二语学习提供了持续的和丰富的目的语语言和文化的输入；真实性指目的语学习与生活密不可分，所有交际具有真实效果；自我调适性指目的语的学习由学习者自我掌控，而并非由老师或教育管理者决定。丰富性和真实性只是为二语学习者练习和提高二语交际能力提供了可能，但要真正利用并让它发挥作用，还需要二语学习者充分认识第三个特性即"自我调适性"。在目的语国家学习语

言，学生课堂学习的时间是比较少的，课外时间是比较丰裕的。在课外，一般没有老师的指导和要求，也没有家人和朋友的约束和督促，课外时间对他们来讲是“自由的”，也就是说他们具有自由支配课外时间的权力。因此，只有自我管理能力和约束能力强、不怕失败和具有冒险精神的学生才可能真正发挥在目的语国家语言学习“丰富性”和“真实性”的优势，而那些胆小、内向、不善于自我管理的学生就有可能无法利用这两个特性的优势。因此，留学生在充分依靠管理者、教师和同学的同时，也要充分认识国外语言学习“自我调适性”的特性，增强自我管理的意识，要通过写日记或其他反省的方法，在成功与失败中不断总结经验及不足，经常自我检查和督促自己积极利用课外汉语语言资源，从而提高运用汉语进行交际的能力。

## 二、主动学习相关成果，提高自我管理的能力

目前关于国外语言学习最大化的研究成果主要集中在两个方面，一是对此进行的专门研究，二是在研究国外语言学习的同时，涉及此问题。

### （一）对此进行专门研究的主要是《国外学习最大化——学生指导用书》

英文名称是 Maximizing Study Abroad：A Students' Guide to Strategies for Language and Culture Learning and Use，作者是 Paige，R. M. 等。在这本书中，首先通过三个问卷让学生了解自我学习策略，第一个问卷是学习类型调查问卷，目的是为了让学生使用广泛的学习类型来更有效地学习语言；第二个和第三个问卷分别是语言学习策略调查问卷和文化学习策略调查问卷，目的一方面是为了让学生了解自我语言和文化的学习策略，另一方面是为了激起学生对策略学习和训练的兴趣。然后该书分别从两个方面详细探讨了文化学习策略和语言学习策略。在文化学习策略部分，讨论了在国外学习阶段可以利用的 9 组文化策略。在出国前学生可以学习到“当我处在完全不习惯文化环境中的策略”，在目的语国家中他们将学习到 7 组文化策略，包括适应新文化和处理文化休克的策略、在新文化中处理窘迫时间的策略、处理不同交际模式的策略、理解非语言交际的策略、与当地人交际的策略、与当地家庭交际的策略等。在回国阶段包括“当我回国时的策略”。语言学习策略部分包括 6 个方面，一是听力策略，二是词汇学习策略，三是口语表达策略，四是阅读策略，五是写作策略，六是翻译策略。

Paige，R. M. 等在《国外学习最大化——学生指导用书》的《与当地人互

动的社会策略》一节中指出，第二语言学习者与当地人互动有三个障碍：一是来自第二语言学习者喜欢与同胞或其他国家学习者交往的不利影响，二是来自与当地人见面和交谈焦虑的不利影响，三是来自很少有机会与当地人交往的不利影响。因此，建议第二语言学习者从以下几个方面提高与当地人交往的频率和增加跨文化的经历：

- 你的兴趣是什么？足球？古典音乐？杂技？找到并参加当地有同样兴趣的团体、俱乐部或社会组织。
- 加入一个研究语言或文化交流的学习组织。
- 为你居住家庭的主人或当地人的伙伴做饭。
- 参加学校留学生组织的俱乐部，这是与当地学生相识的最好方法之一。
- 为当地学校、社团组织和商业机构展示自己国家的情况。
- 参加当地的政治活动。但是应当注意，一些国家不允许外国学生参加此类活动。
- 参加当地的宗教活动。
- 根据实际情况调整自己在目的语国家的期望值。
- 不戴手表经常向当地人问时间。
- 经常到某一地方学习或活动。

在《创造机会讲目的语》一节中，Paige，R. M. 等指出，第二语言学习者应当有勇气与当地陌生人交谈，如与在公园里的比较年长的人交谈，他们一般有比较宽裕的时间；与年轻的孩子交谈，他们一般注重意义而非形式。如果不喜欢与陌生人交谈，可以积极利用学校或项目提供的与当地人互动的机会，如与当地医院病人交谈或采访当地常驻居民等。如果既不喜欢与陌生人交谈，也不喜欢利用学校或项目提供的机会，那么可以经常到某一地方学习或活动，如经常到同一个商店、咖啡馆、舞厅或酒吧等。另外，要慎重选择居住地，最好选择与当地人家庭一起居住，或者与当地人一起居住，或者周围有许多当地人的地方居住。其次，要坚持不懈地与当地人交朋友。Paige，R. M. 等指出，虽然第二语言学习者在当地居住时间较短，与当地人成为朋友一般需要几周甚至几个月的时间。但是，作为第二语言学习者应当清楚：有当地人的朋友会促进目的语水平的迅速提高。

我们认为该书对于留学生充分利用汉语语言资源具有很大的指导意义。如在上文中我们提到的该书中对于如何提高与当地人交往频率的建议中，除了“参加当地的政治活动”一项没有必要运用外，其他各项都可以积极实践，如发现自己的爱好和兴趣，积极参加中国大学里的相应组织或机构；积极参加语言学习或文化交流座谈会；参加一些宗教活动，如到礼堂做礼拜；经常到某一地方进行学习或活动；坚持不懈地与中国学生和中国人交谈等。

### （二）在研究国外语言学习的同时，涉及如何充分利用目的语国家语言资源的研究较多

其中比较有影响的如 Mendelson，V. G.（2004）的研究成果。Mendelson，V. G. 在其博士论文《国外环境下语言学习学生课外语言接触与口语能力提高的他评与自评》第五章结论部分中指出，学生在国外语言学习最大化的经验可以概括为五个方面，一是信息（information），二语学习者应主动了解目的语国家和地区的信息，学习目的语国家和地区的文化。二是融合（integration），承认第三文化的存在，但要努力克服第三文化现象。所谓第三文化现象，也就是前文所讲的第二语言学习者主要与同胞或来自其他国家的第二语言学习者交往。三是互动（interaction），坚持不懈地使用目的语与当地人进行交际。四是意图（intention），制定切实可行的计划并促使自己尽快渡过安全区（comfort zone）。要经常对自己课外时间的花费情况进行监控，自觉抵制与熟悉和具有安全感的同胞或同学交往的诱惑，要在对目的语国家人群充分接触和真正了解后再对他们进行评价。五是反思（introspection），经常对自己的经历进行反思。要养成记日记或周记的习惯，把自己的生活经历，尤其是语言学习经历记录下来，问问自己到国外学习的目的是什么？是否实现了自己的目的？应该怎么做才能实现自己的目的？并且，Mendelson，V. G. 指出，要做到以上五个方面，只有二语学习者“在做中学习”（learn by doing）才能实现，当然也需要项目管理者和目的语国家的管理者、教师的帮助和指导。

我们认为，留学生应当积极利用 Mendelson，V. G. 的研究成果，积极采用他所提出的五个经验，让自己在中国留学期间做到语言学习最大化。

另外，在本书中介绍的我们的研究成果，留学生也应当积极了解和学习。首先，应了解留学生在中国的汉语使用情况；其次，了解影响留学生在中国说汉语的因素，这些因素既有自身方面的，也有外在的即中国方面的；再次，了解一些留学生在中国汉语使用的个案实例，趋利避害，从而更有针对性地指导自己，做到最大化利用汉语语言资源。

## 第三节　本章小结

本章分别对教育者和留学生就如何做到汉语语言资源利用最大化提出了建议。在对教育者的建议中，虽然这些建议之间的关系并不平行，有些方面在上文中我们也已经提到，但这些建议都从不同方面帮助教育者指导留学生充分利用汉语资源发挥了较好的作用。在对留学生的建议中，我们主要强调了留学生应当加强自我管理的意识和能力。另外，他们还应当是教育者采用各项措施和办法的积极实践者和反馈者。只有师生互相密切配合，汉语语言资源利用的最大化才可能真正做到。

# 第七章　结语

本章将对全书进行概括，包括结论、局限性、下一步研究方向和结束语。

## 一、结论

（1）留学生在我国每天除上课外，课外主要与同胞、同学、语言伙伴和中国朋友一起进行活动。他们平时一般与同胞说母语，与同为西方国家的人一起说英语，东西方国家的人之间一起说汉语，和中国人说汉语。使用何种语言进行交谈主要与说话人和听话人有关，而与场合、时间、地点等无关。使用母语主要用于看报、上网和深入交谈，使用汉语主要用于完成作业和简单交谈。语言接触量表和日记调查反映出，母语是留学生交际的主要语言，汉语仍是留学生交际的次要语言。

（2）在课外，留学生运用汉语进行交际的频率受到国籍、性格和是否去过说汉语地方的影响，而性别、不同文化背景、居住情况、二语水平、二语经历等对留学生课外汉语交际频率无显著性影响。另外，影响留学生课外汉语交际频率的因素还有留学生的抑制心理、出行人数和对语言学习的看法。

交际频率与中文学习动机、自我感知交际能力和交际意愿显著相关，交际意愿与自我感知交际能力显著相关，且它们之间都是正相关，并且中文学习动机和交际意愿对交际频率具有显著的正预测力。

从中国人的角度来讲，中国人与不同国家人群的社会距离在统计学上有显著区别，对西方人的社会距离与对韩国人的社会距离、对日本人的社会距离和对非洲或南美人的社会距离有显著性差别，显著值均为0.000，在0.001的水平上显著；对西方人的社会距离与对非韩国或日本的东方人的社会距离有显著性差别，显著值为0.007，在0.01的水平上显著；对日本人的社会距离与对非韩国或日本的东方人的社会距离有显著性差别，显著值为0.030，在0.05的水平上显著。中国人的性别、年龄、教育程度、出国情况以及和留学生或外国人交往的情况对社会距离没有显著性影响。

影响在宁大学生与留学生或外国人交往的9个因素中，认可程度最高的是生活圈子不一样，认可程度较高的是没有时间和他们交往、外语能力差和对方汉语水平差等，认可程度最低的是不喜欢外国人。通过因子分析，对影响在宁大学生与留学生或外国人交往的9个因素进行抽象归类得出三个因子，分别是情感因子、学习生活因子和语言因子，其中情感因子对社会距离影响最大。

虽然中国人与不同国家的人社会距离有显著区别，并且情感因子对社会距离影响最大，但是一般的中国人都愿意跟留学生讲汉语，其中想练习外语的年轻人跟留学生讲汉语较多，在宾馆或外国人商店工作的人和机关企事业单位的工作人员不愿意跟留学生讲汉语。中国人一般不主动跟华裔学生讲汉语。另外，中国人喜欢外国人并且对外国人比较热情。

（3）通过个案分析我们可以看到，留学生课外汉语交际受到许多因素的影响，既受到共性因素的影响，如中文学习动机、自我感知交际能力、交际恐惧、交际意愿和性别等，也有各自的个性，如同是中文学习动机比较强的GKB和XJF，两者的课外汉语交际频率明显不同，GKB在南京留学期间积极寻找中国朋友，并与他们深入交往，积极利用机会与他们运用汉语进行交际，提高了运用汉语进行交际的能力，而XJF却认为自己是高级生，与同学交往说汉语不会影响自己的汉语水平，所以没有找到中国朋友，因此课外锻炼汉语的机会也不多。另外，BIM由于自己是黑人，DBYYM由于自己国家日本与中国的关系问题，YYZ由于自身家庭经济困难的原因，他们的课外汉语交际频率都受到了影响。因此可以说，通过个案研究，我们对留学生课外汉语交际动态多变的情况有了较清晰的了解。

## 二、局限性

### （一）测量工具

首先，本文最大的不足是数据来自语言接触量表（LCP），虽然该表为多数学者使用，但它作为一种自报性测量手段，是在一个较短的时间内进行的测量，而非在一定时间内的经常性的测量，同时受到学生自我夸大、量表一些内容重复和界限不清等因素的影响，从而影响数据的真实可靠性。我们对此也有比较清醒的认识，采取了一定的补救措施，如通过日记和学生双周作文的形式进一步考察学生课外语言接触情况，但仍不可能完全弥补语言接触量表本身的缺陷。

其次，对于留学生课外汉语交际频率影响因素调查的量表，虽然我们采用了回译法保证量表之间的一致性，但各版本之间仍可能有一定的差别。另一方面，留学生的中文学习动机、交际恐惧、自我感知交际能力、交际意愿和交际频率等并不是固定不变的，而是随着留学时间的推移不断变化的，而我们的研究主要建立在自测性问卷的基础上。

再次，从中国人角度调查影响留学生课外汉语交际频率因素的量表，是我们在借鉴博格达斯社会距离量表的基础上制定的，虽然量表的信度和效度较高，但量表的信度和效度都有待进一步检验。

最后，我们在文中采用了大量的定性材料来说明数据或问题，虽然这些定性材料来源广泛，有学生的作文，有访谈录音，这些材料我们相信大部分是真实的，但也不可避免有些材料可能有所出入，是学生为了迎合老师或调查者所讲或所写的。

（二）被试

本文试图研究不同学习者在留学背景下的课外汉语交际情况，但由于研究对象的复杂性，有的参加了汉语水平考试，有的没有参加汉语水平考试，因此学生的汉语水平问题未能很好地控制。另外，调查中国人对留学生课外汉语交际的影响时，我们主要调查了留学生课外汉语接触的重点对象——中国大学生，而没有从更加广阔的范围进行调查，如老师、服务人员、机关工作人员等。

（三）研究设计

按照统计与实验设计的要求，研究被试应随机抽取，以确保用于实验的样本能够反映研究样本总体的状况，同时降低无关变异对实验结果的影响。除样本随机化要求外，样本容量越大，对总体的代表性越强。但由于我们在研究时一没有资金，二人单力薄，三时间有限，所以在实际研究中我们并没有采取随机抽样的方法，而是采取目前此类研究大部分学者使用的方便抽样方法。样本的容量与同类学者相比虽然大了一些，但容量仍不够大。

## 三、下一步研究方向

（1）首先，今后的研究者在调查留学生语言接触情况时，一方面要使用语言接触量表，另一方面要进一步完善语言接触量表，试验对比并分析归纳不同学者使用的 Freed 版语言接触量表的优劣及异同，从而确定语言接触量表的最佳构成，最大限度地弥补重复和留学生有可能夸大数据这两方面的缺陷。同时应扩大使用其他方法调查留学生语言接触情况，如日记法，扩大直接观察学习者汉语使用情况的比例，以进一步提高数据的真实可靠性。针对留学生的影响因素调查问卷，应进一步提高不同版本之间的一致性；针对中国人的调查问卷，应进一步分析影响社会距离的因素，提高研究的效度和信度。其次，样本数据较小，尤其是与来华留学生的人数相比相差较大，因此，需要进一步扩大样本规模。在条件允许的情况下，采取随机抽样的方法调查留学生。虽然目前国内外此类研究中尚没有人采用这种方法，但我们相信这种方法会使研究结果更加可信，对教学和管理指导的科学性更强。

（2）在对比分析语言接触量表和日记调查结果时，最好让被试既者接受语言接触量表的调查，同时也参与日记的调查，这样对比的结果会更加可靠。

（3）在调查留学生的语言接触情况及影响因素时，既要调查留学生课外的语言接触情况及影响因素，又要调查留学生课内的语言接触情况及影响因素；既要调查留学生在中国的语言接触情况及影响因素，又要调查留学生在本国的汉语语言接触情况及影响因素；既要调查留学生在学期末的语言接触情况及影响因素，又要调查留学生在学期期中的语言接触情况及影响因素；既要调查不同国家留学生的语言接触情况及影响因素，又要加强对同一国家留学生的语言接触情况和影响因素的研究；既要对在宁留学生的语言接触情况及影响因素进行研究，也要对全国其他地区留学生的语言接触情况及影响因素进行研究；既要对大陆地区留学生的语言接触情况及影响因素进行研究，也要对港澳台地区留学生的语言接触情况及影响因素进行研究，并且对它们进行对比分析，这样会使语言接触和影响因素的研究更加全面。

（4）在调查中国人对留学生讲汉语的影响时，既要进行定量的研究，又要进行定性的研究；既要从中国人的角度研究中国人与留学生的社会距离，也要从留学生的角度研究留学生与中国人的社会距离，并且对它们进行对比分析，看两者之间的社会距离是否对等。

（5）应尽快组织相关人员编写《汉语学习最大化——外国学生在中国留学指导用书》，方便教师的指导和留学生的自我管理，从而使留学生最大化利用汉语语言资源，最大化提高汉语水平和汉语交际能力。

（6）我们研究的假设是留学生课外接触汉语越多，汉语水平和交际能力提高越多，这一假设是根据国外研究结果提出的。因为国外研究发现，在目的语国家学习语言，与目的语人群接触越多，目的语水平和交际能力提高越多。但目前国内还没有人对留学生汉语接触与汉语水平提高关系进行研究，因此需要我们对此进行科学的研究。

## 四、结束语

二十世纪著名哲学家维特根斯坦讲道，“我们是否对一个与世隔绝的原始部落的某个词作出正确的理解和翻译，这取决于我们是否理解那个词在这个部落的全部生活中所起的作用；这就是说，取决于它被使用的时间，取决于在通常情况下与这个词相伴出现的那种情绪表达，取决于这个词所引发的印象，如此等等”（涂纪亮，2003：136）。不同部落、民族或国家里的人们使用不同的语言，为什么仍然能够通过翻译交流思想呢？这是因为“人类共同的行为方式”，他说，“人类共同的行为方式乃是我们据以解释陌生语言的参考系”（维特根斯坦，2004：123），“为真和为假的乃是人类所说的东西；而他们互相一致的则是他们使用的语言。这不是意见上的一致而是生活形式上的一致”（维特根斯坦，2004：132）。日常生活是语言的“老家”，“想象一种语言就意味着想象一种生活形式”。要理解一种语言，就要深入理解生活。“如果狮子能讲话，我们也不能理解它”（维特根斯坦，2004：34），这是因为它的生活形式对于我们来说是完全陌生的，即使它所说的是我们的话语，我们也无法理解它。

因此，作为留学生，要学习和理解汉语，就要具有运用汉语进行交际的能力，积极与中国学生和中国人交往，积极参与中国的社会生活，充分利用汉语语言资源，做到在中国汉语学习和交际能力提高最大化。

# 附录1　留学生课外汉语使用情况及影响因素中文调查表

亲爱的朋友，我们正在进行一项关于在华留学生汉语使用情况的调查和研究，感谢您参与我们的问卷调查，您提供的信息将对我们更深入地了解在华留学生的不同语言背景及汉语使用情况有很大的帮助。请您按照您的真实情况填写下面的问卷，我们承诺所有的数据和个人资料都将严格保密，并只用作研究，谢谢您的帮助！

**一、个人资料**

1. 性别：男○　女○
2. 年龄：________
3. 国籍：________
4. 您的母语是？1）英语　2）韩语　3）其他 ________
5. 您在家使用哪种语言？1）英语　2）韩语　3）其他 ________
6. 在上大学前，您主要学过哪些语言？1）英语　2）其他 ________

   6a. 如果多于一种语言，请分别列出每种语言学习的时间。________________
7. 您来中国前，为了学习汉语是否去过说汉语的地方？是○　否○

   7a. 如果是，何时？________ 7b. 何地？________

   7c. 时间多长？　0—1 个月○　2 个月○　2 个月以上○
8. 除了中国外，您是否在非母语的其他国家或地区居住过？（例如：使用多种语言的地区；为出国留学或工作而走访某个地区；通过和家庭其他成员的接触等）是○　否○

   如果是，请给出详细的相关信息。如果超出五个，可在问卷背面列出。

| | 经历 1 | 经历 2 | 经历 3 | 经历 4 | 经历 5 |
|---|---|---|---|---|---|
| 国家/地区 | | | | | |
| 使用的语言 | | | | | |
| 使用目的 | | | | | |
| 从什么时间到什么时间 | | | | | |

9. 请在下表中，自己对自己掌握的语言能力进行评价，可用以下标准：0）差　1）一般　2）好　3）和母语一样精通，并列出在正规学校学习该语言的具体年限。

| 语言 | 听 | 说 | 读 | 写 | 学习年限 |
|---|---|---|---|---|---|
| 汉语 | | | | | |
| 其他 1 ________ | | | | | |
| 其他 2 ________ | | | | | |

10. 在下列不同学习阶段您有无学习汉语的经历？如果有，时间多长？

a. 小学：有○ 无○ 如果有，时间是：0—1 年○ 1—2 年○ 2 年以上○

b. 初中：有○ 无○ 如果有，时间是：0—1 年○ 1—2 年○ 2 年以上○

c. 高中：有○ 无○ 如果有，时间是：0—1 年○ 1—2 年○ 2 年以上○

d. 大学：有○ 无○ 如果有，时间是：0—1 年○ 1—2 年○ 2 年以上○

e. 其他（请详细介绍）________________：

有○　无○　如果有，时间是：0—1 年○　1—2 年○　2 年以上○

11. 您的专业是：________________________________

12. 您来中国多长时间了？1）1—6 个月○　2）6—12 个月○　3）12—24 个月○　4）24—36 个月○　5）36 个月以上○

13. 您的学历：1）高中○　2）大学○　3）硕士○　4）博士○　5）其他○

14. 您的主要经济来源：1）奖学金○　2）自费○　3）其他：______

15. 您是否是华裔：1）是○　2）否○

16. 汉语是否是您的家庭语言之一：1）　是○　2）否○

17. 以下哪种情况可准确描述您这学期的居住情况？

a. ________我住在中国人家里

i. 列出该家庭的成员（如：妈妈，爸爸，一个4岁大的女儿和一个13岁大的儿子）

ii. 他们会说英语吗？1）是○　2）否○

ii. 您居住的家庭是否有其他的非中国人？1）是○　2）否○

b. ________我住在学生宿舍

i. ________我独自住一间宿舍

ii. ________我有一个室友，其母语为汉语或汉语说得很流利

iii. ________我有一个室友，其母语为非汉语或汉语说得不流利

c. ________我独自住在学校外

d. ________我住在学校外，有一个室友，其母语为汉语或汉语说得很流利

e. ________我住在学校外，有一个室友，其母语为非汉语或汉语说得不流利

f. ________其他，请详细描述：________________________________

18. 请列出本学期您所学的所有汉语课程，包括用汉语教的其他课程。

课程名称　每周的课时　使用的教材

________　__________　________________

________　__________　________________

19. 您的汉语水平

a. HSK 初级○　b. HSK 中级○　c. HSK 高级○　d. 其他○

20. 您在中国使用自己母语的原因？

a. 文化认同○　b. 社交需要○

c. 发泄心情○　d. 无法用汉语准确的表情达意○

21. 您的性格是

a. 外向型○　b. 有点外向型○　c. 有点内向型○　d. 内向型○

**二、请您在最符合您实际情况的选项上打“√”。**

1. 如果让我评价学汉语是不是为了和中国人交流，我认为这种学习需求属于：

弱 __0__ : __1__ : __2__ : __3__ : __4__ : __5__ : __6__ 强

2. 如果让我评价自己学习外语的兴趣，我认为是：

极低 __0__ : __1__ : __2__ : __3__ : __4__ : __5__ : __6__ 极高

3. 如果让我说说对中国人的评价，我认为是：

差 __0__ : __1__ : __2__ : __3__ : __4__ : __5__ : __6__ 好

4. 如果让我评价我的中文老师，我认为是：

差 _0_ : _1_ : _2_ : _3_ : _4_ : _5_ : _6_ 好

5. 如果让我评价我的中文课本，我认为是：

差 _0_ : _1_ : _2_ : _3_ : _4_ : _5_ : _6_ 好

6. 如果让我评价自己学习汉语的努力程度，我认为是：

极低 _0_ : _1_ : _2_ : _3_ : _4_ : _5_ : _6_ 极高

7. 如果让我评价自己学习汉语的愿望，我认为是：

极低 _0_ : _1_ : _2_ : _3_ : _4_ : _5_ : _6_ 极高

8. 如果让我评价自己学习汉语的态度，我认为是：

差 _0_ : _1_ : _2_ : _3_ : _4_ : _5_ : _6_ 好

9. 如果让我评价学好汉语对找工作有多么重要，我认为是：

极不重要 _0_ : _1_ : _2_ : _3_ : _4_ : _5_ : _6_ 极其重要

10. 如果让我评价自己在汉语课堂上的紧张程度，我认为是：

不紧张 _0_ : _1_ : _2_ : _3_ : _4_ : _5_ : _6_ 极其紧张

11. 如果让我评价自己说汉语时的紧张程度，我认为是：

不紧张 _0_ : _1_ : _2_ : _3_ : _4_ : _5_ : _6_ 极其紧张

**三、以下是 12 类您可能遇到的说汉语的情况，请在选项前的横线上标注您在此场景中用汉语交流时的紧张程度。例如：如果您与一个陌生人交谈时，一点也不紧张，可根据您的情况填写 0 或 10；如果有一半的时间觉得紧张，可填写 40，50 或 60；如果交谈时您觉得非常紧张，可填写较高的数值，如 90 或 100。请根据您的情况，快速回答。**

假设 0% = 我一点都不觉得紧张；100% = 我感到非常紧张

________1. 和一群陌生人交谈

________2. 和一个熟人交谈

________3. 在会议上给一群朋友演讲

________4. 和少数陌生人交谈

________5. 和一个朋友交谈

________6. 在会议上给一群熟人演讲

________7. 和一个陌生人交谈

________8. 和一群朋友交谈

________9. 和少数熟人交谈

________10. 在会议上给一群陌生人演讲

________11. 和少数朋友交谈

________12. 和一群熟人交谈

**四、以下是12类您可能遇到的说汉语的情况。人们的交谈能力往往由于交谈对象的不同而有差异。请自我评价您在下列情况下运用汉语交谈的能力，在每个选项前的横线上填上合适的数字。**

假设0% =汉语交谈能力极低；100% = 汉语交谈能力极高

________1. 和一群陌生人交谈

________2. 和一个熟人交谈

________3. 在会议上给一群朋友演讲

________4. 和少数陌生人交谈

________5. 和一个朋友交谈

________6. 在会议上给一群熟人演讲

________7. 和一个陌生人交谈

________8. 和一群朋友交谈

________9. 和少数熟人交谈

________10. 在会议上给一群陌生人演讲

________11. 和少数朋友交谈

________12. 和一群熟人交谈

**五、假设您遇到以下20种不同的情况，您是会主动用汉语进行交流，还是不进行交谈？请根据您的实际情况，在每个选项前填写合适的数字来表明您愿意用汉语进行交谈的程度。**

假设0% = 根本不愿意进行交谈，100% = 十分愿意，主动进行交谈

________1. 在电梯里和一个陌生人交谈

________2. 在公共汽车上和一个陌生人交谈

________3. 和一群陌生人交谈

________4. 在排队时和一个熟人交谈

________5. 在商店里和售货员交谈

________6. 在会议上给一群朋友演讲

________7. 和一个警察交谈

________8. 和少数陌生人交谈

________9. 在排队时和一个朋友交谈

________10. 在饭店里和服务员交谈

________11. 在会议上给一群熟人演讲

________12. 在排队时和一个陌生人交谈

________13. 和一个商店店员交谈

________14. 和一群朋友交谈

________15. 和少数熟人聊天

________16. 和一个卫生保洁员交谈

________17. 在会议上给一群陌生人演讲

________18. 和一个图书管理员聊天

________19. 和一小群朋友聊天

________20. 和少数朋友交谈

**六、以下是 12 类您可能遇到的交际情况，请根据您的实际情况，在合适的数字上画圈表明在每个情况中您认为自己选择汉语进行交谈的频率情况。**

1 = 从不　　7 = 经常，很多次

| | | | | | | | | |
|---|---|---|---|---|---|---|---|---|
| 1 | 和一群陌生人交谈 | 1 | 2 | 3 | 4 | 5 | 6 | 7 |
| 2 | 和一个熟人交谈 | 1 | 2 | 3 | 4 | 5 | 6 | 7 |
| 3 | 在会议上给一群朋友演讲 | 1 | 2 | 3 | 4 | 5 | 6 | 7 |
| 4 | 和少数陌生人交谈 | 1 | 2 | 3 | 4 | 5 | 6 | 7 |
| 5 | 和一个朋友交谈 | 1 | 2 | 3 | 4 | 5 | 6 | 7 |
| 6 | 在会议上给一群熟人演讲 | 1 | 2 | 3 | 4 | 5 | 6 | 7 |
| 7 | 和一个陌生人交谈 | 1 | 2 | 3 | 4 | 5 | 6 | 7 |
| 8 | 和一群朋友交谈 | 1 | 2 | 3 | 4 | 5 | 6 | 7 |
| 9 | 和少数熟人交谈 | 1 | 2 | 3 | 4 | 5 | 6 | 7 |
| 10 | 在会议上给一群陌生人演讲 | 1 | 2 | 3 | 4 | 5 | 6 | 7 |
| 11 | 和少数朋友交谈 | 1 | 2 | 3 | 4 | 5 | 6 | 7 |
| 12 | 和一群熟人交谈 | 1 | 2 | 3 | 4 | 5 | 6 | 7 |

**七、在以下交际场景中，请您根据自己的实际情况，选择合适的数字回答：**

（1）通常，您一周内有多少天在此场景中用汉语进行交流

（2）通常，您一天有多少小时在此场景中用汉语进行交流

请在合适的数字上画圈

通常，每周多少天？　0　1　2　3　4　5　6　7

每天是多少小时？　0—1　1—2　2—3　3—4　4—5　超过 5 小时

| | | | 通常，每周多少天？ | | | | | | | | 每天是多少小时？ | | | | | |
|---|---|---|---|---|---|---|---|---|---|---|---|---|---|---|---|---|
| 1 | | 本学期在课外，您有多少时间和说汉语的中国人交流？ | | | | | | | | | | | | | | |
| | | | 0 | 1 | 2 | 3 | 4 | 5 | 6 | 7 | 0—1 | 1—2 | 2—3 | 3—4 | 4—5 | 超过5小时 |
| 2 | | 本学期在课外，我和________用汉语进行交流 | | | | | | | | | | | | | | |
| | 2a | 我的老师 | 0 | 1 | 2 | 3 | 4 | 5 | 6 | 7 | 0—1 | 1—2 | 2—3 | 3—4 | 4—5 | 超过5小时 |
| | 2b | 说流利汉语的朋友 | | | | | | | | | | | | | | |
| | | | 0 | 1 | 2 | 3 | 4 | 5 | 6 | 7 | 0—1 | 1—2 | 2—3 | 3—4 | 4—5 | 超过5天 |
| | 2c | 同学 | 0 | 1 | 2 | 3 | 4 | 5 | 6 | 7 | 0—1 | 1—2 | 2—3 | 3—4 | 4—5 | 超过5小时 |
| | 2d | 我认为能说汉语的陌生人 | | | | | | | | | | | | | | |
| | | | 0 | 1 | 2 | 3 | 4 | 5 | 6 | 7 | 0—1 | 1—2 | 2—3 | 3—4 | 4—5 | 超过5小时 |
| | 2e | 和我居住的中国家庭，我的中国室友，或宿舍里其他说汉语的室友 | | | | | | | | | | | | | | |
| | | | 0 | 1 | 2 | 3 | 4 | 5 | 6 | 7 | 0—1 | 1—2 | 2—3 | 3—4 | 4—5 | 超过5小时 |
| | 2f | 语言伙伴/老师 | 0 | 1 | 2 | 3 | 4 | 5 | 6 | 7 | 0—1 | 1—2 | 2—3 | 3—4 | 4—5 | 超过5小时 |
| | 2g | 其他： | 0 | 1 | 2 | 3 | 4 | 5 | 6 | 7 | 0—1 | 1—2 | 2—3 | 3—4 | 4—5 | 超过5小时 |
| 3 | | 您课外使用汉语的目的是 | | | | | | | | | | | | | | |
| | 3a | 为完成课堂作业 | | | | | | | | | | | | | | |
| | | | 0 | 1 | 2 | 3 | 4 | 5 | 6 | 7 | 0—1 | 1—2 | 2—3 | 3—4 | 4—5 | 超过5小时 |
| | 3b | 问路或获取信息（例如：“邮局在哪?”；“火车何时到达?”；“邮票多少钱一张?”等） | | | | | | | | | | | | | | |
| | | | 0 | 1 | 2 | 3 | 4 | 5 | 6 | 7 | 0—1 | 1—2 | 2—3 | 3—4 | 4—5 | 超过5小时 |
| | 3c | 和居住的家庭、中国室友或熟人进行简单交谈或交流（例如：打招呼；“请把盐递给我”；“我要走了”；在饭店点菜等） | | | | | | | | | | | | | | |

（续上表）

| | | | | | | | | | | | | | | | |
|---|---|---|---|---|---|---|---|---|---|---|---|---|---|---|---|---|
| | | | 0 | 1 | 2 | 3 | 4 | 5 | 6 | 7 | 0—1 | 1—2 | 2—3 | 3—4 | 4—5 | 超过5小时 |
| | 3d | 和居住的家庭、中国室友或熟人、说流利汉语的人进行广泛交谈 | | | | | | | | | | | | | | |
| | | | 0 | 1 | 2 | 3 | 4 | 5 | 6 | 7 | 0—1 | 1—2 | 2—3 | 3—4 | 4—5 | 超过5小时 |
| 4 | 4a | 您是否经常特意用课堂所学的汉语（包括语法、词汇和短语）在课外和说流利汉语的人进行交谈？ | | | | | | | | | | | | | | |
| | | | 0 | 1 | 2 | 3 | 4 | 5 | 6 | 7 | 0—1 | 1—2 | 2—3 | 3—4 | 4—5 | 超过5小时 |
| | 4b | 您是否经常把课外学到的汉语（包括语法、词汇和短语）带到课堂上进行提问和讨论？ | | | | | | | | | | | | | | |
| | | | 0 | 1 | 2 | 3 | 4 | 5 | 6 | 7 | 0—1 | 1—2 | 2—3 | 3—4 | 4—5 | 超过5小时 |
| 5 | | 请列出您每周在下列选项上所花费的时间： | | | | | | | | | | | | | | |
| | 5a | 和其他国家的学生说他们的语言（例如：与韩国学生说韩语） | | | | | | | | | | | | | | |
| | | | 0 | 1 | 2 | 3 | 4 | 5 | 6 | 7 | 0—1 | 1—2 | 2—3 | 3—4 | 4—5 | 超过5小时 |
| | 5b | 和中国人说汉语 | | | | | | | | | | | | | | |
| | | | 0 | 1 | 2 | 3 | 4 | 5 | 6 | 7 | 0—1 | 1—2 | 2—3 | 3—4 | 4—5 | 超过5小时 |
| | 5c | 和中国人说英语 | | | | | | | | | | | | | | |
| | | | 0 | 1 | 2 | 3 | 4 | 5 | 6 | 7 | 0—1 | 1—2 | 2—3 | 3—4 | 4—5 | 超过5小时 |
| | 5d | 和非中国人说汉语（例如：和同学） | | | | | | | | | | | | | | |
| | | | 0 | 1 | 2 | 3 | 4 | 5 | 6 | 7 | 0—1 | 1—2 | 2—3 | 3—4 | 4—5 | 超过5小时 |
| | 5e | 和非中国人说英语（例如：和同学） | | | | | | | | | | | | | | |
| | | | 0 | 1 | 2 | 3 | 4 | 5 | 6 | 7 | 0—1 | 1—2 | 2—3 | 3—4 | 4—5 | 超过5小时 |
| 6 | | 请列出您每周在下列课外活动中所花费的时间： | | | | | | | | | | | | | | |

（续上表）

| | | | | | | | | | | | | | | | | |
|---|---|---|---|---|---|---|---|---|---|---|---|---|---|---|---|---|
| | 6a | 每周课外用于汉语阅读的时间 | | | | | | | | | | | | | | |
| | | | 0 | 1 | 2 | 3 | 4 | 5 | 6 | 7 | 0—1 | 1—2 | 2—3 | 3—4 | 4—5 | 超过5小时 |
| | 6b | 课外阅读汉语报纸 | | | | | | | | | | | | | | |
| | | | 0 | 1 | 2 | 3 | 4 | 5 | 6 | 7 | 0—1 | 1—2 | 2—3 | 3—4 | 4—5 | 超过5小时 |
| | 6c | 课外阅读汉语小说 | | | | | | | | | | | | | | |
| | | | 0 | 1 | 2 | 3 | 4 | 5 | 6 | 7 | 0—1 | 1—2 | 2—3 | 3—4 | 4—5 | 超过5小时 |
| | 6d | 课外阅读汉语杂志 | | | | | | | | | | | | | | |
| | | | 0 | 1 | 2 | 3 | 4 | 5 | 6 | 7 | 0—1 | 1—2 | 2—3 | 3—4 | 4—5 | 超过5小时 |
| | 6e | 课外阅读汉语时刻表、通知、菜单等 | | | | | | | | | | | | | | |
| | | | 0 | 1 | 2 | 3 | 4 | 5 | 6 | 7 | 0—1 | 1—2 | 2—3 | 3—4 | 4—5 | 超过5小时 |
| | 6f | 课外阅读汉语电子邮件或网页 | | | | | | | | | | | | | | |
| | | | 0 | 1 | 2 | 3 | 4 | 5 | 6 | 7 | 0—1 | 1—2 | 2—3 | 3—4 | 4—5 | 超过5小时 |
| | 6g | 课外听汉语听力 | | | | | | | | | | | | | | |
| | | | 0 | 1 | 2 | 3 | 4 | 5 | 6 | 7 | 0—1 | 1—2 | 2—3 | 3—4 | 4—5 | 超过5小时 |
| | 6h | 课外看汉语电视或听汉语广播 | | | | | | | | | | | | | | |
| | | | 0 | 1 | 2 | 3 | 4 | 5 | 6 | 7 | 0—1 | 1—2 | 2—3 | 3—4 | 4—5 | 超过5小时 |
| | 6i | 课外看汉语电影或碟片 | | | | | | | | | | | | | | |
| | | | 0 | 1 | 2 | 3 | 4 | 5 | 6 | 7 | 0—1 | 1—2 | 2—3 | 3—4 | 4—5 | 超过5小时 |
| | 6j | 课外听汉语歌曲 | | | | | | | | | | | | | | |
| | | | 0 | 1 | 2 | 3 | 4 | 5 | 6 | 7 | 0—1 | 1—2 | 2—3 | 3—4 | 4—5 | 超过5小时 |
| | 6k | 课外听其他人用汉语对话 | | | | | | | | | | | | | | |

（续上表）

| | | | | | | | | | | | | | | | |
|---|---|---|---|---|---|---|---|---|---|---|---|---|---|---|---|---|
| | | | 0 | 1 | 2 | 3 | 4 | 5 | 6 | 7 | 0—1 | 1—2 | 2—3 | 3—4 | 4—5 | 超过5小时 |
| | 6l | 课外用于汉语写作 | | | | | | | | | | | | | | |
| | | | 0 | 1 | 2 | 3 | 4 | 5 | 6 | 7 | 0—1 | 1—2 | 2—3 | 3—4 | 4—5 | 超过5小时 |
| | 6m | 课外写汉语作业 | | | | | | | | | | | | | | |
| | | | 0 | 1 | 2 | 3 | 4 | 5 | 6 | 7 | 0—1 | 1—2 | 2—3 | 3—4 | 4—5 | 超过5小时 |
| | 6n | 课外写私人汉语信件 | | | | | | | | | | | | | | |
| | | | 0 | 1 | 2 | 3 | 4 | 5 | 6 | 7 | 0—1 | 1—2 | 2—3 | 3—4 | 4—5 | 超过5小时 |
| | 6o | 课外写汉语电子邮件 | | | | | | | | | | | | | | |
| | | | 0 | 1 | 2 | 3 | 4 | 5 | 6 | 7 | 0—1 | 1—2 | 2—3 | 3—4 | 4—5 | 超过5小时 |
| | 6p | 课外填写汉语问卷调查 | | | | | | | | | | | | | | |
| | | | 0 | 1 | 2 | 3 | 4 | 5 | 6 | 7 | 0—1 | 1—2 | 2—3 | 3—4 | 4—5 | 超过5小时 |
| 7 | | 本学期课外用汉语交谈的总时间 | | | | | | | | | | | | | | |
| | | | 0 | 1 | 2 | 3 | 4 | 5 | 6 | 7 | 0—1 | 1—2 | 2—3 | 3—4 | 4—5 | 超过5小时 |
| 8 | | 本学期在中国您经常在下列活动中使用您的母语吗？ | | | | | | | | | | | | | | |
| | 8a | 阅读报纸、杂志、小说或看电影、电视、听广播 | | | | | | | | | | | | | | |
| | | | 0 | 1 | 2 | 3 | 4 | 5 | 6 | 7 | 0—1 | 1—2 | 2—3 | 3—4 | 4—5 | 超过5小时 |
| | 8b | 用母语阅读电子邮件或网页 | | | | | | | | | | | | | | |
| | | | 0 | 1 | 2 | 3 | 4 | 5 | 6 | 7 | 0—1 | 1—2 | 2—3 | 3—4 | 4—5 | 超过5小时 |
| | 8c | 用母语写电子邮件 | | | | | | | | | | | | | | |
| | | | 0 | 1 | 2 | 3 | 4 | 5 | 6 | 7 | 0—1 | 1—2 | 2—3 | 3—4 | 4—5 | 超过5小时 |
| | 8d | 用母语写私人信件 | | | | | | | | | | | | | | |
| | | | 0 | 1 | 2 | 3 | 4 | 5 | 6 | 7 | 0—1 | 1—2 | 2—3 | 3—4 | 4—5 | 超过5小时 |

（THE END. THANK YOU VERY MUCH.）

# 附录2　留学生课外汉语使用情况及影响因素英文调查表

Dear friends, we are doing a research on frequency of communication in Chinese. The information that you provide will help us to better understand the backgrounds of students who are studying Chinese in various contexts. Your honest and detailed responses will be greatly appreciated. The responses that you give in this questionnaire will be kept confidential. Thank you for your cooperation.

**Part 1**: Background information

1. Gender: Male/Female
2. Age: ________
3. Country of birth: ______________
4. What is your native language? 1) English　2) Korean　3) other ______________
5. What language (s) do you speak at home? 1) English　2) Korean　3) other ______________
6. In what language (s) did you receive the majority of your precollege education?

   1) English　2) other ______________

   6a. If more than one, please give the approximate number of years for each language. ______________
7. Have you ever been to a Chinese—speaking region for the purpose of studying Chinese?

   Circle one: Yes/No

   7a. If yes, when? ______________　7b. where? ______________

   7c. For how long? ________1month or less; ________2months; ________more than 2 months
8. Other than the experience mentioned in Question 7, have you ever lived in a situation where you were exposed to a language other than your native language (e. g. , by

living in a multilingual community ; visiting a community for purposes of study abroad or work; exposure through family members, etc. )? Circle one: Yes/No

If Yes, please give details below. If more than five, list others on back of this page.

| | Experience1 | Experience2 | Experience3 | Experience4 | Experience5 |
|---|---|---|---|---|---|
| Country/region | | | | | |
| Language | | | | | |
| Purpose | | | | | |
| From when to when | | | | | |

9. In the boxes below, rate your language ability in each of the languages that you know. Use the following ratings: 0) Poor 1) Good 2) Very good 3) Native/nativelike

How many years (if any) have you studied this language in a formal school setting?

| Language | Listening | Speaking | Reading | Writing | Number of years of study |
|---|---|---|---|---|---|
| Chinese | | | | | |
| Other1 | | | | | |
| Other2 | | | | | |

10. Have you studied Chinese in school in the past at each of the levels listed below? If yes, for how long?

a) Elementary school: ________No ; ________Yes: less than 1 year; 1—2 years; more than 2 years

b) Junior high (middle) school: ________No ; ________Yes: less than 1 year; 1—2 years; more than 2 years

c) Senior high school: ________No ; ________Yes: less than 1 year; 1—2 years; more than 2 years

d) University/college: ________No ; ________Yes: less than 1 year; 1—2 years; more than 2 years

e) Other (please specify) ____________:

________No ; ________Yes: less than 1 year; 1—2 years; more than 2 years

11. What is your major? ____________

12. How long have you been in China 1) 1—6 months 2) 6—12 months 3) 12—

24 months　4) 24—36 months　5) over 36 months

13. Your education level is: 1) Secondary education level　2) undergraduate 3) postgraduate　4) Doctor student　5) other

14. Your financial sources is from: 1) scholarship　2) full fee—pay　3) other: ____________________

15. Are you foreign citizen of Chinese origin: 1) Yes　2) No

16. Is Chinese your family heritage language: 1) Yes　2) No

17. Which situation best describe your living arrangements in China during the past semester?

a. ________I lived in the home of a Chinese-speaking family.

i. List the members of the family (e. g., mother, father, one 4-year old daughter, one 13-year-old son).

ii. Did they speak English? Circle one: Yes/No

iii. Were there other nonnative speakers of Chinese living with your host family? Circle one: Yes/No

b. ________I lived in the student dormitory.

i. ________I had a private room.

ii. ________I had a roommate who was a native or fluent Chinese speaker.

iii. ________I lived with others who are NOT native or fluent Chinese speakers.

c. ________I lived alone in a room or an apartment.

d. ________I lived in a room or an apartment with native or fluent Chinese speaker (s).

e. ________I lived in a room or an apartment with others who are NOT native or fluent Chinese speakers.

f. ________Other. Please specify: ______________________

18. Please list all the Chinese courses you are taking this semester. This includes Chinese language courses as well as content area course taught in the Chinese language.

Course name　time per-week　textbook name

__________　____________　______________

__________　____________　______________

__________　____________　______________

19. Your Chinese level:

a. HSK Beginner b. HSK Intermediate c. HSK Advanced

d. Other, ________

20. Why do you use your native language in China?

a. cultural identity b. social communication needs c. to vent frustrations

d. can't fully express myself in Chinese

21. Your characteristic is:

a. very extroverted b. a little extroverted c. a little introverted d. very introverted

**Part 2**: Please indicate your opinion after each statement by putting a √ that best describes the extent to which you believe the statement applies you.

1. If I were to rate my feeling about learning Chinese in order to interact with the Chinese people, I would say it is:

Weak __0__ : __1__ : __2__ : __3__ : __4__ : __5__ : __6__ Strong

2. If I were to rate my interest in foreign languages, I would say that it is:

Very Low __0__ : __1__ : __2__ : __3__ : __4__ : __5__ : __6__ Very High

3. If I were to rate my attitude toward the Chinese people, I would say that it is:

Unfavorable __0__ : __1__ : __2__ : __3__ : __4__ : __5__ : __6__ Favorable

4. If I were to rate my attitude toward my Chinese language instructor, I would say that it is:

Unfavorable __0__ : __1__ : __2__ : __3__ : __4__ : __5__ : __6__ Favorable

5. If I were to rate my attitude toward my Chinese language course, I would say that it is:

Unfavorable __0__ : __1__ : __2__ : __3__ : __4__ : __5__ : __6__ Favorable

6. If I were to rate how hard I work at learning Chinese, I would characterize it as:

Very Little __0__ : __1__ : __2__ : __3__ : __4__ : __5__ : __6__ Very Much

7. If I were to rate my desire to learn Chinese, I would say it is:

Very Low __0__ : __1__ : __2__ : __3__ : __4__ : __5__ : __6__ Very High

8. If I were to rate my attitude toward learning Chinese, I would say that it is:

Unfavorable __0__ : __1__ : __2__ : __3__ : __4__ : __5__ : __6__ Favorable

9. If I were to rate how important it is for me to learn Chinese for employment, I would say that it is:

Very Low __0__ : __1__ : __2__ : __3__ : __4__ : __5__ : __6__ Very High

10. If I were to rate my anxiety in my Chinese class, I would rate myself as:

Very Calm __0__ : __1__ : __2__ : __3__ : __4__ : __5__ : __6__ Very Nervous

11. If I were to rate my anxiety when speaking Chinese, I would rate myself as:

Very Calm __0__ : __1__ : __2__ : __3__ : __4__ : __5__ : __6__ Very Nervous

**Part 3:** Below are 12 situations in which you might need to communicate. Please indicate how nervous you believe you will feel about communicating in Chinese in each of the situations described below. Please indicate in the space provided the percentage of time you feel nervous in each situation. For example, if you never feel nervous speaking to a stranger, write a number such as 0 or 10; if you feel nervous about half the time write 40, 50, 60 or whatever seems most appropriate for you; if you feel nervous almost all of the time write a high number, perhaps 90 or 100. There are no right or wrong answers. It is best to work quickly and record your first impressions.

**Presume 0% = I would never feel nervous and 100% = I would always feel nervous**

1. ________Present a talk to a group of strangers.
2. ________Talk with an acquaintance.
3. ________Talk in a large meeting of friends.
4. ________Talk in a small group of strangers.
5. ________Talk with a friend.
6. ________Talk in a large meeting of acquaintances.
7. ________Talk with a stranger.
8. ________Present a talk to a group of friends.
9. ________Talk in a small group of acquaintances.
10. ________Talk in a large meeting of strangers.
11. ________Talk in a small group of friends.
12. ________Present a talk to a group of acquaintances.

**Part 4:** Below are 12 situations in which you might need to communicate. People's abilities to communicate effectively vary a lot and sometimes the same person is more competent to communicate in one situation than in another. Please indicate how competent you believe you are in communicating in Chinese in each of the situations described below. Indicate in the space provided at the left of each item your estimate of your competence.

**Presume** 0% **= completely incompetent and** 100% **= completely competent**

_______1. Present a talk to a group of strangers.

_______2. Talk with an acquaintance.

_______3. Talk in a large meeting of friends.

_______4. Talk in a small group of strangers.

_______5. Talk with a friend.

_______6. Talk in a large meeting of acquaintances.

_______7. Talk with a stranger.

_______8. Present a talk to a group of friends.

_______9. Talk in a small group of acquaintances.

_______10. Talk in a large meeting of strangers.

_______11. Talk in a small group of friends.

_______12. Present a talk to a group of acquaintances.

**Part 5**: Below are 20 situations in which a person might choose to communicate or not to communicate. Please presume that you have completely free choice to initiate or avoid communication. Please write any number between 0% and 100% that indicates how willing you are to start talking.

**Presume** 0% **= never choose to communicate and** 100% **= always choose to communicate**

_______1. Talk with an acquaintance in an elevator.

_______2. Talk with a stranger on the bus.

_______3. Present a talk to a group of strangers.

_______4. Talk with an acquaintance while standing in line.

_______5. Talk with a salesperson in a store.

_______6. Talk in a large meeting of friends.

_______7. Talk with a policeman/policewoman.

_______8. Talk in a small group of strangers.

_______9. Talk with a friend while standing in line.

_________10. Talk with a waiter/waitress in a restaurant.

_________11. Talk in a large meeting of acquaintances.

_________12. Talk with a stranger while standing in line.

_________13. Talk with a shop clerk.

_________14. Present a talk to a group of friends.

_________15. Talk in a small group of acquaintances.

_________16. Talk with a garbage collector.

_________17. Talk in a large meeting of strangers.

_________18. Talk with a librarian.

_________19. Talk in a small group of friends.

_________20. Present a talk to a group of acquaintances.

**Part 6**: Below are 12 situations in which you might need to communicate. Please indicate how frequent you believe you will communicate in Chinese in each of the situations described below. Please circle the appropriate numbers you will communicate in Chinese.

1 = **never** 7 = **many, many times**

| | | | | | | | | |
|---|---|---|---|---|---|---|---|---|
| 1 | Present a talk to a group of strangers. | 1 | 2 | 3 | 4 | 5 | 6 | 7 |
| 2 | Talk with an acquaintance. | 1 | 2 | 3 | 4 | 5 | 6 | 7 |
| 3 | Talk in a large meeting of friends. | 1 | 2 | 3 | 4 | 5 | 6 | 7 |
| 4 | Talk in a small group of strangers. | 1 | 2 | 3 | 4 | 5 | 6 | 7 |
| 5 | Talk with a friend. | 1 | 2 | 3 | 4 | 5 | 6 | 7 |
| 6 | Talk in a large meeting of acquaintances. | 1 | 2 | 3 | 4 | 5 | 6 | 7 |
| 7 | Talk with a stranger. | 1 | 2 | 3 | 4 | 5 | 6 | 7 |
| 8 | Present a talk to a group of friends. | 1 | 2 | 3 | 4 | 5 | 6 | 7 |
| 9 | Talk in a small group of acquaintances. | 1 | 2 | 3 | 4 | 5 | 6 | 7 |
| 10 | Talk in a large meeting of strangers. | 1 | 2 | 3 | 4 | 5 | 6 | 7 |
| 11 | Talk in a small group of friends. | 1 | 2 | 3 | 4 | 5 | 6 | 7 |
| 12 | Present a talk to a group of acquaintances. | 1 | 2 | 3 | 4 | 5 | 6 | 7 |

**Part 7**: For the following items, please specify:

(i) How many days per week you typically used Chinese in the situation indicated, and

(ii) on average how many hours per day you did so?

Please circle the appropriate numbers.

Typically, how many days per week?  0 1 2 3 4 5 6 7

On those days, typically how many hours per day?  0—1  1—2  2—3  3—4  4—5  more than 5

| | | | Typically, how many days per week? | | | | | | | | On those days, typically how many hours per day? | | | | | |
|---|---|---|---|---|---|---|---|---|---|---|---|---|---|---|---|---|
| 1 | | On average, how much time did you spend speaking in Chinese, outside of class with native or fluent Chinese speakers during this semester? | | | | | | | | | | | | | | |
| | | | 0 | 1 | 2 | 3 | 4 | 5 | 6 | 7 | 0—1 | 1—2 | 2—3 | 3—4 | 4—5 | more than 5 |
| 2 | | This semester, outside of class, I tried to speak Chinese to: | | | | | | | | | | | | | | |
| | 2a | my instructor | 0 | 1 | 2 | 3 | 4 | 5 | 6 | 7 | 0—1 | 1—2 | 2—3 | 3—4 | 4—5 | more than 5 |
| | 2b | friends who are native or fluent Chinese speakers | | | | | | | | | | | | | | |
| | | | 0 | 1 | 2 | 3 | 4 | 5 | 6 | 7 | 0—1 | 1—2 | 2—3 | 3—4 | 4—5 | more than 5 |
| | 2c | classmates | 0 | 1 | 2 | 3 | 4 | 5 | 6 | 7 | 0—1 | 1—2 | 2—3 | 3—4 | 4—5 | more than 5 |
| | 2d | strangers whom I thought could speak Chinese | | | | | | | | | | | | | | |
| | | | 0 | 1 | 2 | 3 | 4 | 5 | 6 | 7 | 0—1 | 1—2 | 2—3 | 3—4 | 4—5 | more than 5 |
| | 2e | a host family, Chinese roommate, or other Chinese speakers in the dormitory | | | | | | | | | | | | | | |
| | | | 0 | 1 | 2 | 3 | 4 | 5 | 6 | 7 | 0—1 | 1—2 | 2—3 | 3—4 | 4—5 | more than 5 |
| | 2f | language partner/tutor | 0 | 1 | 2 | 3 | 4 | 5 | 6 | 7 | 0—1 | 1—2 | 2—3 | 3—4 | 4—5 | more than 5 |
| | 2g | other; specify: | 0 | 1 | 2 | 3 | 4 | 5 | 6 | 7 | 0—1 | 1—2 | 2—3 | 3—4 | 4—5 | more than 5 |
| 3 | | How often did you use Chinese outside the classroom for each of the following purposes? | | | | | | | | | | | | | | |
| | 3a | to clarify classroom—related work | | | | | | | | | | | | | | |

| | | | | | | | | | | | | | | | | |
|---|---|---|---|---|---|---|---|---|---|---|---|---|---|---|---|---|
| | | | 0 | 1 | 2 | 3 | 4 | 5 | 6 | 7 | 0—1 | 1—2 | 2—3 | 3—4 | 4—5 | more than 5 |
| | 3b | to obtain directions or information (e. g. , "Where is the post office?", "What time is the train to…?", "How much are stamps?") | | | | | | | | | | | | | | |
| | | | 0 | 1 | 2 | 3 | 4 | 5 | 6 | 7 | 0—1 | 1—2 | 2—3 | 3—4 | 4—5 | more than 5 |
| | 3c | for superficial or brief exchanges (e. g. , greetings, "Please pass the salt", "I am leaving", ordering in a restaurant) with my host family, Chinese roommate, or acquaintances in a Chinese speaking dormitory | | | | | | | | | | | | | | |
| | | | 0 | 1 | 2 | 3 | 4 | 5 | 6 | 7 | 0—1 | 1—2 | 2—3 | 3—4 | 4—5 | more than 5 |
| | 3d | extended conversations with my host family, Chinese roommate, friends, or acquaintances in a Chinese—speaking dormitory, native speakers of Chinese with whom I speak Chinese | | | | | | | | | | | | | | |
| | | | 0 | 1 | 2 | 3 | 4 | 5 | 6 | 7 | 0—1 | 1—2 | 2—3 | 3—4 | 4—5 | more than 5 |
| 4 | 4a | How often did you try deliberately to use things you were taught in the classroom (grammar, vocabulary, expressions) with native or fluent speakers outside the classroom? | | | | | | | | | | | | | | |
| | | | 0 | 1 | 2 | 3 | 4 | 5 | 6 | 7 | 0—1 | 1—2 | 2—3 | 3—4 | 4—5 | more than 5 |
| | 4b | How often did you take things you learned outside of the classroom (grammar, vocabulary, expressions) back to class for question or discussion? | | | | | | | | | | | | | | |
| | | | 0 | 1 | 2 | 3 | 4 | 5 | 6 | 7 | 0—1 | 1—2 | 2—3 | 3—4 | 4—5 | more than 5 |
| 5 | | How much time did you spend doing the following each week? | | | | | | | | | | | | | | |
| | 5a | speaking a language other than Chinese to speakers of that language (e. g. , Korean with a Korean—speaking friend) | | | | | | | | | | | | | | |
| | | | 0 | 1 | 2 | 3 | 4 | 5 | 6 | 7 | 0—1 | 1—2 | 2—3 | 3—4 | 4—5 | more than 5 |
| | 5b | speaking Chinese to native or fluent speakers of Chinese | | | | | | | | | | | | | | |

| | | | | | | | | | | | | | | | | |
|---|---|---|---|---|---|---|---|---|---|---|---|---|---|---|---|---|
| | | | 0 | 1 | 2 | 3 | 4 | 5 | 6 | 7 | 0—1 | 1—2 | 2—3 | 3—4 | 4—5 | more than 5 |
| | 5c | speaking English to native or fluent speakers of Chinese | | | | | | | | | | | | | | |
| | | | 0 | 1 | 2 | 3 | 4 | 5 | 6 | 7 | 0—1 | 1—2 | 2—3 | 3—4 | 4—5 | more than 5 |
| | 5d | speaking Chinese to nonnative speakers of Chinese (i. e., classmates) | | | | | | | | | | | | | | |
| | | | 0 | 1 | 2 | 3 | 4 | 5 | 6 | 7 | 0—1 | 1—2 | 2—3 | 3—4 | 4—5 | more than 5 |
| | 5e | speaking English to nonnative speakers of Chinese (i. e., classmates) | | | | | | | | | | | | | | |
| | | | 0 | 1 | 2 | 3 | 4 | 5 | 6 | 7 | 0—1 | 1—2 | 2—3 | 3—4 | 4—5 | more than 5 |
| 6 | | How much time did you spend doing each of the following activities outside of class? | | | | | | | | | | | | | | |
| | 6a | overall, in reading in Chinese outside of class | | | | | | | | | | | | | | |
| | | | 0 | 1 | 2 | 3 | 4 | 5 | 6 | 7 | 0—1 | 1—2 | 2—3 | 3—4 | 4—5 | more than 5 |
| | 6b | reading Chinese newspapers outside of class | | | | | | | | | | | | | | |
| | | | 0 | 1 | 2 | 3 | 4 | 5 | 6 | 7 | 0—1 | 1—2 | 2—3 | 3—4 | 4—5 | more than 5 |
| | 6c | reading novels in Chinese outside of class | | | | | | | | | | | | | | |
| | | | 0 | 1 | 2 | 3 | 4 | 5 | 6 | 7 | 0—1 | 1—2 | 2—3 | 3—4 | 4—5 | more than 5 |
| | 6d | reading Chinese language magazines outside of class | | | | | | | | | | | | | | |
| | | | 0 | 1 | 2 | 3 | 4 | 5 | 6 | 7 | 0—1 | 1—2 | 2—3 | 3—4 | 4—5 | more than 5 |
| | 6e | reading schedules, announcements, menus, and the like in Chinese outside of class | | | | | | | | | | | | | | |
| | | | 0 | 1 | 2 | 3 | 4 | 5 | 6 | 7 | 0—1 | 1—2 | 2—3 | 3—4 | 4—5 | more than 5 |
| | 6f | reading e – mail or internet web pages in Chinese outside of class | | | | | | | | | | | | | | |
| | | | 0 | 1 | 2 | 3 | 4 | 5 | 6 | 7 | 0—1 | 1—2 | 2—3 | 3—4 | 4—5 | more than 5 |

| | | | | | | | | | | | | | | | | |
|---|---|---|---|---|---|---|---|---|---|---|---|---|---|---|---|---|
| | 6g | overall, in listening to Chinese outside of class | | | | | | | | | | | | | | |
| | | | 0 | 1 | 2 | 3 | 4 | 5 | 6 | 7 | 0—1 | 1—2 | 2—3 | 3—4 | 4—5 | more than 5 |
| | 6h | listening to Chinese television and radio outside of class | | | | | | | | | | | | | | |
| | | | 0 | 1 | 2 | 3 | 4 | 5 | 6 | 7 | 0—1 | 1—2 | 2—3 | 3—4 | 4—5 | more than 5 |
| | 6i | listening to Chinese movies or videos outside of class | | | | | | | | | | | | | | |
| | | | 0 | 1 | 2 | 3 | 4 | 5 | 6 | 7 | 0—1 | 1—2 | 2—3 | 3—4 | 4—5 | more than 5 |
| | 6j | listening to Chinese songs outside of class | | | | | | | | | | | | | | |
| | | | 0 | 1 | 2 | 3 | 4 | 5 | 6 | 7 | 0—1 | 1—2 | 2—3 | 3—4 | 4—5 | more than 5 |
| | 6k | trying to catch other people's conversation in Chinese outside of class | | | | | | | | | | | | | | |
| | | | 0 | 1 | 2 | 3 | 4 | 5 | 6 | 7 | 0—1 | 1—2 | 2—3 | 3—4 | 4—5 | more than 5 |
| | 6l | overall, in writing in Chinese outside of class | | | | | | | | | | | | | | |
| | | | 0 | 1 | 2 | 3 | 4 | 5 | 6 | 7 | 0—1 | 1—2 | 2—3 | 3—4 | 4—5 | more than 5 |
| | 6m | writing homework assignments in Chinese outside of class | | | | | | | | | | | | | | |
| | | | 0 | 1 | 2 | 3 | 4 | 5 | 6 | 7 | 0—1 | 1—2 | 2—3 | 3—4 | 4—5 | more than 5 |
| | 6n | writing personal notes or letters in Chinese outside of class | | | | | | | | | | | | | | |
| | | | 0 | 1 | 2 | 3 | 4 | 5 | 6 | 7 | 0—1 | 1—2 | 2—3 | 3—4 | 4—5 | more than 5 |
| | 6o | writing e-mail in Chinese outside of class | | | | | | | | | | | | | | |
| | | | 0 | 1 | 2 | 3 | 4 | 5 | 6 | 7 | 0—1 | 1—2 | 2—3 | 3—4 | 4—5 | more than 5 |
| | 6p | filling in forms of questionnaires in Chinese outside of class | | | | | | | | | | | | | | |
| | | | 0 | 1 | 2 | 3 | 4 | 5 | 6 | 7 | 0—1 | 1—2 | 2—3 | 3—4 | 4—5 | more than 5 |

| | | | | | | | | | | | | | | | | |
|---|---|---|---|---|---|---|---|---|---|---|---|---|---|---|---|---|
| 7 | | On average, how much time did you spend speaking in Chinese outside of class this semester? | | | | | | | | | | | | | | |
| | | | 0 | 1 | 2 | 3 | 4 | 5 | 6 | 7 | 0—1 | 1—2 | 2—3 | 3—4 | 4—5 | more than 5 |
| 8 | | How often did you do the following activities in your native language during this semester in China? | | | | | | | | | | | | | | |
| | 8a | reading newspapers, magazines or novels or watching movies, television or videos. | | | | | | | | | | | | | | |
| | | | 0 | 1 | 2 | 3 | 4 | 5 | 6 | 7 | 0—1 | 1—2 | 2—3 | 3—4 | 4—5 | more than 5 |
| | 8b | reading e - mail or internet web pages in my native language | | | | | | | | | | | | | | |
| | | | 0 | 1 | 2 | 3 | 4 | 5 | 6 | 7 | 0—1 | 1—2 | 2—3 | 3—4 | 4—5 | more than 5 |
| | 8c | writing e - mail in my native language | | | | | | | | | | | | | | |
| | | | 0 | 1 | 2 | 3 | 4 | 5 | 6 | 7 | 0—1 | 1—2 | 2—3 | 3—4 | 4—5 | more than 5 |
| | 8e | writing personal notes and letters in my native language | | | | | | | | | | | | | | |
| | | | 0 | 1 | 2 | 3 | 4 | 5 | 6 | 7 | 0—1 | 1—2 | 2—3 | 3—4 | 4—5 | more than 5 |

(THE END. THANK YOU VERY MUCH.)

# 附录3　留学生课外汉语使用情况及影响因素韩文调查表

우리는 여러분이 중국어로 얼마나 자주 의사소통을 하고있는지 조사를 하려고 합니다. 여러분이 주시는 정보는 중국어를 배우고 있는 여러분 학생들의 배경을 다양한 측면에서 이해하는데 도움을 줄것이며 답해주시는 내용은 모두 비공개로 보관될것입니다. 가능한 솔직하고 자세하게 답해주시면 큰 도움이 되겠습니다. 협조해 주셔서 감사합니다.

**제 1 부: 신상명세**

1. 성별: 남/녀
2. 나이:
3. 출생지(국가):
4. 모국어: 1)영어 2)한국어 3) 기타 ______________________________
5. 집에서 사용하는 언어는? 1)영어 2)한국어 3)기타 ____________________
6. 대학교 이전에 주로 사용한 언어는? 1)영어 2) 기타 ____________________

6a. 만약 1 개이상이면 각언어를 몇년씩 사용했는지 적어주세요.______________________________

7. 중국어를 배울 목적으로 중화권에 거주한적이 있나요?
   예/ 아니오에 동그라미를 해주세요.

7a. 만약 예 일경우, 언제____________ 7b. 어디서______________

8. 번의 질문과 별도로 모국어보다는 중국어를 더 많이를 접하며 생활한적이 있나요(예: 다국적 언어 지역에서 생활, 유학이나 해외 근무를 목적으로 중국어 사용지역을 방문, 가족을 통해 중국어를 배운경우 등등)

예/ 아니오에 동그라미 해주세요.

만약에 예 인경우 아래 에 자세히 적어 주세요. 만약에 5 개 이상이면 이 페이지 뒷면에 적어 주세요.

| | 생활한 적1 | 생활한 적2 | 생활한 적3 | 생활한 적4 | 생활한 적5 |
|---|---|---|---|---|---|
| 국가 | | | | | |
| 언어 | | | | | |
| 목적 | | | | | |
| 언제 | | | | | |

9. 아래  빈칸에 알고 있는 언어와 소통능력 정도를  0)별로 잘 못함 1) 잘 함
   2) 아주잘함  3) 모국어 수준등으로 적어 주세요.
   정규 교육기관에서 몇년 정도 공부했는지도 적어 주세요.

| 언어 | 듣기 | 답하기 | 읽기 | 쓰기 | 몇년 정도 공부 |
|---|---|---|---|---|---|
| 중국어 | | | | | |
| 기타 1 | | | | | |
| 기타 2 | | | | | |

10. 아래에 기록된 각 수준의 학교에서 과거에 중국어를 공부한적이있습니까.
a) 초등학교 :__ 아니오 ,__ 예: 1 년미만: 1-2 년 , 2 년이상
b) 중학교 :__ 아니오,__ 예: 1 년 미만: 1-2 년: 2 년이상
c) 고등학교:__ 아니오,__ 예: 1 년 미만, 1-2 년, 2 년이상
d) 대학교:__ 아니오,__ 예: 1 년 미만, 1-2 년, 2 년 이상
e) 기타(내용을 기록해 주세요)

______________________________________________

__ 아니오,__ 예: 1 년 미만, 1-2 년, 2 년 이상

11. 당신의 전공은 무엇입니까?

______________________________________________

12. 중국에  얼마동안 있었습니까? 1) 1-6 개월 2) 6-12 개월 3)12-24 개월 4) 24-36 개월 5) 36 개월 이상
13. 당신의 교육수준은: 1)고등학교 수준 2) 대학교 졸업 3) 대학원 4) 박사과정 5) 기타
14. 당신의 학비 조달은 1) 장학금 2) 전액 부담 3) 기타
15. 당신은 중국 태생 외국 국적을 가졌습니까. 1) 예  2) 아니오
16. 중국어가 가족 전통 언어입니까.  1) 예  2) 아니오
17. 지난 학기에 중국에서 어떤 형태의 주거환경에 있었습니까?
    a. __중국어를 하는 가정에 있었습니다
        i. 가족 구성원은(예: 어머니, 아버지, 4 살 짜리 딸, 13 살 짜리 아들)
        ii. 그들은 영어를 할수 있었나요?  예 / 아니오
        iii. 가족 구성원들중 중국어가 모국어가 아닌 사람이 살고 있었습니까. 예 / 아니오

b. __학생 기숙사에 살았습니다.
    i. __ 독방에 있었습니다.
    ii. __중국어가 모국어인 중국학생이 같이 살았습니다.
    iii. __중국어가 모국어가 아닌 사람들과 같이 살았습니다.
c. __ 혼자 방 또는 아파트를 얻어 살았습니다.
d. __중국어가 모국어인 친구들과 방 또는 아파트에서 같이 살았습니다.
e. __중국어가 모국어가 아닌 친구들과 같이 살았습니다.
f. __기타 (자세히 기록해 주세요)

18. 이번 학기에 듣는 중국어 코스를 모두 기록해 주세요. 중국어 어학 코스 이외에 중국어로 강의하는 다른 코스도 기록해 주세요.

| 코스 이름 | 일주당 시간 | 교과서 이름 |
| --- | --- | --- |
| ________ | ________ | ________________________ |
| ________ | ________ | ________________________ |
| ________ | ________ | ________________________ |

19. 당신의 중국어 수준은?
a. HSK 초급　　b. HSK 중급　　c. HSK 고급
20. 왜 당신은 당신의 모국어를 중국에서 사용합니까?
a. 문화적 독창성　　b. 사회적 소통 수단
c.어려움을 토로하려고　　d. 중국어로 표현이 자유롭지 못해서
21. 당신의 성격은:
a. 매우 외향적　　b. 조금 외향적　　c.조금 내성적　　d. 매우 내성적

**제2부**:다음의 개별 문항에 자신과 해당된다고 생각하는 항목에 √ 표시를 해 주세요.

1. 자신이 중국 사람들과 교통하기위해 중국어를 배우는데 대한 자신의 감정의 강도를 표현한다면:
약하다 __0__ : __1__ : __2__ : __3__ : __4__ : __5__ : __6__ 강하다
2. 자신의 외국어에 대한 흥미의 정도를 표현한다면:
매 우낮다 __0__ : __1__ : __2__ : __3__ : __4__ : __5__ : __6__매우 높다
3. 자신의 중국인에 대한 태도를 표현한다면:
비호의적 __0__ : __1__ : __2__ : __3__ : __4__ : __5__ : __6__ 호의적
4. 자신의 중국어 코스 선생에 대한 태도를 말한다면:
비호의적__0__ : __1__ : __2__ : __3__ : __4__ : __5__ : __6__ 호의적

5. 자신의 중국어 코스에 대한 태도를 표현한다면:
비호의적 _0_ : _1_ : _2_ : _3_ : _4_ : _5_ : _6_ 호의적
6. 자신이 얼마나 열심히 중국어를 공부하는지 표현한다면:
매우 조금 _0_ : _1_ : _2_ : _3_ : _4_ : _5_ : _6_ 아주 많이
7. 자신이 얼마나 중국어를 배우고 싶어하는지 표현한다면:
매우 조금 _0_ : _1_ : _2_ : _3_ : _4_ : _5_ : _6_ 아주 많이
8. 자신의 중국어를 배우고 싶어하는 정도를 표현한다면:
비호의적 _0_ : _1_ : _2_ : _3_ : _4_ : _5_ : _6_ 호의적
9. 자신이 중국어를 배우는 것이 직업 선택에 얼마나 중요한지 표현한다면:
매우낮음 _0_ : _1_ : _2_ : _3_ : _4_ : _5_ : _6_ 아주높음
10. 중국어 교실에 대한 자신의 감정을 표현한다면:
매우 차분함 _0_ : _1_ : _2_ : _3_ : _4_ : _5_ : _6_ 매우 불안함
11. 자신이 중국어를 말할때의 감정상태를 표현하면:
매우 차분함 _0_ : _1_ : _2_ : _3_ : _4_ : _5_ : _6_ 매우 불안함

**제 3 부**: 아래에 있는 12 개 항목의 상황 설정에서 중국어로 의사소통하는 것이 얼마나 긴장이 되는지의 정도를 표시해 주십시오. 각 상황에서 긴장이 되는 정도를 퍼센트로 표시하되 긴장 정도에 따라 40, 50, 60 퍼센트, 만약 항상 긴장이 되는 상황이면 90 또는 100 퍼센트등으로 표시해 주십시오. 아래의 문항은 정답 또는 오답이 없으며 답을 단시간 내에 결정하는 것이 도움이 될 것입니다.

예) 전혀 긴장하지 않는다 0%, 항상 긴장한다 100%.

_______ 1. 모르는 사람들 그룹에서 얘기를 하는데 참석한다.
_______ 2. 아는 사람과 얘기를 한다.
_______ 3. 많은 친구들과의 그룹에서 얘기를 한다.
_______ 4. 모르는 사람들이 조금있는데서 얘기한다.
_______ 5. 친구와 얘기를 한다.
_______ 6. 아는 사람들이 많이 모인데서 얘기한다.
_______ 7. 모르는 한 사람과 얘기를 한다.
_______ 8. 친구들 그룹이 만나는데에 참석한다.
_______ 9. 아는 사람이 조금 모인데서 얘기를 한다.
_______ 10. 모르는 사람들이 많이 모인데서 얘기한다.
_______ 11. 친구들 소그룹과 얘기한다.

________12. 아는 사람이 모여 얘기하는데 참석한다.

**제 4 부**: 아래에 있는 12 개의 상황에서 의사소통을 해야할 경우가 있습니다. 사람들의 의사 소통능력은 다양하고 때로 똑같은 사람이 여러가지 다른상황 보다는 한가지 상황에서 더 잘하는 경우가 있습니다. 아래에 있는 상황에서 자신이 얼마나 중국어로 잘 소통할 수 있는지 자신감의 정도를 퍼센트로 표시해 주세요.

예) 0% 완전히 불가능하다, 100% 아주 가능하다.

________1. 모르는 사랍들 그릅에서 얘기를 하는데 참석한다.
________2. 아는 사람과 얘기를 한다.
________3. 많은 친구들과의 그룹에서 얘기를 한다.
________4. 모르는 사람들이 조금있는데서 얘기한다.
________5. 친구와 얘기를 한다.
________6. 아는 사람들이 많이 모인데서 얘기한다.
________7. 모르는 한 사람과 얘기를 한다.
________8. 친구들 그릅이 만나는데에 참석한다.
________9. 아는 사람이 조금 모인데서 얘기를 한다.
________10. 모르는 사람들이 많이 모인데서 얘기한다.
________11. 친구들 소그릅과 얘기한다.
________12. 아는 사람이 모여 얘기하는데 참석한다.

**제 5 부**: 아래의 20 개의 상황에서는 말을 할것이가 아닌가를 선택할 수있다. 자신이 얘기를 시작하든가 아니면 완전히 피하든가를 자유 선택할 수있다. 0%에서 100% 사이의 숫자로 자신이 얼마나 얘기를 꺼낼수 있는지 표시해 주십시오.

예) 0% 절대로 얘기 안한다, 100% 항상 얘기한다.

__________1.엘리베이터안에서 안면이 있는 사람과 얘기한다.
__________2.버스안에서 모르는 사람과 얘기한다.
__________3.모르는 사람들 그룹과 얘기하는데 참가한다.
__________4. 줄서서 기다릴때 아는 사람과 얘기한다.
__________5.상점에서 판매원과 얘기한다.
__________6. 많은 친구들이 만나는 데서 얘기한다.

________7.경찰과 얘기한다.
________8. 모르는 사람들이 조금 있는데서 얘기한다.
________9.줄서서 기다릴때 친구와 얘기한다.
________10. 식당 종업원과 얘기한다.
________11. 아는 사람 많은데서 얘기한다.
________12.줄서서 기다릴때 모르는 사람과 얘기한다.
________13. 상점 클락과 얘기한다.
________14. 친구들 그룹에게 얘기를 한다.
________15. 아는 사람 조금있는데서 얘기한다.
________16. 쓰레기 수거원과 얘기한다.
________17.모르는 사람이 많은데서 얘기한다.
________18. 도서실 사서와 얘기한다.
________19. 친구들 소그룹과 얘기한다.
________20. 아는 사람들 그룹에게 얘기한다.

**제 6 부**: 아래 12 개의 문항에서 말을 해야할 경우가 생긴다. 각 상황에서 자신이 얼마나 자주 중국어로 얘기를 하는지 정도를 맞는 숫자에 동그라미 하십시오.

1: 절대로 안한다　　7: 많이 한다

| | | | | | | | | |
|---|---|---|---|---|---|---|---|---|
| 1 | 모르는 사랍들 그룹에서 얘기를 하는데 참석한다. | 1 | 2 | 3 | 4 | 5 | 6 | 7 |
| 2 | 아는 사람과 얘기를 한다. | 1 | 2 | 3 | 4 | 5 | 6 | 7 |
| 3 | 많은 친구들과의 그룹에서 얘기한다. | 1 | 2 | 3 | 4 | 5 | 6 | 7 |
| 4 | 모르는 사람들이 조금있는데서 얘기한다. | 1 | 2 | 3 | 4 | 5 | 6 | 7 |
| 5 | 친구와 얘기를 한다. | 1 | 2 | 3 | 4 | 5 | 6 | 7 |
| 6 | 아는 사람들이 많이 모인데서 얘기한다. | 1 | 2 | 3 | 4 | 5 | 6 | 7 |
| 7 | 모르는 한 사람과 얘기를 한다. | 1 | 2 | 3 | 4 | 5 | 6 | 7 |
| 8 | 친구들 그룹이 만나는데에 참석한다. | 1 | 2 | 3 | 4 | 5 | 6 | 7 |
| 9 | 아는 사람이 조금 모인데서 얘기를 한다. | 1 | 2 | 3 | 4 | 5 | 6 | 7 |
| 10 | 모르는 사람들이 많이 모인데서 얘기한다. | 1 | 2 | 3 | 4 | 5 | 6 | 7 |
| 11 | 친구들 소그룹과 얘기한다. | 1 | 2 | 3 | 4 | 5 | 6 | 7 |
| 12 | 아는 사람이 모여 얘기하는데 참석한다. | 1 | 2 | 3 | 4 | 5 | 6 | 7 |

**제 7 부**: 다음의 항목을 분별해 주십시오.

1) 일주일에 며칠이나 아래에 나타난 상황에서 중국어를 사용합니까

2) 사용하는 날에는 하루에는 몇시간이나 또 그렇게 하는지.

다음의 적절한 번호를 동그라미 해주세요.

보통 한주일에 며칠이나? 0 1 2 3 4 5 6 7

또 그러면 하루에 몇시간? 0-1 1-2 2-3 3-4 4-5 5+

| | | | 보통 한주일에 며칠이나? | | | | | | | | 또 그러면 하루에 몇시간? | | | | | |
|---|---|---|---|---|---|---|---|---|---|---|---|---|---|---|---|---|
| 1 | | 이번 학기에 수업시간 이외에 중국어가 모국어인 사람 또는 능통한 사람과 보통 얼마간의 시간을 보냈습니까? | | | | | | | | | | | | | | |
| | | | 0 | 1 | 2 | 3 | 4 | 5 | 6 | 7 | 0-1 | 1-2 | 2-3 | 3-4 | 4-5 | more than 5 |
| 2 | | 이번 학기에 수업이외 시간에 중국어를 하려했는데: | | | | | | | | | | | | | | |
| | 2a | 교사와 | 0 | 1 | 2 | 3 | 4 | 5 | 6 | 7 | 0-1 | 1-2 | 2-3 | 3-4 | 4-5 | more than 5 |
| | 2b | 중국어가 모국어이거나 능통한 친구와 | | | | | | | | | | | | | | |
| | | | 0 | 1 | 2 | 3 | 4 | 5 | 6 | 7 | 0-1 | 1-2 | 2-3 | 3-4 | 4-5 | more than 5 |
| | 2c | 같은 반 친구와 | 0 | 1 | 2 | 3 | 4 | 5 | 6 | 7 | 0-1 | 1-2 | 2-3 | 3-4 | 4-5 | more than 5 |
| | 2d | 중국어를 말한다고 생각하는 모르는 사람과 | | | | | | | | | | | | | | |
| | | | 0 | 1 | 2 | 3 | 4 | 5 | 6 | 7 | 0-1 | 1-2 | 2-3 | 3-4 | 4-5 | more than 5 |
| | 2e | 호스트 훼밀리, 중국인 룸메이트, 또는 기숙사에 있는 중국인 | | | | | | | | | | | | | | |
| | | | 0 | 1 | 2 | 3 | 4 | 5 | 6 | 7 | 0-1 | 1-2 | 2-3 | 3-4 | 4-5 | more than 5 |
| | 2f | 언어 교환 학생 또는 선생 | 0 | 1 | 2 | 3 | 4 | 5 | 6 | 7 | 0-1 | 1-2 | 2-3 | 3-4 | 4-5 | more than 5 |
| | 2g | 기타: ________ | 0 | 1 | 2 | 3 | 4 | 5 | 6 | 7 | 0-1 | 1-2 | 2-3 | 3-4 | 4-5 | more than 5 |
| 3 | | 자신은 다음과 같은 목적으로 교실 밖에서 중국어를 얼마나 자주 사용했습니까? | | | | | | | | | | | | | | |

| | | | | | | | | | | | | | | | | |
|---|---|---|---|---|---|---|---|---|---|---|---|---|---|---|---|---|
| | 3a | 학업과 간련된 숙제를 하기위해서 | | | | | | | | | | | | | | |
| | | | 0 | 1 | 2 | 3 | 4 | 5 | 6 | 7 | 0-1 | 1-2 | 2-3 | 3-4 | 4-5 | more than 5 |
| | 3b | 길을 묻거나 정보를 얻기 위해서(예: 우체국이 어디입니까? 기차시간을 알려주세요 우표는 얼마인가요) | | | | | | | | | | | | | | |
| | | | 0 | 1 | 2 | 3 | 4 | 5 | 6 | 7 | 0-1 | 1-2 | 2-3 | 3-4 | 4-5 | more than 5 |
| | 3c | 호스트 훼밀리, 중국인 룸메이트, 또는 기숙사에서 지인과 나누는 간단한 인사말들 (예: 소금을 좀 주시겠어요, 지금 갑니다, 식당에서 주문 할때..) | | | | | | | | | | | | | | |
| | | | 0 | 1 | 2 | 3 | 4 | 5 | 6 | 7 | 0-1 | 1-2 | 2-3 | 3-4 | 4-5 | more than 5 |
| | 3d | 호스트 훼밀리, 중국인 룸메이트, 기숙사에 있는 중국인 지인, 중국어로 내가 말하는 중국인들과 나누는 좀더  구체적인 대화 | | | | | | | | | | | | | | |
| | | | 0 | 1 | 2 | 3 | 4 | 5 | 6 | 7 | 0-1 | 1-2 | 2-3 | 3-4 | 4-5 | more than 5 |
| 4 | 4a | 자신은 얼마나 자주 수업시간에 배운 중국어 문법, 단어, 표현등을 본토 중국인이나 중국어가 유창한 사람과 사용하려고 노력했습니까? | | | | | | | | | | | | | | |
| | | | 0 | 1 | 2 | 3 | 4 | 5 | 6 | 7 | 0-1 | 1-2 | 2-3 | 3-4 | 4-5 | more than 5 |
| | 4b | 자신은 얼마나 자주 수업이외 시간에 배운 문법, 어휘, 표현등을 수업시간에 사용하려고 노력했습니까? | | | | | | | | | | | | | | |
| | | | 0 | 1 | 2 | 3 | 4 | 5 | 6 | 7 | 0-1 | 1-2 | 2-3 | 3-4 | 4-5 | more than 5 |
| 5 | | 다음과 같은 일을 하는데 얼마나 많은 시간을 매주 사용했습니까? | | | | | | | | | | | | | | |
| | 5a | 중국어가 아닌  다른 언어를 그  언어가 모국어인 사람에게 사용(예: 한국인 친구에게 한국어 사용) | | | | | | | | | | | | | | |
| | | | 0 | 1 | 2 | 3 | 4 | 5 | 6 | 7 | 0-1 | 1-2 | 2-3 | 3-4 | 4-5 | more than 5 |
| | 5b | 중국어가 모국어 이거나 유창한 사람에게 중국어 사용 | | | | | | | | | | | | | | |

| | | | | | | | | | | | | | | | | |
|---|---|---|---|---|---|---|---|---|---|---|---|---|---|---|---|---|
| | | | 0 | 1 | 2 | 3 | 4 | 5 | 6 | 7 | 0-1 | 1-2 | 2-3 | 3-4 | 4-5 | more than 5 |
| | 5c | 영어를 중국인 또는 중국어가 유창한 사람에게 사용 | | | | | | | | | | | | | | |
| | | | 0 | 1 | 2 | 3 | 4 | 5 | 6 | 7 | 0-1 | 1-2 | 2-3 | 3-4 | 4-5 | more than 5 |
| | 5d | 중국어를 중국어가 모국어가 아닌 사람에게 사용(예: 클라스메이트) | | | | | | | | | | | | | | |
| | | | 0 | 1 | 2 | 3 | 4 | 5 | 6 | 7 | 0-1 | 1-2 | 2-3 | 3-4 | 4-5 | more than 5 |
| | 5e | 영어를 중국어가 모국어가 아닌 사람에게 사용(예: 클라스메이트) | | | | | | | | | | | | | | |
| | | | 0 | 1 | 2 | 3 | 4 | 5 | 6 | 7 | 0-1 | 1-2 | 2-3 | 3-4 | 4-5 | more than 5 |
| 6 | | 자신은 얼마나 많은 시간을 수업시간 이외에 아래와 같은 일들을 하는데 사용했습니까? | | | | | | | | | | | | | | |
| | 6a | 중국어 읽기 | | | | | | | | | | | | | | |
| | | | 0 | 1 | 2 | 3 | 4 | 5 | 6 | 7 | 0-1 | 1-2 | 2-3 | 3-4 | 4-5 | more than 5 |
| | 6b | 중국 신문 읽기 | | | | | | | | | | | | | | |
| | | | 0 | 1 | 2 | 3 | 4 | 5 | 6 | 7 | 0-1 | 1-2 | 2-3 | 3-4 | 4-5 | more than 5 |
| | 6c | 중국어 소설 읽기 | | | | | | | | | | | | | | |
| | | | 0 | 1 | 2 | 3 | 4 | 5 | 6 | 7 | 0-1 | 1-2 | 2-3 | 3-4 | 4-5 | more than 5 |
| | 6d | 중국어 잡지 읽기 | | | | | | | | | | | | | | |
| | | | 0 | 1 | 2 | 3 | 4 | 5 | 6 | 7 | 0-1 | 1-2 | 2-3 | 3-4 | 4-5 | more than 5 |
| | 6e | 중국어 시간표 읽기, 발표문, 메뉴 등등 | | | | | | | | | | | | | | |
| | | | 0 | 1 | 2 | 3 | 4 | 5 | 6 | 7 | 0-1 | 1-2 | 2-3 | 3-4 | 4-5 | more than 5 |
| | 6f | 중국어 이메일, 인터넷 읽기 | | | | | | | | | | | | | | |

| | | | | | | | | | | | | | | | | |
|---|---|---|---|---|---|---|---|---|---|---|---|---|---|---|---|---|
| | | | 0 | 1 | 2 | 3 | 4 | 5 | 6 | 7 | 0-1 | 1-2 | 2-3 | 3-4 | 4-5 | more than 5 |
| | 6g | 중국어 듣기 | | | | | | | | | | | | | | |
| | | | 0 | 1 | 2 | 3 | 4 | 5 | 6 | 7 | 0-1 | 1-2 | 2-3 | 3-4 | 4-5 | more than 5 |
| | 6h | 중국어 TV, 라디오 듣기 | | | | | | | | | | | | | | |
| | | | 0 | 1 | 2 | 3 | 4 | 5 | 6 | 7 | 0-1 | 1-2 | 2-3 | 3-4 | 4-5 | more than 5 |
| | 6i | 중국어 영화, 비디오 보기 | | | | | | | | | | | | | | |
| | | | 0 | 1 | 2 | 3 | 4 | 5 | 6 | 7 | 0-1 | 1-2 | 2-3 | 3-4 | 4-5 | more than 5 |
| | 6j | 중국어 노래 듣기 | | | | | | | | | | | | | | |
| | | | 0 | 1 | 2 | 3 | 4 | 5 | 6 | 7 | 0-1 | 1-2 | 2-3 | 3-4 | 4-5 | more than 5 |
| | 6k | 다른 사람들이 중국어로 대화하는 것 엿듣기 | | | | | | | | | | | | | | |
| | | | 0 | 1 | 2 | 3 | 4 | 5 | 6 | 7 | 0-1 | 1-2 | 2-3 | 3-4 | 4-5 | more than 5 |
| | 6l | 중국어로 쓰기 | | | | | | | | | | | | | | |
| | | | 0 | 1 | 2 | 3 | 4 | 5 | 6 | 7 | 0-1 | 1-2 | 2-3 | 3-4 | 4-5 | more than 5 |
| | 6m | 중국어로 숙제 쓰기 | | | | | | | | | | | | | | |
| | | | 0 | 1 | 2 | 3 | 4 | 5 | 6 | 7 | 0-1 | 1-2 | 2-3 | 3-4 | 4-5 | more than 5 |
| | 6n | 중국어로 개인 노트나 편지 쓰기 | | | | | | | | | | | | | | |
| | | | 0 | 1 | 2 | 3 | 4 | 5 | 6 | 7 | 0-1 | 1-2 | 2-3 | 3-4 | 4-5 | more than 5 |
| | 6o | 중국어로 이메일 쓰기 | | | | | | | | | | | | | | |
| | | | 0 | 1 | 2 | 3 | 4 | 5 | 6 | 7 | 0-1 | 1-2 | 2-3 | 3-4 | 4-5 | more than 5 |
| | 6p | 중국어 설문지 답하기 | | | | | | | | | | | | | | |

| | | | | | | | | | | | | | | | | |
|---|---|---|---|---|---|---|---|---|---|---|---|---|---|---|---|---|
| | | | 0 | 1 | 2 | 3 | 4 | 5 | 6 | 7 | 0-1 | 1-2 | 2-3 | 3-4 | 4-5 | more than 5 |
| 7 | | 이번 학기에 보통 얼마나 많은 시간을 수업시간외에 중국어로 말하는데 사용했습니까? | | | | | | | | | | | | | | |
| | | | 0 | 1 | 2 | 3 | 4 | 5 | 6 | 7 | 0-1 | 1-2 | 2-3 | 3-4 | 4-5 | more than 5 |
| 8 | | 이번 학기에 다음 활동을 하는데 얼마나 자신의 모국어를 사용했습니까? | | | | | | | | | | | | | | |
| | 8a | 신문, 잡지, 소설 읽기, 영화, 비디오, TV 보기 | | | | | | | | | | | | | | |
| | | | 0 | 1 | 2 | 3 | 4 | 5 | 6 | 7 | 0-1 | 1-2 | 2-3 | 3-4 | 4-5 | more than 5 |
| | 8b | 모국어 이메일, 인터넷 읽기 | | | | | | | | | | | | | | |
| | | | 0 | 1 | 2 | 3 | 4 | 5 | 6 | 7 | 0-1 | 1-2 | 2-3 | 3-4 | 4-5 | more than 5 |
| | 8c | 모국어 이메일쓰기 | | | | | | | | | | | | | | |
| | | | 0 | 1 | 2 | 3 | 4 | 5 | 6 | 7 | 0-1 | 1-2 | 2-3 | 3-4 | 4-5 | more than 5 |
| | 8e | 모국어로 개인 노트나 편지 쓰기 | | | | | | | | | | | | | | |
| | | | 0 | 1 | 2 | 3 | 4 | 5 | 6 | 7 | 0-1 | 1-2 | 2-3 | 3-4 | 4-5 | more than 5 |

# 附录4　留学生课外汉语使用日记及双周作文写作说明

## 一、在写的时候要尽量包括以下内容

1. 对象。即与谁谈话，是中国人还是本国的朋友，是自己的室友还是其他国家的朋友。如果是中国人，是自己的朋友，还是服务人员，或者老师等。在介绍交往对象时，要写清楚他/她的性别，是男的还是女的，同时要写清楚他/她的大概年龄，即多大了等。（Who was there? Briefly describe individuals with whom you may interact during a week：host family members，native roommates and friends，instructors，other native people，or Chinese friends，service personnel. Please be sure to include the GENDER and APPROXIMATE AGE of these individuals.）

2. 地点。即在什么地方。是在宿舍、地铁、咖啡馆、街道、研究院、公园、中国人家里、超市、剧院、饭馆、博物馆、出租车、澡堂、邮局或大使馆等。（Where were you? Dorm room，metro，café，street，institute，park，Chinese home，market，theater，restaurant，museum，taxi，the baths，post office，embassy，etc.）

3. 时间。即从什么时间开始，到什么时间结束。例如，你乘地铁到一个地方，你在地铁里多长时间？你在这个地方停留多长时间？例如，你在朋友的公寓里停留两小时还是三小时？（When was it? Try to note down the times you did things. For example，if you took the metro to somewhere，how long were you on the metro? How long did the situations you are writing about take place? For example，were you at your friend's apartment for tow hours or three hours?）

4. 什么。即你做了什么？做的是什么活动？例如：参加一个文化活动，做饭，访友，打电话或发邮件，吃饭，散步，在地铁、公共汽车或出租车上旅游，买东西，洗衣服，做作业，与人见面，看电视，看书等。（What did you do? What sort of activity was it? Some examples are：attending a cultural event，cooking，visiting friends，telephoning or sending emails，eating，walking，traveling on a subway，bus，taxi，buying something，doing laundry，doing homework and studying，meeting people，

watching television, reading, etc. )

5. 语言。即使用的是什么语言？是完全使用汉语还是本族语呢？是大部分还是其他的？是两者混合使用呢？你可以这样简单地写：

—汉语/本族语（大部分用汉语，本族语用得较少）

—本族语/汉语（大部分用本族语，汉语用得较少）

—本族汉语 = 汉语（本族语和汉语用的时间一样多）

—汉语（只用汉语）

—本族语（只用本族语）

(What language was being used? Was it entirely in Chinese or native language? Mostly one or the other? A mix of both? You can briefly note this down as)

—Chinese/native language (most Chinese with some native language)

—native language/Chinese (most native language with some Chinese)

—native language = Chinese (native language and Chinese about evenly divided)

—Chinese (only Chinese)

—native language (only native language)

## 二、每日记录

谁：朋友、陌生人、服务人员、老师、司机，等等。

什么：谈话、讲笑话、获取信息、获取命令，等等。

地点：中国人家里、朋友屋里、商店、教室，等等。

语言：汉语、汉语和本族语、本族语。

Who: friends, strangers, service people, teachers, drivers, etc.

What: talking, joking, getting information, getting instruction, etc.

Where: host family home, friend's home, store, walking around, class.

Language: Chinese, Chinese and native language both, native language.

日期（DATE OF THE WEEK）________

6AM（上午）

7AM

8AM

9AM

10AM

11AM

NOON（中午）

1PM（下午）

2PM

3PM

4PM

5PM

6PM

7PM

8PM

9PM

10PM

11PM

MIDNIGHT & AFTER（午夜及以后）

例如：2009 年 3 月 10 日

8AM-9AM：用汉语和朋友吃早餐（Chinese at breakfast with friends）

9AM—10AM：在课堂上用汉语（Chinese during class ）

10AM—NOON：和朋友的家人在咖啡馆用英语（English at café with friends family）

NOON—2PM：在课堂上用汉语（Chinese in class）

2PM—5PM：和中国家庭用汉语（Chinese with host family）

5PM—7PM：用汉语问候（devoirs in Chinese）

7PM—10PM：和中国人用汉语吃午饭（Chinese at dinner with host）

10PM—MIDNIGHT：和朋友用英语（English with friends）

## 三、写作要求

1. 每两周写一次作文。

2. 作文的内容应是关于讲汉语、用汉语的，应是这两周内的一件事情，在这件事情中自己的经历和经验，或者看法、态度。

3. 在讲述这件事情时，要把时间、地点、人物、语言使用情况和感受等写清楚。

(You may include any thoughts and experiences that relate to your Chinese language development. One way to look at this task is by asking yourself what you think others should know about your experiences. That is, what kind of experiences do you think are important for your language learning? Ask yourself these questions when beginning your entries. If you write about specific events, please explain when, where and whom and in what language you were interacting. If you feel that there are other documents closely related to your experience as a language learner (papers, readings, etc.) I would be pleased to read if you include them.)

# 附录5　在宁大学生与留学生或外国人社会距离及影响因素调查表

问卷调查

亲爱的朋友：

您好！本项调查想了解您与留学生或外国人交往的情况，您的信息对我们的研究有非常大的价值。请您帮助填写下列问卷内容。非常感谢您真诚的帮助！

**请注意：每道题只能选择1个答案，各选项不能重复。**

1. 您的年龄：

（1）20岁以下（2）20—24岁（3）25—30岁（4）31—35岁（5）35岁以上

2. 您的教育程度：

（1）高中以下（2）高中（3）大学专科（4）大学本科（5）研究生或以上

3. 您的性别：（1）男性（2）女性

4. 您的专业：____________5. 您的职业：____________

6. 您的收入：____________7. 您是否出过国：（1）是（2）否

**一、假如有可能，请选择您和来自下列国家（地区）的人结婚等情况的程度，在相应的数字上打√。**

1 = 非常不愿意　2 = 有点不愿意　3 = 比较愿意　4 = 愿意　5 = 非常愿意

| | 韩国人 | | | | | 日本人 | | | | | 非韩国或日本的东方人 | | | | | 西方人 | | | | | 非洲或南美人 | | | |
|---|---|---|---|---|---|---|---|---|---|---|---|---|---|---|---|---|---|---|---|---|---|---|---|---|
| 与他/她（们）结婚 | 1 | 2 | 3 | 4 | 5 | 1 | 2 | 3 | 4 | 5 | 1 | 2 | 3 | 4 | 5 | 1 | 2 | 3 | 4 | 5 | 1 | 2 | 3 | 4 |
| 与他/她（们）做同事 | 1 | 2 | 3 | 4 | 5 | 1 | 2 | 3 | 4 | 5 | 1 | 2 | 3 | 4 | 5 | 1 | 2 | 3 | 4 | 5 | 1 | 2 | 3 | 4 |

（续上表）

| | 韩国人 | | | | | 日本人 | | | | | 非韩国或日本的东方人 | | | | | 西方人 | | | | | 非洲或南美人 | | | |
|---|---|---|---|---|---|---|---|---|---|---|---|---|---|---|---|---|---|---|---|---|---|---|---|---|
| 与他/她（们）做邻居 | 1 | 2 | 3 | 4 | 5 | 1 | 2 | 3 | 4 | 5 | 1 | 2 | 3 | 4 | 5 | 1 | 2 | 3 | 4 | 5 | 1 | 2 | 3 | 4 |
| 与他/她（们）做好朋友 | 1 | 2 | 3 | 4 | 5 | 1 | 2 | 3 | 4 | 5 | 1 | 2 | 3 | 4 | 5 | 1 | 2 | 3 | 4 | 5 | 1 | 2 | 3 | 4 |
| 与他/她（们）做一般朋友（点头之交） | 1 | 2 | 3 | 4 | 5 | 1 | 2 | 3 | 4 | 5 | 1 | 2 | 3 | 4 | 5 | 1 | 2 | 3 | 4 | 5 | 1 | 2 | 3 | 4 |
| 与他/她（们）去旅游 | 1 | 2 | 3 | 4 | 5 | 1 | 2 | 3 | 4 | 5 | 1 | 2 | 3 | 4 | 5 | 1 | 2 | 3 | 4 | 5 | 1 | 2 | 3 | 4 |

## 二、与留学生或外国人交往的情况

1. 您和留学生或外国人交往

（1）从来没有（2）少于3个月（3）大于3个月（4）超过1年

A 如有，请填写他（她）们的国籍（　　　）和性别（　　　）

B 如有，您和他/她认识的渠道是

（1）交友广告　　　（2）老师或朋友介绍的

（3）偶然相遇的　　（4）其他：________

C 如有，您和他/她交往的目的是

（1）挣钱　（2）练习外语　（3）出国　（4）交朋友

（5）了解对方文化　（6）消磨时光　（7）其他：________

2. 如果您有和留学生或外国人交往的经历，请简述和他/她们交往的感受。

3. 您认为您和留学生或外国人交往的障碍是什么？请根据自己的情况选择相应的数字（√）1 = 完全不同意　2 = 不同意　3 = 一般　4 = 同意　5 = 完全同意

| | 原　因 | | | | | |
|---|---|---|---|---|---|---|
| 1 | 不喜欢外国人 | 1 | 2 | 3 | 4 | 5 |
| 2 | 生活圈子不一样，没有机会和留学生交往 | 1 | 2 | 3 | 4 | 5 |
| 3 | 对他们的文化不了解，不知道怎样和外国留学生交往 | 1 | 2 | 3 | 4 | 5 |
| 4 | 学习或工作太忙，没有时间和他们交往 | 1 | 2 | 3 | 4 | 5 |
| 5 | 生活经历、兴趣和文化不一样，和他们交往没有意思 | 1 | 2 | 3 | 4 | 5 |
| 6 | 觉得难为情，害怕同学或周围人议论，说我和洋人套近乎 | 1 | 2 | 3 | 4 | 5 |
| 7 | 外语能力差，无法用对方语言或英语进行交流 | 1 | 2 | 3 | 4 | 5 |
| 8 | 与他/她来往要花钱 | 1 | 2 | 3 | 4 | 5 |
| 9 | 对方汉语水平较差，只能简单交流，无法深入交谈 | 1 | 2 | 3 | 4 | 5 |

其他原因：

# 参考文献

## 中文


［1］巴迪迪、王林：《中国大学生英语交际意愿调查及分析》，《科技信息》2007 年第 26 期。

［2］保坂律子：《日本大学生汉语学习情况调查》，《世界汉语教学》1998 年第 2 期。

［3］陈嘉映：《语言哲学》，北京：北京大学出版社 2003 年版。

［4］陈田顺：《对外汉语教学中高级阶段课程规范》，北京：北京语言大学出版社 2005 年版。

［5］陈小荷等译：《语言研究中的统计方法》，北京：北京语言文化大学出版社 2000 年版。

［6］陈晓桦：《目的语环境中有效课外汉语学习研究》，《云南师范大学学报(对外汉语教学与研究版)》2007 年第 1 期。

［7］陈莹：《交际意愿、社会支持以及语言学习取向调查》，《忻州师范学院学报》2007 年第 6 期。

［8］陈灼：《桥梁——实用中级汉语教程》，北京：北京语言大学出版社 2012 年版。

［9］崔永华：《对外汉语教学的教学研究》，北京：外语教学与研究出版社 2005 年版。

［10］冯明：《社区服务辅助中文教学——培养语言交际能力的新领域》，参见程爱民等主编：《对美汉语教学论文集》，北京：外语教学与研究出版社 2007 年版。

［11］黄年丰：《外国来华留学生学习动机调查和对策》，《中国成人教育》2008 年第 9 期。

［12］黄小倩：《中国人的人情交往及其日常行动策略——以一则影视作品

为例》,《常熟理工学院学报（哲学社会科学版）》2007 年第 5 期。

[13] 高海洋:《第二语言习得情感因素研究》, 北京语言文化大学硕士学位论文, 2000 年。

[14] 高剑华:《关于留学生课外汉语习得资源的几点思考》,《教育科学》2006 年第 6 期。

[15] 高顺全:《拾级汉语精读课本》, 北京: 北京语言大学出版社 2007 年版。

[16] 高彦德、李国强、郭旭:《外国人学习与使用汉语情况调查研究报告》, 北京: 北京语言学院出版社 1993 年版。

[17] 国家对外汉语教学领导小组办公室汉语水平考试部编:《汉语水平等级标 准与语法等级大纲》, 北京: 高等教育出版社 1998 年版。

[18] 国家汉语国际推广领导小组办公室:《国际汉语教师标准》, 北京: 外语教学与研究出版社 2007 年版。

[19] ——:《国际汉语教学通用课程大纲》, 北京: 外语教学与研究出版社 2008 年版。

[20] 国家汉语水平考试委员会办公室考试中心:《汉语水平词汇与汉字等级大纲》, 北京: 经济科学出版社 2001 年版。

[21] 郭茜:《语言学习环境与针对性教学指导方案》, 参见魏久安、李开、侯师娟主编:《CIEE 汉语教学国际研讨会论文集》, 南京: 南京大学出版社 1999 年版。

[22] 桂诗春、宁春岩:《语言学方法论》, 北京: 外语教学与研究出版社 1997 年版。

[23] 郝红艳、张念:《在穗印尼留学生汉语学习情况调查研究》,《广东外语外贸大学学报》2005 年第 1 期。

[24] 胡明扬:《语言学习散论》, 北京: 北京语言大学出版社 2002 年版。

[25] 贾放:《利用社会环境进行口语教学的几点设想及实践》,《世界汉语教学》2000 年第 4 期。

[26] 金文学:《中国人 · 日本人 · 韩国人》, 济南: 山东人民出版社 2002 年版。

[27] 金旭:《外语学习动机的培养及激励策略》,《黑龙江高教研究》2005 年第 11 期。

［28］李开:《汉语语言学和对外汉语教学论》，北京：中国社会科学出版社 2002 年版。

［29］李坤珊:《留学生在华汉语教育初探——汉语作为第二语言习得研究》，北京：北京大学出版社 2008 年版。

［30］李伟民:《论人情——关于中国人社会交往的分析和探讨》，《中山大学学报（社会科学版)》1996 年第 2 期。

［31］李宇明:《语言学习与教育》，北京：北京广播学院出版社 2003 年版。

［32］李玉军:《留学生课外语言实践过程中的几个问题》，《暨南大学华文学院学报》2006 年第 4 期。

［33］梁锐:《如何培养学生的学习动机》，《教学与管理》2004 年第 27 期。

［34］刘广明、王志跃:《中国传统人格批判》，南京：江苏人民出版社 1995 年版。

［35］刘润清:《外语教学中的科研方法》，北京：外语教学与研究出版社 1999 年版。

［36］刘圣明:《中国学生的英语交际意愿》，《零陵学院学报》2002 年第 3 期。

［37］刘珣:《对外汉语教育学引论》，北京：北京语言大学出版社 2000 年版。

［38］卢国显:《中西方社会距离的研究综述》，《学海》2005 年第 5 期。

［39］陆人:《新时期的校园写真——对我院日语系学生同日本留学生“交流”现状的调查》，《北京第二外国语学院学报》1999 年第 1 期。

［40］罗青松:《对外汉语写作教学研究》，北京：中国社会科学出版社 2002 年版。

［41］——:《美国〈21 世纪外语学习标准〉评析——兼谈〈全美中小学中文学习目标〉的作用与影响》，《世界汉语教学》2006 年第 1 期。

［42］吕必松:《汉语作为外语教学的实践性原则》，吕必松主编:《对外汉语教学探索》，北京：华语教学出版社 1987 年版。

［43］——:《对外汉语教学发展概要》，北京：北京语言学院出版社 1990 年版。

［44］——:《语言教育与对外汉语教学》，北京：外语教学与研究出版社 2005 年版。

［45］吕叔湘：《吕叔湘语文论集》，北京：商务印书馆 1983 年版。

［46］——：《对外汉语教育学科初探》，北京：外语教学与研究出版社 2005 年版。

［47］——：《对外汉语教学概论》，北京：北京语言文化大学出版社 1987 年版。

［48］吕玉兰：《来华欧美留学生的文化适应问题调查与研究》，《首都师范大学学报（社会科学版）》2000 年增刊。

［49］马冬：《中外文化交流及语用分析》，北京：北京大学出版社 2006 年版。

［50］牧之筠：《语言誓约的执行：是否为可行的使命》，参见李坤珊主编：《留学生在华汉语教育初探：汉语作为第二语言习得研究》，北京：北京大学出版社 2008 年版。

［51］彭剑娥：《大学生英语交际意愿的多元变量研究》，《外国语言文学》2007 年第 4 期。

［52］——：《医学生英语交际意愿与英语课堂焦虑的关系研究》，《西北医学教育》2007 年第 2 期。

［53］——：《文化视觉下大学生英语交际意愿的实证研究》，《语言教学与研究》2008 年第 6 期。

［54］钱旭菁：《外国留学生学习汉语时的焦虑》，中国对外汉语教学学会编：《中国对外汉语教学学会第六次学术讨论会论文选》，北京：华语教学出版社 1999 年版。

［55］盛炎、沙砾：《对外汉语教学论文选评（第一集）》，北京：北京语言学院出版社 1993 年版。

［56］施家炜：《外国留学生 22 类现代汉语句式的习得顺序研究》，北京语言文化大学硕士学位论文，1998 年。

［57］孙德金：《对外汉语教学研究论著索引（1950—2006）》，北京：商务印书馆 2009 年版。

［58］索振羽：《语用学教程》，北京：北京大学出版社 2000 年版。

［59］涂纪亮译：《维特根斯坦全集第六卷：蓝皮书：一种哲学考察（褐皮书）》，石家庄：河北教育出版社 2003 年版。

［60］涂纪亮：《维特根斯坦后期哲学思想研究》，南京：江苏人民出版社

2005 年版。

［61］唐蕾、霍红：《交际自信、交流意愿和二语使用的关系研究》，《扬州大学学报（高教研究版）》2006 年第 6 期。

［62］王健平：《语言哲学》，北京：中共中央党校出版社 2003 年版。

［63］王建勤：《汉语作为第二语言的习得研究》，北京：北京语言文化大学出版社 1997 年版。

［64］——：《汉语作为第二语言的学习者与汉语认知研究》，北京：商务印书馆 2006 年版。

［65］——：《汉语作为第二语言的学习者习得过程研究》，北京：商务印书馆 2006 年版。

［66］——：《汉语作为第二语言的学习者语言系统研究》，北京：商务印书馆 2006 年版。

［67］——：《第二语言习得研究》，北京：商务印书馆 2009 年版。

［68］王磊：《任务型教学法运用于汉语“第二课堂”的探索》，参见贺向民主编：《北京高校来华留学生教育研究》，北京：北京语言大学出版社 2008 年版。

［69］王珊：《关于对外汉语课外延伸教学的思考》，中国对外汉语教学学会编：《中国对外汉语教学学会第六次学术讨论会论文选》，北京：华语教学出版社 1999 年版。

［70］王文虎：《对外汉语教学中的环境利用》，《世界汉语教学》1988 年第 3 期。

［71］王学松：《来华日本留学生汉语学习情况调查》，《语言文字应用》2001 年第 4 期。

［72］王钟华：《对外汉语教学初级阶段课程规范》，北京：北京语言文化大学出版社 1999 年版。

［73］维特根斯坦：《哲学研究》，北京：商务印书馆 2004 年版。

［74］温晓虹：《汉语作为外语的习得研究：理论基础与课堂实践》，北京：北京大学出版社 2008 年版。

［75］文秋芳：《应用语言学研究方法与论文写作》，北京：外语教学与研究出版社 2001 年版。

［76］吴为章：《新编普通语言学教程》，北京：北京广播学院出版社 1999 年版。

[77] 吴旭东:《中国学生外语学习环境下的口头交际能力自评与交际意愿》,《现代外语》2008 年第 3 期。

[78] ——:《第二语言习得研究——方法与实践》,上海:上海外语教育出版社 2006 年版。

[79] 吴勇毅:《不同环境下的外国人汉语学习策略研究》,上海师范大学博士学位论文,2007 年。

[80] ——:《意大利学生汉语口语学习策略使用的个案研究》,《世界汉语教学》2008 年第 4 期。

[81] 谢谋:《对来华留学生语言学习环境的分析与研究》,《中国高教研究》2001 年第 8 期。

[82] 徐大明:《当代社会语言学》,北京:中国社会科学出版社 1997 年版。

[83] ——:《语言变异与变化》,上海:上海教育出版社 2006 年版。

[84] ——:《社会语言学研究》,上海:上海人民出版社 2007 年版。

[85] 徐红:《浅谈大学生的学习内部动机及其自我培养》,《高教探索》2000 年第 2 期。

[86] 杨端和:《语言研究应用 SPSS 软件实例大全》,北京:中国社会科学出版社 2004 年版。

[87] 杨军红:《来华留学生跨文化适应问题研究》,华东师范大学博士学位论文,2005 年。

[88] 杨连瑞:《二语习得研究与中国外语教学》,上海:上海外语教育出版社 2007 年版。

[89] 易中天:《闲话中国人》,上海:上海文艺出版社 2006 年版。

[90] 尹雪梅、吴庄:《二十年来交际意愿研究述评》,《湘潭大学学报(哲学社会科学版)》2008 年第 5 期。

[91] 印京华:《美国大学生到中国留学的文化适应问题》,参见李坤珊主编:《留学生在华汉语教育初探:汉语作为第二语言习得研究》,北京:北京大学出版社 2008 年版。

[92] 余建英、何旭宏:《数据统计分析与 SPSS 应用》,北京:人民邮电出版社 2003 年版。

[93] 曾妙芬:《海外暑期中文项目学习者学习时间与信心程度之分析研究》,参见李坤珊主编:《留学生在华汉语教育初探:汉语作为第二语言习得研

究》，北京：北京大学出版社 2008 年版。

［94］章吟：《学习者差异：留学背景下的中文交际》，参见李坤珊主编：《留学生在华汉语教育初探：汉语作为第二语言习得研究》，北京：北京大学出版社 2008 年版。

［95］张崇富：《语言环境与第二语言获得》，《世界汉语教学》1999 年第 3 期。

［96］张德鑫：《对外汉语教学：回眸与思考》，北京：外语教学与研究出版社 2000 年版。

［97］张国忠、黄代翠：《国外留学生教育的新动向》，《吉林工学院学报（高教研究版）》2000 年第 3 期。

［98］张海辉：《不对称的社会距离——对苏州市本地人与外地人的关系网络和社会距离的初步研究》，清华大学硕士学位论文，2004 年。

［99］张和生：《汉语可以这样教——语言要素篇》，北京：商务印书馆 2006 年版。

［100］张艳萍：《对来华泰国汉语教师汉语学习情况的调查》，《云南师范大学学报（对外汉语教学与研究版）》2007 年第 2 期。

［101］赵敦华：《现代西方哲学新编》，北京：北京大学出版社 2000 年版。

［102］赵金铭：《对外汉语教学概论》，北京：商务印书馆 2004 年版。

［103］——：《汉语可以这样教——语言技能篇》，北京：商务印书馆 2006 年版。

［104］中国对外汉语教学学会汉语水平等级标准研究小组：《汉语水平等级标准和等级大纲（试行）》，北京：北京语言学院出版社 1988 年版。

## 英文

[1] Allen, H. W. Does study abroad make a difference? An investigation of linguistic and motivational outcomes. PHD thesis, Emory Universtity, Dissertation abstracts international-A, 2002 (4): p. 1297.

[2] Allen, H. & Herron, C. A mixed methodology investigation of the linguistic and affective outcomes of summer study abroad [J]. *Foreign Language Annals*, 2003 (36): pp. 370 - 385.

[3] Ball, M. Preparing non-specialist language students for study abroad [J]. *Language Learning Journal*, 2000 (21): pp. 19 - 25.

[4] Bialystok, E. Language skills and the learners: The classroom perspective [A]. In C. Blatchfort & J. Schachter (eds.). *On TESOL*' [C]. Washington, D. C.: TESOL, 1978 (78): pp. 224 - 231.

[5] Bogardus, Emory S. *A Forty-year Racial Distance Study* [M]. Los Angeles, CA: University of Southern California, 1967.

[6] Brecht, R. D. *A Framework for Discussing the Uniqueness of In-country Language Learning* [M]. (《留学生在华汉语教育初探》) 北京: 北京大学出版社, 2008.

[7] Brecht, R. D., Davidson, D. E. & Ginsberg, R. B. Predictors of foreign language gain during study abroad [A]. In F. Freed (ed.). *Second Language Acquisition in a Study Abroad Context* [C]. Amsterdam/Philadelphia: John Benjamins Publishing Company, 1993.

[8] Calvin, L. M. Culture within and around: The language learning stories of adult ESL learners in a cross-cultural, immersion setting. PHD thesis, Indiana University, Dissertation abstracts international-A, 1999, 60 (5): p. 1472.

[9] Campbell, C. Socializing with teachers and prior language learning experience: A diary study [A]. In K. Bailey & D. Nunan (eds.). *Voices from the Language Classroom* [C]. Cambridge: Cambridge University Press, 1996.

[10] Cao, Yiqian & Philp, J. Internactional context and willingness to communicate: A comparison of behavior in whole class, group and dyadic interaction [J]. *System*, 2006 (34): pp. 480 - 493.

[11] Carroll, J. B. Foreign language proficiency levels attained by language majors near graduation from college [J]. *Foregin Language Annals*, 1967 (1): pp. 131 - 151.

[12] Chen, Danxia. A social distance study of American participants in a China study abroad program [J]. *US-China Education Review*, 2008, 5 (9): pp. 17 - 22.

[13] Churchill, E. Competing for the floor in the American home: Japanese students sharing host families [J]. *Kanagawa University Studies in Langauge*, 2003 (25): pp. 185 - 202.

[14] Churchill, E. Construction of language learning opportunities for Japanese high school learners of English in a short term study abroad program. Doctoral thesis, Temple University, 2003. Dissertation abstracts international, 2003, 64 (7): p. 2351.

[15] Coleman, J. A. Residence abroad within language study. State of the art article [J]. *Language Teaching*, 1997, 30 (1): pp. 1 - 20.

[16] Coleman, J. A. Language learning and study abroad: The European perspective [J]. *Frontiers: The Interdisciplinary Journal of Study Abroad*, 1998 (4): pp. 167 - 203. http://www.frontiersjournal.com/issues/vol4/vol4 - 7 - Coliman.pdf.

[17] Collentine, J. & Freed, B. Learning context and its effects on second language acquisition [J]. *Studies in Second Language Acquisition*, 2004, 26 (2): pp. 153 - 171.

[18] Cook, H. M. Joint construction of folk beliefs by JFL learners and Japanese host families [A]. In M. A. Dufon & E. Churchill (eds.). *Language Learners in Study Abroad Contexts* [C]. Bristol: Mnltilingual Matters, 2006.

[19] Coulmas, F. *The Handbook of Sociolinguistics* [M]. 北京：外语教学与研究出版社，2004.

[20] Cundick, D. K. The relationship between reported out-of-class english use and proficiency gains in english. Unpublished master's dissertation, Provo UT: Brigham Young University, 2007.

[21] Day, R. The use of the target language in context and second language proficiency [A]. In S. Grass & C. Madden (eds.). *Input in Second Language Acquisition* [C]. Rowliy, MA: Newbury House, 1985.

[22] Dewey, D. The effects of study context and environment on the acquisition of reading by students of Japanese as a second language during study abroad and intensive domestic immersion . Unpublished doctoral dissertation, Pittsburgh, PA: Carnegie Mellon University, 2002.

[23] Dewey, D. P. A comparison of reading development by learners of Japanese in intensive domestic immersion and study abroad contexts [J]. *Studies in Second Language Acquisition*, 2004, 26 (2): pp. 303 - 327.

[24] Dewey, D. P. The effects of study context on the acquisition of reading by students of Japanese as a second language: A comparison of study abroad and intensive domestic immersion. PHD thesis, Carnegie Mellon University, 2002. Dissertation abstracts international-A, 2004, 64 (7): p. 2465.

[25] Dufon, M. A. & Churchill, E. *Language Learners in Study Abroad Contexts* [M]. Clevedon: Multilingual Matters LTD., 2006.

[26] Dyson, P. The year abroad. Report for the central bureau for educational visits and exchange. Oxford University Language Teaching Center, 1988.

[27] Ellis, R. *The Study of Second Language Acquisition* [M]. 上海：上海外语教育出版社，1994.

[28] Foltz, D. A study of the effectiveness of studying Spanish overseas. Paper presented at the Pennsylvania State Modern Language Association Annual Meeting, Pittsburgh, PA, 1991.

[29] Foster, P. D. A language and cultural practicum course in Nanjing: Maximizing the student's use of Chinese [J]. *Frontiers: The Interdisciplinary Journal of Study Abroad*, 2001, 7 (1): pp: 121 - 128.

[30] Fraser, C. C. Study abroad: An attempt to measure gains [J]. *German as a Foreign Language Journal*, 2002 (1): pp. 45 - 65. http: //www. gfl-journal. de/1 - 2002/fraser. html.

[31] Freed, B. Language learning in a study abroad context: The effects of interactive and noninteractive out-of-class contact on grammatical achievement and oral proficiency [A]. In J. E. Alatis (ed.). *Georgetown University Round Table on Language and Linguistics: Linguists, Language Teaching and Language Acquisition: The Interdependence of Theory, Practice and Research* [C]. Washington, DC: Georgetown

University Press, 1990.

[32] Freed, B. F. Language learning and study abroad [A]. In F. Freed (ed.). *Second Language Acquisition in a Study Abroad Context* [C]. Amsterdam/Philadelphia: John Benjamins Publishing Company, 1995.

[33] Freed, B. F. What makes us think that students who study abroad become fluent? Predictors of foreign language gain during study abroad [A]. In F. Freed (ed.). *Second Language Acquisition in a Study Abroad Context* [C]. Amsterdam/Philadelphia: John Benjamins Publishing Company, 1995.

[34] Freed, B. Overview of issues and research in language learning in a study abroad setting [J]. *Frontiers: The Interdisciplinary Journal of Study Abroad*, 1998, 4 (2): pp. 31 -60.

[35] Freed, B., Dewey, D. P., Segalowitz, N. & Halter, R. The language contact profile [J]. *Studies in Second Language Acquisition*, 2004 (26): pp. 349 -356.

[36] Freed, B. F., Segalowitz, N. & Dewey, D, P. Context of learning and second language fluency in French: Comparing regular classroom, study abroad, and intensive domestic immersion programs [J]. *Studies in Second Language Acquisition*, 2004, 26 (2), pp: 275 -301.

[37] Gardner, R. C. *Social Psychology and Second Language Learning: The Role of Attitudes and Motivation* [M]. London : Edward Arnold, 1985.

[38] Gardner, R. C. & MacIntyre, P. D. On the measurement of affective variables in second language learning [J]. *Language Learning*, 1993 (43): pp. 157 -194.

[39] Guiora, A., B. Beit-Hallahmi, R. Brannon, C. Dull& T. Scovel. The effects of experimentally induced changes in ego states on pronunciation ability in a second language: an exploratory study [J]. *Comprehensive Pshchiatry*, 1972 (13): pp. 421 -428.

[40] Hanna. G, A. H. Smith, L. D. Mclean& H. H. Stern. *Contact and Communication: An Evaluation of Bilingual Student Exchange Programs* [M]. Toronto, Canada: OISE Press, 1980.

[41] Hashimoto, Y. Motivation and willingness to communicate as predictors of

reported L2 use: The Japanese ESL context [J]. *Second Language Studies*, 2002, 20 (2): pp. 29 – 70.

[42] Hassall, T. Learning to take leave in social conversations: A diary study [A]. In M. A. Dufon & E. Churchill (eds.). *Language Learners in Study Abroad Contexts* [C]. Bristol: Multilingual Matters, 2006.

[43] Heller, M. *Linguistic Minorities and Modernity: A Sociolinguistic Ethnography* [M]. London: Longman, 1999.

[44] Hoffman-Hicks, S. D. The longitudinal development of French foreign language pragmatic competence: Evidence from study abroad. PHD thesis, Indiana University, Dissertation abstracts international-A, 1999, 61 (2): p. 591.

[45] Huebner, T. Methodological considerations in data collection for language learning in a study abroad context [J]. *Frontiers: The Interdisciplinary Journal of Study Abroad*, 4. Retrieved May 5, 2007, from http://www.frontiersjournal.com/back/four/huebner2007 – 05 – 05. htm.

[46] Ingram, M. Recasting the foreign language requirement through study abroad: A cultural immersion program in Avignon [J]. *Foreign Language Annals*, 2005 (38): pp. 211 – 222.

[47] Isabelli García, C. Study abroad social networks, motivation and attitudes: implications for second language acquisition [A]. In M. A. Dufon & E. Churchill (eds.). *Language Learners in Study Abroad Contexts* [C]. Bristol: Multilingual Matters, 2006.

[48] Kaplan, M. A. French in the community: A survey of language used abroad [J]. *The French Review*, 1989, 63 (2): pp. 290 – 299.

[49] Keller, J. M. *Motivational Design in Encyclopaedia of Educational Media, Communications, and Technology* [M]. 2nd Edition. Westport, CT: Greenwood Press, 1987.

[50] Kinginger, C. Alice doesn't live here anymore: Foreign language learning and identity reconstruction [A]. In A. Pavlenko & A. Blackledge (eds.). *Negotiation of Identities in Multilingual Contexts* [C]. Clevedon: Multilingual Matters, 2004.

[51] Kinginger, C. & Whitworth, K. F. *Gender and emotional investment in*

*language learning during study abroad: CALPER working paper series* 2. University Park, PA: The Pennsylvania State University, Center for Advanced Proficiency Research and Education, 2005. http: //calper. la. psu. edu/publications. php.

[52] Kinoshita, A. Negotiating identities: Experience of Japanese female students in Vancouver homestay settings. MA thesis, Simon Fraser University, 2001.

[53] Kline, R. The acquisition of second language literacy in a study abroad context [J]. *Frontiers: The Interdisciplinary Journal of Study Abroad*, 1998, 4 (1): pp. 139 - 165.

[54] Kohro, Y. A pilot study of the linguistic impact of study abroad experiences on the writing of Japanese college ESL learners in America [J]. *JACET (The Japan Association of College English Teachers) Bulletin*, 2001 (33): pp. 57 - 72.

[55] Knight, S. M. & Schmidt-Rinehart, B. C. Enhancing the homestay: Study abroad from the host family's perspective [J]. *Foreign Language Annals*, 2002, 33 (2): pp. 190 - 201.

[56] Lafford, B. A. The effect of the context of learning on the use of communication strategies by learners of Spanish as a second language [J]. *Studies in Second Language Acquisition*, 2004, 26 (2): pp. 201 - 225.

[57] Law, M. E. A case study of study abroad: University students learning Spanish in context. PHD thesis, University of South Alabama, Dissertation abstracts international-A, 2002, 63 (7): p. 2514.

[58] Lee, C. Different types of English to which Korean college students are exposed outside the class, paper presented at the Korean Association of foreign language education. East Lansing, MI: National Center for Research on Teaching Learning, 2005. CERIC document reproduction service. No. ED490770.

[59] Liskin Gasparro, J. Comparison of the oral proficiency of students of Spanish in a study abroad program and those in regular academic programs. As quoted in Liskin Gasparro and Beyer, 1987.

[60] MacIntyre, P. D. Variables underlying willingness to communicate: A causal analysis [J]. *Communication Research Seports*, 1994 (11): pp. 135 - 142.

[61] MacIntyre, P. D. & Charos, C. Personality, attitudes, and affect as predictors of second language communication [J]. *Journal of Language and Social Psy-*

chology, 1996 (15): pp. 3 -26.

[62] MacIntyre, P. D., Clément, R., Dörnyei, Z. & Noels, K. A. Conceptualizing willingness to communicate in a L2: A situational model of L2 confidence and affiliation [J]. *Modern Language Journal*, 1998, 82 (4): pp. 545 -562.

[63] Magnan, S. S. & Back, M. Social interaction and linguistic gain during study abroad [J]. *Foreign Language Annals*, 2007, 40 (1): pp. 43 -61.

[64] Mathews, S. A. Russian second language acquisition during study abroad: Gender difference in student behavior. PHD thesis, Pennsylvania: Bryn Mawr College, Dissertation abstracts international-A, 2001, 61 (11): p. 436.

[65] Mckay, S. L. & Hornberger, N. H. *Sociolinguistics and Language Teaching* [M]. 上海：上海外语教育出版社，2001.

[66] Meara, P. The year abroad and its effects [J]. *Language Learning Journal*, 1994 (10): pp. 32 -38.

[67] Mendelson, V. Spain or bust: Assessment and student perceptions out of class contact and oral proficiency in a study abroad context. Unpublished doctoral dissertation, University of Massachusetts, Amherst, 2004.

[68] Miller, J. Speaking English and social identity: Migrant students in Queensland high schools. Unpublished doctoral dissertation, University of Queensland, Australia, 1999.

[69] Miller, L. & Ginsberg, R. B. Folk linguistic theories of language learning [A]. In B. F. Freed (ed.). *Second Language Acquisition in a Study Abroad Context* [C]. Amsterdam: Johns Benjamins, 1995.

[70] Milleret, M. Assessing the gain in oral proficiency from summer foreign study. Paper presented at the Summer Meeting of AATSP, 1990.

[71] Millton, J. & Meara, P. How periods abroad affect vocabulary growth in a foreign language [J]. *Review of Applied Linguistics*, 1995 (107 -108): pp. 17 -34.

[72] Norton, B. *Identity and Language Learning: Gender, Ethnicity , and Educational Change Harlow* [M]. England: Pearson Education Limited, 2000.

[73] O' Connor, N. Oral proficiency testing of junior year abroad: Implications for the undergraduate curriculum. Paper presented at the 1988 annual meeting of the MLA, 1988.

[74] Paige, R. M., Cohen, A. D., Kappler, B., Chi, J. C. & Lassegard, J. P. *Maximizing Study Abroad: A Student' s Guide to Strategies for Language and Culture Learning and Use* [M]. Minneapolis, MN: Center for Advanced Research on Language Acquisition, University of Minnesota, 2002.

[75] Paige, R. M., Cohen, A. & Shively, R. L. Assessing the impact of a strategies based curriculum on language and culture learning abroad [J]. *Frontiers: The Interdisciplinary Journal of Study Abroad*, 2004 (10): pp. 253-276.

[76] Parrillo, V. N. & Donoghue, C. Updating the Bogardus social distance studies: A new national survey [J]. *The Social Science Journal*, 2005, 42 (2): pp. 257-271.

[77] Pavlenko, A. Poststructuralist approaches to the study of social factors in second language learning and use [A]. In V. Cook (ed). *Portraits of the L2 User* [C]. Clevedon, UK: Multilingual Matters, 2002.

[78] Peirce, B. N. Social identity, investment, and language learning [J]. *TESOL Quarterly*, 1995, 29 (1): pp. 9-31.

[79] Pellegrino, V. Student perspectives on language learning in a study abroad context [J]. *Frontiers: The Interdisciplinary Journal of Study Abroad*, 1998, 4 (2): pp. 91-120.

[80] Polanyi, L. Language learning and living abroad: Stories from the field [A]. In F. Freed (ed.). *Second Language Acquisition in a Study Abroad Context* [C]. Amsterdam/Philadelphia: John Benjamins Publishing Company, 1995.

[81] Pomerantz, A. I. *Beyond the Good Language Learner: Ideology, Identity, and Investment in Classroom Foreign Language Learning* [M]. California: Proquest Information and Learning Company, 2001.

[82] Regan, V. Sociolinguistics and language learning in a study abroad context [J]. *Frontiers: The Interdisciplinary Journal of Study Abroad*, 2003 (4): pp. 61-90.

[83] Rivers, W. P. Is being there enough? The effects of homestay placiments on language gain during study abroad [J]. *Foreign Language Annals*, 1998, 31 (4): pp. 492-500.

[84] Schumann, J. H. *The Neurobiology of Affect in Language* [M]. Oxford:

Blackwell, 1997.

[85] Segalowitz, N. & Freed, B. Context, contact, and cognition in oral fluency acquisition: Learning Spanish in at home and study abroad contexts [J]. *Studies in Second Language Acquisition*, 2004 (26): pp. 173 - 199.

[86] Seliger, H. Does practice make perfect? A study of interaction patterns and L2 competence [J]. *Language Learning*, 1977 (27): pp. 263 - 278.

[87] Siegal, M. Looking east: Learning Japanese as a second language in Japan and the interaction of race, gender and social context. PHD thesis, University of California Berkeley, Dissertation abstracts international - A, 1994, 56 (5): p. 1692.

[88] Skehan, P. *Individual Differences in Second Language Learning* [M]. Landon: Edward Arnold, 1989.

[89] Spada, N. The interaction between type of contact and type of instruction: Some effects on the L2 proficiency of adult learners [J]. *Studies in Second Language Acquisition*, 1986, 8 (2): pp. 181 - 199.

[90] Taguchi, N. Cognition, Language contact, and the development of pragmatic comprehension in a study abroad context [J]. *Language Learning*, 2008, 58 (1): pp. 33 - 71.

[91] Tanaka, K. & Ellis, R. Study abroad language proficiency, and learner beliefs about language learning [J]. *JALT Journal*, 2003, 25 (1): pp. 63 - 85.

[92] Talburt, S. & Stewart, M. A. What's the subject of study abroad? Race, gender, and "living culture" [J]. *The Modern Language Journal*, 1999, 83 (2): pp. 163 - 175.

[93] Toohey, K. *Learning English at School: Identity, Social Relations , and Classroom Practice* [M]. Clevedon: Multilingual Matters LTD., 2000.

[94] Trosset, C. The social identity of Welsh learners [J]. *Language in Society*, 1986 (15): pp. 165 - 192.

[95] Twombly, S. B. Piropos and friendships: Gender and culture clash in study abroad [J]. *Frontiers: The Interdisciplinary Journal of Study Abroad*, 1995 (1): pp. 1 - 27.

[96] Veguez, R. The oral proficiency interview and the junior year abroad: Some unexpected results. Paper presented at the Northeast conference on the teaching of

foreign language NYC, 1984.

[97] Warden, M., Lapkin, S., Swain, M. & Hart, D. Adolescent learners on a three month exchange: Insights from their diaries [J]. *Foreign Language Annals*, 1995, 28 (4): pp. 537 -550.

[98] Waryn, S. T. Good preparation, successful outcomes [J]. *Frontiers: The Interdisciplinary Journal of Study Abroad*, 2007, 14 (1): pp. 96 -97.

[99] Whitworth, K. F. *Access to Language Learning During Study Abroad: the Roles of Identity and Subject Positioning* [M]. California: Proquest Information and Learning Company, 2006.

[100] Wilkinson, S. Study abroad from the participants' perspective: A challenge to common beliefs [J]. *Foreign Language Annals*, 1998 (31): pp. 23 -39.

[101] Wilkinson, S. Emerging questions about study abroad [J]. *Association of Department of Foreign Languages Bulletin*, 2000, 32 (1): pp. 36 -41.

[102] Willis, F., G. Doble, U. Sankarayya. & A. Smithers. *Residence Abroad and the Student of Modern Languages: A Preliminary Study* [M]. Bradford: Modern language centre, University of Bradford, 1977.

[103] Yager, K. Learning Spanish in Mexico: The effects of informal contact and student attitudes on language gain [J]. *Hispania*, 1998, (81): pp. 898 -913.

[104] Yashima, T. Influence of personality, L2 proficiency and attitudes on Japanese adolescents' intercultural adjustment [J]. *JALT Journal*, 1999, 21 (1): pp. 66 -86.

[105] Yashima, T. Willingness to communicate in a second language: The Japanese EFL context [J]. *The Modern Language Journal*, 2002, 86 (1): pp. 54 -66.

[106] Yashima, T., Zenuk Nishide, L. & Shimizu, K. The influence of attitudes and affect on willingness to communicate and second language communication [J]. *Language Learning*, 2004, 54 (1): pp. 119 -152.

